Sinopses
JURÍDICAS

VOLUME
31

PROCESSO DO TRABALHO

www.editorasaraiva.com.br/direito
Visite nossa página

CÉSAR REINALDO OFFA BASILE

Especialista em Direito Empresarial e Econômico pela FGV.
Mestre e Doutorando em Direito do Trabalho e da
Seguridade Social pela USP. Juiz do Trabalho.

PROCESSO DO TRABALHO

JUSTIÇA DO TRABALHO E DISSÍDIOS TRABALHISTAS

VOLUME 31

6ª edição

2018

saraiva jur

ISBN 978-85-472-0610-9 obra completa
ISBN 978-85-472-2986-3 volume 31

DADOS INTERNACIONAIS DE CATALOGAÇÃO NA PUBLICAÇÃO (CIP)
ANGÉLICA ILACQUA CRB-8/7057

Basile, César Reinaldo Offa

Processo do trabalho : justiça do trabalho e dissídios trabalhistas / César Reinaldo Offa Basile. – 6. ed. – São Paulo : Saraiva Educação, 2018. (Coleção sinopses jurídicas ; v. 31)

1. Direito processual do trabalho - Brasil 2. Direito processual do trabalho - Legislação - Brasil I. Título II.

17-1865 CDU 347.9:331(81)

Índices para catálogo sistemático:

1. Brasil : Direito processual do trabalho 347.9:331(81)
2. Brasil : Processo do trabalho : Direito do trabalho 347.9:331(81)

somos saraiva jur

Av. das Nações Unidas, 7.221, 1º andar, Setor B
Pinheiros – São Paulo – SP – CEP 05425-902

SAC 0800-0117875
De 2ª a 6ª, das 8h às 18h
www.editorasaraiva.com.br/contato

Vice-presidente Claudio Lensing
Diretora editorial Flávia Alves Bravin

Conselho editorial
Consultor acadêmico Murilo Angeli Dias dos Santos

Gerência
Planejamento e novos projetos Renata Pascual Müller
Editorial Roberto Navarro

Edição Liana Ganiko Brito Catenacci
Patricia Quero

Produção editorial Maria Izabel B. B. Bressan (coord.)
Carolina Massanhi

Arte e digital Mônica Landi (coord.)
Claudirene de Moura Santos Silva
Guilherme H. M. Salvador
Tiago Dela Rosa
Verônica Pivisan Reis

Planejamento e processos Clarissa Boraschi Maria (coord.)
Juliana Bojczuk Fermino
Kelli Priscila Pinto
Marília Cordeiro

Fernando Penteado
Tatiana dos Santos Romão

Novos projetos Laura Paraíso Buldrini Filogônio

Projeto gráfico Mônica Landi
Diagramação Fabricando Ideias Design Gráfico
Revisão Viviane Oshima

Comunicação e MKT Carolina Bastos
Elaine Cristina da Silva

Capa IDÉE arte e comunicação
Produção gráfica Marli Rampim
Impressão e acabamento Edições Loyola

Data de fechamento da edição: 20-2-2018

Dúvidas? Acesse www.editorasaraiva.com.br/direito

CL 604734 CAE 624894

Índice

Nota à 1ª Edição

Diante da dinâmica da disciplina e da necessidade de expor com precisão as reflexões do autor à luz dos mais atuais entendimentos doutrinários e jurisprudenciais, optamos por dividir a matéria correspondente a Processo do Trabalho em dois volumes (31 e 32).

Cumpre destacar que neste volume 31 foram tratados os seguintes temas: justiça do trabalho; Ministério Público do Trabalho; competência da justiça do trabalho; ação trabalhista; partes e procuradores; teoria geral do processo do trabalho; atos e prazos processuais; prova trabalhista; formação, suspensão e extinção do processo; dissídios coletivos; inquérito para apuração de falta grave; e reclamação trabalhista — procedimentos ordinário e sumaríssimo.

Esperamos que o objetivo de proporcionar um estudo mais detalhado e didático tenha sido alcançado.

Título I
JUSTIÇA DO TRABALHO

Capítulo I
SOLUÇÃO DOS CONFLITOS TRABALHISTAS

Ainda que prevista constitucionalmente nas Cartas de 1934 (art. 122) e 1937 (art. 139), vinculada ao Poder Executivo, a Justiça do Trabalho foi apenas efetivamente organizada pela Consolidação das Leis do Trabalho em 1943 e reconhecida como integrante do Poder Judiciário pela Constituição Federal de 1946.

Na época de sua implantação, a Justiça do Trabalho no Brasil se inspirou no sistema paritário da Itália fascista, exigindo a representação do Estado (juízes togados), da classe empresarial e da classe trabalhadora (juízes classistas) na solução dos conflitos trabalhistas, o que perdurou até a edição da Emenda Constitucional n. 24, em 1999, que extinguiu as Juntas de Conciliação e Julgamento (e a representação classista) e criou as Varas do Trabalho, com juízo singular (CF, art. 116).

Embora nenhuma lesão ou ameaça a direito possa ser excluída da apreciação do Poder Judiciário (CF, art. 5º, XXXV), os conflitos trabalhistas poderão ser pacificados sem o uso da jurisdição, o que se fará mediante autocomposição (solução da controvérsia sem intervenção de terceiros – autonomia privada), mediação (terceiro oferecendo proposta de paz aos envolvidos) ou conciliação (por intermédio de uma comissão de conciliação prévia).

A arbitragem (atribuir a terceira pessoa ou órgão a decisão da controvérsia) era apenas reconhecida na solução dos conflitos coletivos de trabalho, em razão da subserviência natural do trabalhador ao empregador (pela necessidade de se extrair o sustento familiar vendendo a energia de trabalho em concorrência com a oferta de outros trabalhadores), situação de desigualdade substancial que poderia favorecer a imposição de um determinado árbitro. Contudo, com o advento da Lei n. 13.467/2017, nos contratos individuais de trabalho cuja remuneração seja superior a duas vezes o limite máximo estabelecido para os benefícios do Regime Geral de Previdência Social, poderá ser pactuada cláusula compromissória de arbitragem, desde que por iniciativa do empregado ou mediante a sua concordância expressa, nos termos previstos na Lei n. 9.307/96 (CLT, art. 507-A).

1 MEDIAÇÃO

No âmbito trabalhista, a mediação passou a ser disciplinada pelo Decreto n. 1.572/95. Assim, frustrada a negociação direta, na respectiva data-base anual, as partes poderão escolher, de comum acordo, mediador (que não necessita possuir conhecimentos jurídicos, podendo ser até um ex-funcionário) ou solicitar ao Ministério do Trabalho que o designe.

A designação de um servidor público do quadro do Ministério do Trabalho não acarretará ônus financeiro para as partes.

O mediador terá o prazo máximo de 30 (trinta) dias para a conclusão do processo de negociação, salvo acordo expresso com as partes interessadas.

Não alcançado o entendimento, lavrar-se-á ata contendo as causas motivadoras do conflito e as reivindicações de natureza econômica.

2 COMISSÃO DE CONCILIAÇÃO PRÉVIA (CCP)

Em decorrência da alteração constitucional promovida pela Emenda n. 24, de 9-12-1999, foram criadas, pela Lei n. 9.958/2000, as denominadas Comissões de Conciliação Prévia (CCPs), de composição paritária, com a finalidade única de tentar conciliar os conflitos individuais do trabalho.

Segundo parte da doutrina, o surgimento das CCPs decorreu da extinção da função classista nos órgãos de jurisdição trabalhista, o que fez com que diversos juízes representantes dos trabalhadores e das empresas (categorias profissionais e econômicas) perdessem *status* e significativos vencimentos mensais, que à época somavam quase dois terços da remuneração dos magistrados de carreira.

Na forma dos arts. 625-A e s. da CLT (introduzidos pela citada Lei n. 9.958/2000), as comissões poderão ser instituídas no âmbito das empresas, de grupo de empresas, dos sindicatos ou até mesmo ter caráter intersindical.

No ambiente das empresas, a constituição mínima será de 2 (dois) e máxima de 10 (dez) integrantes, observadas as seguintes normas:

I – a metade dos membros indicada pelo empregador e a outra metade eleita pelos empregados, em escrutínio secreto, fiscalizado pelo sindicato da categoria profissional;

II – tantos suplentes quantos forem os representantes titulares;

III – mandato de 1 (um) ano (para titulares e suplentes), permitida uma recondução.

A Comissão instituída no âmbito do sindicato terá sua constituição e normas de funcionamento definidas em convenção ou acordo coletivo.

À semelhança dos membros das Comissões Internas de Prevenção de Acidentes (CIPAs), será vedada a dispensa dos representantes dos empregados (titulares e suplentes) integrantes das CCPs até um ano após o final do mandato, salvo se cometerem falta grave. O afastamento das atividades se dará apenas quando houver convocação para atuar como conciliador, sendo computado como tempo de trabalho efetivo o despendido nesse mister.

Polêmico e ineficaz se revela o art. 625-D da CLT, que define que qualquer demanda de natureza trabalhista seja submetida à Comissão de Conciliação Prévia se, na localidade da prestação de serviços, houver sido instituída no âmbito da empresa ou do sindicato da categoria.

Diante do já citado comando emergente do art. 5º, XXXV, da CF (inafastabilidade do Poder Judiciário diante de lesão ou ameaça a direito), o comparecimento perante a CCP se consubstancia em uma singela faculdade assegurada ao trabalhador que objetiva a obtenção de um título executivo extrajudicial, mas não constitui uma condição da ação ou um pressuposto processual da reclamatória trabalhista.

Nas decisões liminares proferidas em sede de ação direta de inconstitucionalidade (ADI 2.139 e 2.160), o Supremo Tribunal Federal suspendeu cautelarmente a eficácia do art. 625-D da CLT, sob o fundamento de que, ao contrário da Constituição Federal de 1967, a atual esgota as situações concretas que condicionam o ingresso em juízo à fase administrativa, não estando alcançados os conflitos subjetivos de interesse.

De qualquer forma, eleita a via conciliatória prévia, a pretensão deve ser formulada por escrito ou reduzida a termo, sendo entregue cópia datada e assinada aos interessados.

Caso exista, na mesma localidade e para a mesma categoria, comissão de empresa e comissão sindical, o interessado optará por uma delas para submeter a sua demanda, sendo competente aquela que primeiro conhecer do pedido.

Não prosperando a conciliação, será fornecida ao empregado e ao empregador declaração de tentativa conciliatória frustrada com a descrição de seu objeto, firmada pelos membros da comissão. O referido documento, a teor do disposto na CLT, deveria ser juntado em uma eventual ação judicial, o que perde serventia diante da indispensabilidade do juízo conciliatório prévio no processo do trabalho.

Aceita a conciliação, será lavrado termo assinado pelo empregado, pelo empregador ou seu preposto e pelos membros da comissão, fornecendo-se cópia às partes.

Nos termos do art. 625-E, parágrafo único, o termo de conciliação é título executivo extrajudicial e terá eficácia liberatória geral, exceto quanto às parcelas expressamente ressalvadas.

Acerca da eficácia liberatória e considerando a eficácia da lei processual no tempo (direito intertemporal), quando o assunto é a homologação da rescisão de um contrato de trabalho, e com a vigência da Lei n. 13.467/2017, teremos que:

Até 10-11-2017, a quitação passada pelo empregado, com assistência de entidade sindical de sua categoria, ao empregador, com observância dos requisitos exigidos nos parágrafos do art. 477 da CLT, tem eficácia liberatória em relação às parcelas expressamente consignadas no recibo, salvo se oposta ressalva expressa e especificada ao valor dado à parcela ou às parcelas impugnadas (redação original da Súmula 330 do TST).

Nas rescisões contratuais realizadas a partir de 11-11-2017, não mais é exigida a assistência do sindicato da categoria profissional para a validade da quitação do extinto contrato de emprego.

A quitação não abrange parcelas não consignadas no recibo de quitação e, consequentemente, seus reflexos em outras parcelas, ainda que estas constem desse recibo.

Quanto a direitos que deveriam ter sido satisfeitos durante a vigência do contrato de trabalho, a quitação é válida em relação ao período expressamente consignado no recibo de quitação.

Destarte, seguindo o mesmo entendimento para a conciliação prévia, resta incontroverso que as verbas não submetidas à conciliação poderão sempre ser pleiteadas em juízo.

Contudo, parte da doutrina, com fundamento no princípio da irrenunciabilidade dos direitos trabalhistas, defende que, embora constantes de forma expressa no termo de conciliação, as parcelas trabalhistas quitadas a menor poderão ser perseguidas pelas suas diferenças perante o Poder Judiciário, por meio de reclamação trabalhista.

Segundo a jurisprudência da SBDI-1 do TST:

"Não há como limitar os efeitos liberatórios do termo de conciliação firmado perante a comissão de conciliação prévia quando não há nele qualquer ressalva, sob pena de se negar vigência a dispositivo de lei (CLT, art. 625-E, parágrafo único). De tal forma, o termo de conciliação lavrado no âmbito da respectiva comissão de conciliação prévia, regularmente constituída, sem notícia de vício de consentimento, tem eficácia liberatória geral, excetuando-se apenas as parcelas ressalvadas expressamente" (TST-E-RR 17400-43.2006.5. 01.0073, SBDI-1).

3 ARBITRAGEM

O art. 114, § 2º, da CF estabelece que, frustrada a negociação coletiva, as partes poderão eleger árbitros, sendo que a legislação infraconstitucional expressamente prevê a possibilidade de arbitragem nas seguintes matérias, dentre outras: participação nos lucros ou resultados da empresa (Lei n. 10.101/2000, art. 4º, II); trabalhador portuário avulso e seu respectivo órgão gestor de mão de obra (Lei n. 12.815/2013, revogadora da Lei n. 8.630/93, art. 37, § 1º) ou o próprio exercício do direito de greve (Lei n. 7.783/89, art. 3º).

Contudo, consoante já estudado, o art. 507-A da CLT (introduzido pela Lei n. 13.467/2017) passou a disciplinar que, nos contratos individuais do trabalho cuja remuneração seja superior a duas vezes o limite máximo estabelecido para os benefícios do Regime Geral de Previdência Social (ou seja, envolvendo trabalhadores considerados não vulneráveis), poderá ser pactuada cláusula compromissória de arbitragem, desde que oriunda da iniciativa do empregado ou mediante a sua concordância expressa.

Em qualquer caso, a prática da arbitragem deverá observar estritamente os termos da Lei n. 9.307/96, que a prevê apenas para dirimir os litígios no que se refere a direitos patrimoniais disponíveis.

Ainda segundo o referido diploma legal, ela poderá ser de direito, escolhendo as partes livremente as regras jurídicas que serão aplicadas (desde que não violem os bons costumes e a ordem pública), ou de equidade, definindo que se realize com base nos princípios gerais do direito, nos usos e costumes e nas regras internacionais de comércio.

Na modalidade ofertas finais, o árbitro deve se restringir a optar pela proposta apresentada, em caráter definitivo, por uma das partes.

3.1. CLÁUSULA COMPROMISSÓRIA E COMPROMISSO ARBITRAL

Cláusula compromissória é a convenção expressa em instrumento escrito em que as partes se comprometem a submeter à arbitragem os litígios que possam vir a surgir (controvérsia ainda inexistente).

O compromisso arbitral constitui o pacto no qual as partes efetivamente submetem um litígio à arbitragem de uma ou mais pessoas (controvérsia existente).

Presente a cláusula compromissória e havendo resistência quanto à instituição da arbitragem, poderá a parte interessada requerer a citação da outra, recalcitrante, para comparecer em juízo a fim de ser lavrado, imperativamente, o compromisso arbitral, designando o juiz audiência especial para tanto.

Nos litígios trabalhistas de caráter coletivo (e que se presume reflexivo, de forma adaptada, à nova hipótese individual, insculpida no art. 507-A da CLT), constará obrigatoriamente do compromisso arbitral:

a) a razão social, categoria e base territorial (ou domicílio) das entidades sindicais (ou empresas);
b) o nome, profissão e domicílio do árbitro ou a identificação do tribunal arbitral; e

c) a matéria objeto da arbitragem.

Proferida a sentença arbitral (no prazo máximo de seis meses, não tendo sido convencionado tempo maior), dá-se por finda a arbitragem, devendo o árbitro ou o presidente do tribunal arbitral enviar cópia da decisão às partes, por via postal ou por qualquer outro meio de comunicação, com comprovação de recebimento, ou, ainda, entregando-a diretamente às partes, mediante recibo.

A decisão arbitral não se sujeita a recursos ou homologação pelo Poder Judiciário e produz, entre as partes e seus sucessores, os mesmos efeitos da sentença judicial (sendo condenatória, constitui, inclusive, título executivo).

4 JURISDIÇÃO TRABALHISTA

A jurisdição pode ser melhor compreendida como a atividade do Estado, exercida ordinariamente por intermédio de um juiz em um processo, pacificando um conflito de interesses mediante a aplicação das normas jurídicas (vontade do direito material) aos casos concretos.

No âmbito trabalhista, a jurisdição está estruturada em três graus: Tribunal Superior do Trabalho (instância extraordinária), Tribunais Regionais do Trabalho (segunda instância) e os Juízes do Trabalho (que atuam nas Varas do Trabalho – primeira instância).

Assim, são considerados órgãos da Justiça do Trabalho: o Tribunal Superior do Trabalho, os Tribunais Regionais do Trabalho e os próprios Juízes do Trabalho (CF, art. 111).

Compete à lei dispor sobre a constituição, investidura, jurisdição, competência, garantias e condições de exercício dos órgãos da Justiça do Trabalho (CF, art. 113).

4.1. TRIBUNAL SUPERIOR DO TRABALHO

O Tribunal Superior do Trabalho (TST), órgão de cúpula da Justiça do Trabalho, palavra máxima em matéria trabalhista, com sede na capital da República e jurisdição em todo o território nacional, é composto de 27 (vinte e sete) ministros, escolhidos dentre brasileiros com mais de 35 e menos de 65 anos, de notável saber jurídico e reputação ilibada, nomeados pelo Presidente da República, após aprovação pela maioria absoluta do Senado Federal, sendo (CF, art. 111-A):

I – um quinto dentre advogados com mais de 10 (dez) anos de efetiva atividade profissional e membros do Ministério Público do Trabalho com mais de dez anos de efetivo exercício;

II – os demais dentre juízes dos Tribunais Regionais do Trabalho, oriundos da magistratura da carreira, indicados pelo próprio Tribunal Superior.

A presidência, a vice-presidência e a corregedoria geral são os cargos de direção do TST, preenchidos mediante eleição, concorrendo os ministros mais antigos da Corte, em número correspondente ao dos cargos, para mandatos de 2 (dois) anos, proibida a reeleição.

Compete ao Tribunal Superior do Trabalho processar, conciliar e julgar, na forma da lei, em grau originário ou recursal ordinário ou extraordinário, as demandas individuais e os dissídios coletivos entre trabalhadores e empregadores que excedam a jurisdição dos Tribunais Regionais, os conflitos de direito sindical, bem assim outras controvérsias decorrentes de relação de trabalho e os litígios relativos ao cumprimento de suas próprias decisões, de laudos arbitrais e de acordos coletivos.

Segundo o texto constitucional, funcionam, ainda, junto ao Tribunal Superior do Trabalho (CF, art. 111-A, § 2º):

I – a Escola Nacional de Formação e Aperfeiçoamento de Magistrados do Trabalho, cabendo-lhe, dentre outras funções, regulamentar os cursos oficiais para o ingresso e promoção na carreira (ENAMAT);

II – o Conselho Superior da Justiça do Trabalho, cabendo-lhe exercer, na forma da lei, a supervisão administrativa, orçamentária, financeira e patrimonial da Justiça do Trabalho de primeiro e segundo graus, como órgão central do sistema, cujas decisões terão efeito vinculante (CSJT).

Embora a Lei n. 7.701/88 disponha sobre competência funcional dos órgãos jurisdicionais trabalhistas, o Tribunal Superior do Trabalho, com fulcro no art. 96, I, *a*, da CF, definiu, por intermédio de seu regimento interno (atualmente disciplinado pela Resolução Administrativa n. 1.937/2017), a competência e o funcionamento de cada um de seus órgãos jurisdicionais: o Tribunal Pleno; o Órgão Especial; a Seção

Especializada em Dissídios Coletivos; a Seção Especializada em Dissídios Individuais (dividida em duas Subseções, SBDI-1 e SBDI-2) e as Turmas, bem como dos órgãos administrativos.

Através de emenda constitucional (EC 92/2016), ampliou-se a competência do Tribunal Superior do Trabalho para processar e julgar, originariamente, a reclamação para a preservação de sua competência e garantia da autoridade de suas decisões (art. 111-A, § 3º, da CF).

4.1.1. TRIBUNAL PLENO

O Tribunal Pleno é constituído por todos os ministros da Corte, não participando das sessões solenes e das sessões ordinárias ou extraordinárias apenas os juízes convocados. É exigida a presença mínima de 14 (quatorze) ministros para seu funcionamento (mais que a metade do total).

4.1.2. ÓRGÃO ESPECIAL

O Órgão Especial é constituído pelo presidente, pelo vice-presidente, pelo corregedor geral da Justiça do Trabalho, por 7 (sete) ministros mais antigos (incluindo os citados membros da direção) e 7 (sete) ministros eleitos pelo Tribunal Pleno. Os ministros integrantes do Órgão Especial comporão também outras Seções do Tribunal.

O *quorum* para funcionamento do Órgão Especial será de 8 (oito) ministros (mais que a metade do total).

4.1.3. SEÇÃO ESPECIALIZADA EM DISSÍDIOS COLETIVOS

A Seção Especializada em Dissídios Coletivos (SDC) é composta por 9 (nove) ministros, sendo: o presidente, o vice-presidente, o corregedor-geral da Justiça do Trabalho e 6 (seis) ministros mais antigos, sendo exigida a presença de, no mínimo, 5 (cinco) ministros para seu funcionamento (mais que a metade do total).

4.1.4. SEÇÃO ESPECIALIZADA EM DISSÍDIOS INDIVIDUAIS

A Seção Especializada em Dissídios Individuais (SDI) é composta por 21 (vinte e um) ministros, sendo: o presidente, o vice-presidente, o corregedor-geral da Justiça do Trabalho e mais 18 (dezoito) ministros, e funciona em composição plena ou dividida em duas subseções para julgamento dos processos de sua competência. O *quorum* exigido para o funcionamento da SDI plena é de 11 (onze) ministros (mais que a metade do total).

Compete à SDI, em composição plena, julgar, em caráter de urgência e com preferência na pauta, os processos nos quais tenha sido estabelecida, na votação, divergência entre as Subseções I e II da Seção Especializada em Dissídios Individuais, quanto à aplicação de dispositivo de lei federal ou da Constituição da República.

Atualmente, integram a Subseção I da Seção Especializada em Dissídios Individuais (SBDI-1) 14 (quatorze) ministros: o presidente, o vice-presidente, o corregedor-geral da Justiça do Trabalho e mais 11 (onze) ministros, preferencialmente os presidentes de Turma, sendo exigida a presença de, no mínimo, 8 (oito) ministros (mais da metade do total) para o seu funcionamento. Haverá pelo menos um e no máximo dois integrantes de cada Turma da composição da citada subseção.

Integram a Subseção II da Seção Especializada em Dissídios Individuais (SBDI-2) 10 (dez) ministros: o presidente, o vice-presidente, o corregedor-geral da Justiça do Trabalho e mais 7 (sete) ministros, sendo exigida a presença de, no mínimo, 6 (seis) (mais da metade do total) para o seu funcionamento.

4.1.5. TURMAS

Por força da Resolução Administrativa n. 1.937/2017, o Tribunal Superior do Trabalho possui atualmente 8 (oito) Turmas, compostas, cada uma delas, por 3 (três) ministros.

O funcionamento das Turmas depende da presença de 3 (três) magistrados, fazendo com que, na ausência de qualquer ministro integrante, seja convocado ministro de outra Turma.

Juízes convocados

Juízes convocados são magistrados requisitados em caráter excepcional e temporário pelo Tribunal Superior do Trabalho aos Tribunais Regionais do Trabalho, com o objetivo de auxiliar no julgamento dos processos.

4.1.6. ESCOLA NACIONAL DE FORMAÇÃO E APERFEIÇOAMENTO DE MAGISTRADOS DO TRABALHO (ENAMAT)

Conforme já estudado, a Escola Nacional de Formação e Aperfeiçoamento de Magistrados do Trabalho (ENAMAT) constitui órgão que funciona junto ao Tribunal Superior do Trabalho com autonomia administrativa, cabendo-lhe, dentre outras funções, regulamentar os cursos oficiais para o ingresso e promoção na carreira.

4.1.7. CONSELHO SUPERIOR DA JUSTIÇA DO TRABALHO

Também já estudado, funcionando com a mesma autonomia administrativa junto ao Tribunal Superior do Trabalho, o Conselho Superior da Justiça do Trabalho (CSJT) exerce a supervisão administrativa, orçamentária, financeira e patrimonial da Justiça do Trabalho, de primeiro e segundo graus, como órgão central do sistema. Suas decisões têm efeito vinculante, conforme estabelecido no art. 111-A, § 2º, II, da CF.

O CSJT é composto por 11 (onze) membros:

a) o presidente, o vice-presidente e o corregedor-geral da Justiça do Trabalho, como membros natos;

b) 3 (três) ministros do Tribunal Superior do Trabalho, eleitos pelo Tribunal Pleno;

c) 5 (cinco) presidentes de Tribunais Regionais do Trabalho, eleito cada um deles por região geográfica do país.

Os ministros eleitos para compor o Conselho cumprirão mandato de 2 (dois) anos, vedada a recondução.

4.1.8. SÚMULAS, PRECEDENTES NORMATIVOS E ORIENTAÇÕES JURISPRUDENCIAIS

Segundo o Regimento Interno do TST, à Comissão de Jurisprudência e Precedentes Normativos incumbe propor ou apreciar proposta de edição de súmula de jurisprudência, que será submetida à apreciação do Tribunal Pleno.

A Comissão de Jurisprudência e Precedentes Normativos é constituída de 3 (três) ministros titulares e 1 (um) suplente, designados pelo Órgão Especial, excluídos os titulares que integrem outras comissões permanentes e os membros da direção. Além de propor a edição de súmulas e precedentes normativos, a aludida Comissão tinha como competência recomendar o cancelamento ou revisão das já editadas e inserir as orientações jurisprudenciais das Seções do Tribunal que retratem a jurisprudência pacificada da Corte, indicando os precedentes que a espelham.

Contudo, a Lei n. 13.467/2017 praticamente repristinou o antigo texto do art. 702, I, da CLT (revogado tacitamente pelo teor do art. 4º da Lei n. 7.701/88) e alterou a redação de sua alínea f (que disciplinava ser de competência do Tribunal Pleno estabelecer súmulas de jurisprudência uniforme, na forma prescrita no Regimento Interno), passando a receber a seguinte redação: "estabelecer ou alterar súmulas e outros enunciados de jurisprudência uniforme, pelo voto de pelo menos 2/3 de seus membros, caso a mesma matéria já tenha sido decidida de forma idêntica por unanimidade em, no mínimo, 2/3 das turmas em pelo menos 10 sessões diferentes em cada uma delas, podendo, ainda, por maioria de 2/3 de seus membros, restringir os efeitos daquela declaração ou decidir que ela só tenha eficácia a partir de sua publicação no Diário Oficial".

Assim, o Regimento Interno do TST já não tem mais a liberdade de estabelecer o procedimento para edição ou alteração de suas próprias súmulas ou orientações jurisprudenciais, tornando desarmonioso com a legislação vigente dispositivo que preveja como *quorum* de aprovação de súmulas a maioria absoluta dos membros do Tribunal Pleno, bem como a edição de precedentes normativos e orientações jurisprudenciais do Órgão Especial, da Seção de Dissídios Coletivos e das duas Subseções da Seção de Dissídios Individuais do TST, sem a necessidade de discussão pelo Tribunal Pleno, por exemplo.

Por não haver conflito com a nova legislação trabalhista: a) as súmulas canceladas ou alteradas manterão a respectiva numeração, com a nota correspondente, tomando novos números as que forem editadas; e b) da aprovação da proposta pela Comissão resultará um projeto, devidamente instruído com a sugestão do texto; a exposição dos motivos que justificam a sua edição; a relação dos acórdãos em que se basearam os precedentes e as orientações jurisprudenciais e a indicação da legislação pertinente à hipótese. Em contrapartida, a referência de a matéria já ter sido decidida de forma idêntica por unanimidade em, no mínimo, 2/3 (ou seja, em 6 de 8) das turmas e em, pelo menos, 10 sessões diferentes em cada, a submissão compulsória à votação pelo Tribunal Pleno e o *quorum* qualificado de 2/3 dos membros do Pleno (ou seja, 18 dos 27 Ministros) para aprovação tornaram-se imperativos legais.

De qualquer forma, os precedentes normativos e as orientações jurisprudenciais continuam a expressar a jurisprudência prevalente das respectivas subseções, quer para os efeitos das Súmulas 83, II ("o marco divisor quanto a ser, ou não, controvertida, nos Tribunais, a interpretação dos dispositivos legais citados na ação rescisória é a data da inclusão, na Orientação Jurisprudencial do TST, da matéria discutida"), e 333 do TST ("não ensejam recurso de revista, decisões superadas por iterativa, notória e atual jurisprudência do Tribunal Superior do Trabalho"), quer para o que dispõe o art. 932, IV e V, do CPC ("Incumbe ao relator: (...) IV – negar provimento a recurso que for contrário a: *a*) súmula do Supremo Tribunal Federal, do Tribunal de Justiça ou do próprio tribunal; *b*) acórdão proferido (...) em julgamento de recursos repetitivos; *c*) entendimento firmado em incidente de resolução de demandas repetitivas ou de assunção de competência; e V – depois de facultada a apresentação de contrarrazões, dar provimento ao recurso se a decisão recorrida for contrária a: *a*) súmula do Supremo Tribunal Federal, do Tribunal de Justiça ou do próprio tribunal; *b*) acórdão proferido (...) em julgamento de recursos repetitivos; *c*) entendimento firmado em incidente de resolução de demandas repetitivas ou de assunção de competência").

Mas a ingerência da Lei n. 13.467/2017 na construção jurisprudencial dos Tribunais não se restringiu apenas aos requisitos para deliberação e aprovação de súmulas e outros enunciados de jurisprudência, mas também acerca dos próprios aspectos procedimentais, sendo que as sessões de julgamento deverão ser públicas, divulgadas com, no mínimo, 30 dias de antecedência e deverão possibilitar a sustentação oral pelo Procurador-Geral do Trabalho, pelo Conselho Federal da OAB, pelo Advogado-Geral da União e por confederações sindicais ou entidades de classe de âmbito nacional (CLT, art. 702, § 3º).

Não fosse o bastante, também foi inserido pela Lei n. 13.467/2017 que o estabelecimento ou alteração de súmulas e outros enunciados de jurisprudência pelos Tribunais Regionais do Trabalho deverão observar o disposto na alínea f do inciso I e no § 3º do art. 702 da CLT, com rol equivalente de legitimados para sustentação oral, observada a abrangência de sua circunscrição judiciária (CLT, art. 702, § 4º).

Na verdade, os novos dispositivos compõem um pacote de medidas visando combater o propalado ativismo judicial, que, diga-se, somente pode existir diante de lacunas normativas (ausência de lei para o caso concreto), ontológicas (decorrentes do envelhecimento da lei vigente, que não mais se revela conectada com a realidade social e tecnológica) ou axiológicas (em razão de a lei vigente não mais proporcionar uma solução justa para o conflito em julgamento, especialmente diante de novos valores da sociedade), reflexos da omissão ou letargia do próprio Poder Legislativo.

A constitucionalidade do aludido art. 702, I, f, será apreciada pelo C. TST nos autos do recurso de revista RR-0000696-25.2012.5.05.0463.

4.2. TRIBUNAIS REGIONAIS DO TRABALHO

Os Tribunais Regionais do Trabalho são compostos de, no mínimo, 7 (sete) juízes, recrutados, quando possível, na respectiva região, e nomeados pelo Presidente da República, dentre brasileiros com mais de 30 (trinta) e menos de 65 (sessenta e cinco) anos, sendo (CF, art. 115):

I – um quinto dentre advogados com mais de 10 (dez) anos de efetiva atividade profissional e membros do Ministério Público do Trabalho com mais de 10 (dez) anos de efetivo exercício;

II – os demais, mediante promoção de juízes do trabalho por antiguidade e merecimento, alternadamente.

Para efeito de jurisdição trabalhista, o território nacional é atualmente dividido em 24 Regiões:

1ª Região – Estado do Rio de Janeiro;

2ª Região – Estado de São Paulo;

3ª Região – Estado de Minas Gerais;

4ª Região – Estado do Rio Grande do Sul;

5ª Região – Estado da Bahia;

6ª Região – Estado de Pernambuco;
7ª Região – Estado do Ceará;
8ª Região – Estado do Pará e do Amapá;
9ª Região – Estado do Paraná;
10ª Região – Distrito Federal e Tocantins;
11ª Região – Estado do Amazonas e de Roraima;
12ª Região – Estado de Santa Catarina;
13ª Região – Estado da Paraíba;
14ª Região – Estado de Rondônia e do Acre;
15ª Região – Município de Campinas (SP);
16ª Região – Estado do Maranhão;
17ª Região – Estado do Espírito Santo;
18ª Região – Estado de Goiás;
19ª Região – Estado de Alagoas;
20ª Região – Estado de Sergipe;
21ª Região – Estado do Rio Grande do Norte;
22ª Região – Estado do Piauí;
23ª Região – Estado de Mato Grosso;
24ª Região – Estado de Mato Grosso do Sul.

Os Tribunais Regionais do Trabalho poderão funcionar descentralizadamente, constituindo Câmaras regionais (por exemplo, no Amapá, considerando que o TRT da 8ª Região tem sede no Pará, mas também contempla o referido Estado), a fim de assegurar o pleno acesso do jurisdicionado à justiça em todas as fases do processo (CF, art. 115, § 2º), ou, ainda, instalar a justiça itinerante, com a realização de audiências e demais funções de atividade jurisdicional nos limites territoriais da respectiva jurisdição, servindo-se de equipamentos públicos e comunitários (CF, art. 115, § 1º).

4.3. JUÍZES E VARAS DO TRABALHO

A partir da Emenda Constitucional n. 24/99, o primeiro grau da jurisdição trabalhista passou a ser exercido por juízes de carreira, atuando em Varas do Trabalho.

As Varas na Justiça do Trabalho serão criadas por lei. Contudo, nas comarcas não abrangidas pela jurisdição, a competência trabalhista deverá ser atribuída aos juízes de direito da Justiça Estadual (comum), com recurso para o respectivo Tribunal Regional do Trabalho (CF, art. 112).

A composição das Varas do Trabalho será de um juiz do trabalho titular e, dentro das disponibilidades orçamentárias de cada TRT, um juiz do trabalho substituto (auxiliar).

Nas Varas do Trabalho, a jurisdição será exercida por um juiz singular (CF, art. 116).

Em conformidade com a Resolução n. 75/2009 do Conselho Nacional de Justiça (CNJ), o ingresso na carreira, cujo cargo inicial será o de juiz substituto, dar-se-á mediante concurso público de provas e títulos, de acordo com os arts. 93, I, e 96, I, c, da Constituição Federal, sendo exigido do candidato o título de bacharel em Direito e 3 (três) anos, no mínimo, de atividade jurídica.

A nomeação no cargo de Juiz do Trabalho Substituto far-se-á por ato do presidente do respectivo Tribunal Regional do Trabalho.

Incumbe ao juiz:

a) assegurar às partes igualdade de tratamento;

b) velar pela duração razoável do processo;

c) prevenir ou reprimir qualquer ato contrário à dignidade da justiça e indeferir postulações meramente protelatórias;

d) determinar todas as medidas indutivas, coercitivas, mandamentais ou sub-rogatórias necessárias para assegurar o cumprimento de ordem judicial, inclusive nas ações que tenham por objeto prestação pecuniária;

e) dilatar os prazos processuais e alterar a ordem de produção dos meios de prova, adequando-os às necessidades do conflito de modo a conferir maior efetividade à tutela do direito;

f) exercer o poder de polícia, requisitando, quando necessário, força policial, além da segurança interna dos fóruns e tribunais;

g) determinar, a qualquer tempo, o comparecimento pessoal das partes, para inquiri-las sobre os fatos da causa, hipótese em que não incidirá a pena de confesso;

h) determinar o suprimento de pressupostos processuais e o saneamento de outros vícios processuais;

i) quando se deparar com diversas demandas individuais repetitivas, oficiar ao Ministério Público, à Defensoria Pública e, na medida do possível, a outros legitimados a que se referem o art. 5º da Lei n. 7.347, de 24-7-1985, e o art. 82 da Lei n. 8.078, de 11-9-1990, para, se for o caso, promover a propositura da ação coletiva respectiva (CPC, art. 139).

4.3.1. DISTRIBUIDOR

Nas localidades em que existir mais de uma Vara do Trabalho haverá sempre um distribuidor.

Os distribuidores são designados pelo presidente do Tribunal Regional, dentre os funcionários das Varas e do Tribunal Regional, existentes na mesma localidade.

4.3.2. SECRETARIA

A cada Vara do Trabalho corresponderá uma secretaria, sob direção de funcionário que o juiz titular designar, para exercer a função de diretoria, e que receberá, além dos vencimentos correspondentes ao seu padrão, a gratificação fixada em lei.

Oficiais de justiça avaliadores

Incumbe aos oficiais de justiça avaliadores da Justiça do Trabalho (legalmente denominados analistas judiciários especializados na execução de mandados) a realização dos atos decorrentes do cumprimento dos julgados das Varas do Trabalho e dos Tribunais Regionais do Trabalho que lhes forem cometidos pelos respectivos magistrados (citações, penhoras, arrestos etc.).

Cada oficial de justiça avaliador funcionará perante uma Vara do Trabalho, salvo quando existir na localidade órgão específico destinado à distribuição de mandados judiciais (central de mandados).

Nas localidades onde houver mais de uma Vara, a atribuição para o cumprimento do ato deprecado ao oficial de justiça avaliador será transferida a outro sempre que, após o decurso de 9 (nove) dias, sem razões que o justifiquem, não tiver sido cumprido o ato, sujeitando-se o serventuário às penalidades legais (CLT, art. 721).

À luz do art. 155 do CPC, o oficial de justiça será civilmente responsável quando, sem justo motivo, recusar-se a cumprir no prazo os atos impostos pela lei ou pelo juiz a que está subordinado ou praticar ato nulo com dolo ou culpa.

Havendo necessidade de avaliação, terá o oficial de justiça avaliador prazo suplementar de 10 (dez) dias para cumprimento do ato.

Na falta ou impedimento de oficial de justiça, o juiz titular da Vara poderá atribuir a realização do ato a qualquer serventuário (oficial de justiça *ad hoc*).

Não se caracteriza o vínculo empregatício na nomeação para o exercício das funções de oficial de justiça *ad hoc*, ainda que feita de forma reiterada, pois exaure-se a cada cumprimento de mandado (OJ 164, SBDI-1, do TST).

Quadro sinótico – Solução dos Conflitos Trabalhistas

Introdução	Justiça do Trabalho: efetivamente organizada pela CLT em 1943 e reconhecida como integrante do Poder Judiciário pela CF/1946	
	Resolução de conflitos individuais trabalhistas sem uso da jurisdição	a) Autocomposição: solução da controvérsia sem intervenção de terceiros – autonomia privada b) Mediação: terceiro oferecendo proposta de paz aos envolvidos c) Conciliação: Comissão de Conciliação Prévia
	Resolução de conflitos coletivos de trabalho ou individuais, envolvendo trabalhadores considerados não vulneráveis	a) Arbitragem: atribuir a terceira pessoa ou órgão a solução da controvérsia b) Compromisso arbitral: pacto em que as partes submetem o litígio existente a arbitragem, escolhendo de comum acordo o julgador
1. Comissão de Conciliação Prévia (CCP)	Previsão legal	Lei n. 9.958/2000 (alteração constitucional promovida pela EC n. 24, de 9-12-1999)
	Finalidade	Única: tentar conciliar os conflitos individuais do trabalho Surgimento: deu-se com a extinção da função classista Comparecimento à CCP: faculdade assegurada ao trabalhador que objetiva a obtenção de um título executivo extrajudicial – não é condição ou pressuposto processual da reclamatória Termo de conciliação: é título executivo extrajudicial e tem eficácia liberatória geral, exceto quanto às parcelas expressamente ressalvadas (art. 625-E, parágrafo único, da CLT)

<table>
<tr><td rowspan="9">1. Comissão de Conciliação Prévia (CCP)</td><td rowspan="6">Comissões</td><td colspan="2">Podem ser instituídas no âmbito das empresas, dos sindicatos ou até mesmo intersindical (arts. 625-A e s. da CLT)</td></tr>
<tr><td rowspan="4">Empresas</td><td>Constituição: mínimo 2 e máximo 10 integrantes</td></tr>
<tr><td>Normas:
a) metade dos membros indicada pelo empregador e outra metade pelos empregados (escrutínio secreto, fiscalizado pelo sindicato da categoria profissional)
b) tantos suplentes quantos forem os representantes titulares
c) mandato de um ano (titulares e suplentes), permitida uma recondução</td></tr>
<tr><td>Vedada a dispensa dos representantes dos empregados (titulares ou suplentes) integrantes da CCP até um ano após o final do mandato
Exceção: cometimento de falta grave</td></tr>
<tr><td>Afastamento das atividades: só para atuar como conciliador – computado como tempo de trabalho efetivo</td></tr>
<tr><td>Comissão de empresa e comissão sindical</td><td>Interessado opta por uma delas para submeter sua demanda – competente será aquela que primeiro conhecer do pedido</td></tr>
<tr><td colspan="3">Eleita via conciliatória prévia: pretensão deve ser formulada por escrito ou reduzida a termo (cópia datada e assinada entregue aos interessados)</td></tr>
<tr><td colspan="2">Tentativa conciliatória frustrada</td><td>Fornecida declaração ao empregado e ao empregador</td></tr>
<tr><td colspan="2">Conciliação aceita</td><td>Lavrado termo assinado pelo empregado, empregador ou seu preposto e pelos membros da comissão</td></tr>
<tr><td rowspan="2">2. Jurisdição trabalhista</td><td colspan="3">Atividade do Estado, exercida ordinariamente por intermédio de um juiz em um processo, pacificando um conflito de interesses mediante a aplicação das normas jurídicas (vontade do direito material) aos casos concretos.</td></tr>
<tr><td>Órgãos da Justiça do Trabalho</td><td colspan="2">TST, TRT e Juízes do Trabalho (art. 111 da CF)</td></tr>
</table>

<table>
<tr><td rowspan="12">2. Jurisdição trabalhista</td><td rowspan="12">A – TST</td><td colspan="3">a) Órgão de cúpula da JT</td></tr>
<tr><td colspan="3">b) Sede: capital da República</td></tr>
<tr><td colspan="3">c) Jurisdição: todo o território nacional</td></tr>
<tr><td colspan="3">d) Composição: 27 ministros (brasileiros com mais de 35 anos e menos de 65 anos, nomeados pelo Presidente da República, após aprovação absoluta pelo Senado Federal (art. 111-A da CF)</td></tr>
<tr><td>e) Divisão</td><td colspan="2">Turmas
Seções Especializadas</td></tr>
<tr><td>f) Cargos de direção</td><td colspan="2">Presidência
Vice-Presidência
Corregedoria Geral</td></tr>
<tr><td>g) Regimento Interno (Res. Adm. 1.937/2017)</td><td colspan="2">Órgãos:
1. Tribunal Pleno
2. Órgão Especial
3. SDC
4. SDI (SBDI-1 e SBDI-2)
5. Turmas</td></tr>
<tr><td>1) Tribunal Pleno</td><td colspan="2">a) Constituição: todos os ministros da Corte
b) Não participam das sessões solenes e ordinárias ou extraordinárias os juízes convocados
c) Presença mínima de 14 ministros para funcionamento</td></tr>
<tr><td rowspan="2">2) Órgão Especial</td><td>Composição</td><td>Presidente
Vice-Presidente
Corregedor-Geral da JT
7 ministros mais antigos
7 ministros eleitos pelo Tribunal Pleno</td></tr>
<tr><td colspan="2">Funcionamento: quorum de 8 ministros</td></tr>
<tr><td rowspan="2">3) SDC</td><td>Composição</td><td>9 Ministros
Presidente
Vice-Presidente
Corregedor-Geral da JT
6 ministros mais antigos</td></tr>
<tr><td colspan="2">Funcionamento: quorum de 5 ministros</td></tr>
</table>

<table>
<tr><td rowspan="8">2. Jurisdição trabalhista</td><td rowspan="8">A – TST</td><td rowspan="4">4) SDI</td><td>Composição</td><td>21 ministros:
Presidente
Vice-Presidente
Corregedor-Geral da JT
18 ministros</td></tr>
<tr><td>Funcionamento</td><td>Composição plena ou dividida em duas subseções
Plena: quorum de 11 ministros</td></tr>
<tr><td>I – SBDI-1</td><td>Composição:
14 ministros
Presidente
Vice-Presidente
Corregedor-Geral da JT
11 ministros
Funcionamento:
mínimo 8 ministros</td></tr>
<tr><td>II – SBDI-2</td><td>Composição:
10 ministros
Presidente
Vice-Presidente
Corregedor-Geral da JT
7 ministros
Funcionamento:
mínimo 6 ministros</td></tr>
<tr><td rowspan="2">5) Turmas</td><td colspan="2">TST: possui 8 Turmas, sendo cada uma composta por 3 ministros (presidida pelo mais antigo integrante do colegiado)</td></tr>
<tr><td>Funcionamento</td><td>3 magistrados</td></tr>
<tr><td>6) ENAMAT</td><td colspan="2">Órgão que funciona junto ao TST com autonomia administrativa
Funções: regulamentar cursos oficiais para o ingresso e promoção na carreira</td></tr>
</table>

<table>
<tr><td rowspan="8">2. Jurisdição trabalhista</td><td rowspan="6">A – TST</td><td rowspan="3">7) CSJT</td><td colspan="2">Supervisão administrativa, orçamentária, financeira e patrimonial da JT, de primeiro e segundo graus, como órgão central do sistema
Decisões: têm efeito vinculante (art. 111-A, § 2º, II, da CF)</td></tr>
<tr><td>Composição</td><td>11 membros:
Presidente
Vice-Presidente
Corregedor-Geral da JT (membros natos)
3 ministros do TST eleitos pelo Tribunal Pleno
5 presidentes de TRTs, cada um eleito por região geográfica do país</td></tr>
<tr><td colspan="2">Ministros: mandato de 2 anos, vedada a recondução</td></tr>
<tr><td rowspan="3">8) Súmulas, Precedentes Normativos e OJs</td><td colspan="2">Súmulas: forma de exteriorização da jurisprudência dominante do TST</td></tr>
<tr><td>Comissão de Jurisprudência e Precedentes Normativos</td><td>Composição: 3 ministros titulares e 1 suplente designados pelo Órgão Especial</td></tr>
<tr><td colspan="2">Voto de 2/3 dos membros do Pleno, em matéria decidida de forma unânime em 2/3 das Turmas do TST em ao menos 10 sessões diferentes (CLT, art. 702, I, f – constitucionalidade a ser apreciada pelo TST)</td></tr>
<tr><td rowspan="2">B – TRT</td><td colspan="3">Composição: mínimo 7 juízes recrutados, quando possível, na respectiva região e nomeados pelo Presidente da República (brasileiros, com mais de 30 anos e menos de 65 anos – art. 115 da CF), sendo:
a) 1/5 advogados com mais de 10 anos de efetiva atividade profissional e membros do MPT com mais de 10 anos de efetivo exercício
b) demais: promoção de juízes do trabalho por antiguidade e merecimento, alternadamente</td></tr>
<tr><td colspan="2">Divisão do território nacional</td><td>24 Regiões</td></tr>
</table>

<table>
<tr><td rowspan="10">2. Jurisdição trabalhista</td><td rowspan="10">C – Juízes e Varas do Trabalho</td><td colspan="3">Primeiro grau da jurisdição trabalhista (EC n. 24/99)</td></tr>
<tr><td colspan="3">Composição das Varas: um juiz do trabalho titular e um juiz do trabalho substituto (de acordo com a disponibilidade orçamentária de cada TRT)</td></tr>
<tr><td colspan="3">Jurisdição da VT: juiz singular (art. 116 da CF)</td></tr>
<tr><td colspan="3">Ingresso na carreira: concurso público de provas e títulos (arts. 93, I, e 96, I, c, da CF e Resolução CNJ n. 75/2009), título de bacharel em Direito e mínimo de 3 anos de atividade jurídica</td></tr>
<tr><td colspan="3">Nomeação: ato do presidente do respectivo TRT</td></tr>
<tr><td rowspan="2">1) Distribuição</td><td colspan="2">Distribuidor: existente nas localidades com mais de uma VT</td></tr>
<tr><td colspan="2">Designados pelo presidente do respectivo TRT, dentre funcionários das VT e do próprio TRT</td></tr>
<tr><td rowspan="3">2) Secretaria</td><td colspan="2">A cada VT corresponderá uma secretaria, sob direção de funcionário que o juiz titular designar para exercer a função de diretoria</td></tr>
<tr><td rowspan="2">Oficiais de Justiça Avaliadores</td><td>Realização de atos decorrentes do cumprimento dos julgados das VT e dos TRTs que lhes forem cometidos pelos respectivos magistrados</td></tr>
<tr><td>Localidades com mais de uma Vara: atribuição de ato transferida para outro oficial de justiça avaliador sempre que após 9 dias, sem motivo justificado, o mesmo ato não tiver sido cumprido, sujeitando-se o serventuário às penalidades legais (art. 721 da CLT)</td></tr>
</table>

2. Jurisdição trabalhista	C – Juízes e Varas do Trabalho	2) Secretaria	Oficiais de Justiça Avaliadores	Avaliação: prazo suplementar de 10 dias para cumprimento do ato
				Falta ou impedimento de oficial de justiça: juiz titular da Vara poderá atribuir a realização do ato a qualquer serventuário (oficial de justiça *ad hoc*)

Capítulo II

COMPETÊNCIA DA JUSTIÇA DO TRABALHO

Nas palavras de Liebman, competência pode ser definida como a quantidade de jurisdição cujo exercício é atribuído a cada órgão ou grupo de órgãos do Poder Judiciário.

Contudo, em um estudo mais contemporâneo, admite-se que a jurisdição, como atividade estatal, não sofre qualquer limitação de quantidade, devendo a competência ser definida como a legitimação conferida pela lei a cada órgão jurisdicional para pacificar um conflito de interesses concretamente considerado.

Tradicionalmente, a competência se divide em: material (também denominada competência em razão da matéria – *ratione materiae*); territorial (também denominada competência em razão do lugar – *ratione loci*) ou funcional (gênero que contempla as espécies originária e hierárquica).

Determina-se a competência no momento do registro ou da distribuição da petição inicial, sendo irrelevantes as modificações do estado de fato ou de direito ocorridas posteriormente, salvo quando suprimirem órgão judiciário ou alterarem a competência absoluta (CPC, art. 43).

A competência funcional já foi estudada no contexto das atribuições de cada órgão do Poder Judiciário. A competência material e a territorial serão examinadas a seguir.

1 COMPETÊNCIA MATERIAL

Com o advento da Emenda Constitucional n. 45, em 2004, que alterou a redação do art. 114 da CF, a competência material da Justiça do Trabalho sofreu significativa ampliação, para nela contemplar não somente a conciliação e o julgamento dos dissídios individuais e coletivos entre trabalhadores e empregadores (ou seja, que reúnem os requisitos da pessoa física, pessoalidade, habitualidade, subordinação e onerosidade), mas também os litígios decorrentes de todas as outras relações de trabalho (autônomo, eventual, estágio, voluntário, avulso), assim como as ações envolvendo o exercício do direito de greve, a representação sindical; as penalidades administrativas oriundas da fiscalização do trabalho, dentre outras:

"Art. 114. Compete à Justiça do Trabalho processar e julgar:

I – as ações oriundas da relação de trabalho, abrangidos os entes de direito público externo e da administração pública direta e indireta da União, dos Estados, do Distrito Federal e dos Municípios;

II – as ações que envolvam exercício do direito de greve;

III – as ações sobre representação sindical, entre sindicatos, entre sindicatos e trabalhadores e entre sindicatos e empregadores;

IV – os mandados de segurança, *habeas corpus* e *habeas data*, quando o ato questionado envolver matéria sujeita à sua jurisdição;

V – os conflitos de competência entre órgãos com jurisdição trabalhista, ressalvado o disposto no art. 102, I, *o*;

VI – as ações de indenização por dano moral ou patrimonial, decorrentes da relação de trabalho;

VII – as ações relativas às penalidades administrativas impostas aos empregadores pelos órgãos de fiscalização das relações de trabalho;

VIII – a execução, de ofício, das contribuições sociais previstas no art. 195, I, *a*, e II e seus acréscimos legais, decorrentes das sentenças que proferir;

IX – outras controvérsias decorrentes da relação de trabalho, na forma da lei" .

Contudo, convém destacar que a competência estabelecida pela EC n. 45/2004 não alcança os processos já sentenciados (Súmula 367 do STJ).

Além disso, a despeito de liminar concedida nos autos de ação direta de inconstitucionalidade – ADI 3.684 –, "o disposto no art. 114, I, IV e IX, da Constituição da República, acrescidos pela Emenda Constitucional n. 45, não atribui à Justiça do Trabalho competência para processar e julgar ações penais".

1.1. AÇÕES ORIUNDAS DA RELAÇÃO DE TRABALHO

Trabalho é gênero do qual emprego é espécie. Assim sendo, toda relação de emprego representará uma relação de trabalho, mas nem sempre o inverso será verdadeiro.

O uso da energia humana na fabricação de um produto ou na realização de uma atividade representa o único requisito fundamental e característico do trabalho. Dessa forma, haverá trabalho sem habitualidade (eventual), sem subordinação (autônomo, estágio), sem onerosidade (voluntário), mas nunca sem uma pessoa física (natural) na condição de prestador/contratado.

Assim entende a jurisprudência:

A Justiça do Trabalho é competente para apreciar reclamação de empregado que tenha por objeto direito fundado em quadro de carreira (Súmula 19 do TST).

Compete à Justiça do Trabalho processar e julgar ações ajuizadas por empregados em face de empregadores relativas ao cadastramento no Programa de Integração Social (PIS) (Súmula 300 do TST).

Inscreve-se na competência material da Justiça do Trabalho a lide entre empregado e empregador tendo por objeto indenização pela não adoção de providências necessárias ao recebimento do seguro-desemprego.

1.1.1. SERVIDORES E FUNCIONÁRIOS PÚBLICOS

Da simples leitura do texto constitucional alterado abstrai-se claramente o objetivo de atribuir à Justiça Especializada a competência e autonomia para dirimir quaisquer litígios envolvendo relações de trabalho, inclusive aqueles em que a norma jurídica disciplinadora não seja a CLT e sim uma legislação específica ou mesmo um estatuto (próprio de regimes públicos).

No entanto, praticamente desde o seu nascedouro, o aludido inciso I do art. 114 da Constituição Federal foi objeto de controvertido controle de constitucionalidade, nos autos da *ADI* 3.395 (suscitada pela Associação dos Juízes Federais), restando liminarmente decidido pelo então presidente Ministro Nelson Jobim, em 1º-2-2005, que "não há que se entender que a Justiça Trabalhista, a partir do texto promulgado, possa analisar questões relativas aos servidores públicos. Essas demandas são vinculadas a questões funcionais a eles pertinentes, regidos que são pela Lei 8.112/90 e pelo direito administrativo, são diversas dos contratos de trabalho regidos pela CLT. (...) Em face dos princípios da proporcionalidade e da razoabilidade e ausência de prejuízo, concedo a liminar, com efeito *ex tunc*. Dou interpretação conforme ao inc. I do art. 114 da CF, na redação da EC n. 45/04, que inclua, na competência da Justiça do Trabalho, a (...) apreciação (...) de causas que (...) sejam instauradas entre o poder público e seus servidores, a ele vinculados por típica relação de ordem estatutária ou de caráter jurídico-administrativo".

Assim, permanecem na competência da Justiça Estadual (comum) os litígios que envolvem os servidores públicos estatutários municipais ou estaduais e o respectivo Poder Público onde estão lotados, e na competência da Justiça Federal as lides relativas aos servidores públicos estatutários federais e a unidade do Poder Executivo, Legislativo ou Judiciário Federal que os remunera.

Entretanto, há de se ressaltar que não somente a submissão a uma relação de ordem estatutária definirá a competência como sendo da Justiça Estadual/Federal, podendo estar presente uma relação regida por lei especial, com caráter jurídico-administrativo. É o que acontece, por exemplo, com as contratações por tempo determinado para atender a necessidade temporária de excepcional interesse público (Lei n. 8.745/93), cujos litígios também estarão alheios à Justiça do Trabalho.

É importante ressalvar que os trabalhadores de empresas públicas e sociedades de economia mista, pessoas jurídicas de direito privado, exercentes de atividade econômica, embora se submetam a concurso público de admissão, têm seus contratos regidos pela CLT, razão pela qual as lides decorrentes da relação jurídica estabelecida serão sempre dirimidas pela Justiça do Trabalho.

Por fim, merece destaque o fato de que compete à Justiça do Trabalho julgar pedidos de direitos e vantagens previstos na legislação trabalhista referente a período anterior à Lei n. 8.112/90 (Regime Jurídico Único dos Servidores Públicos Federais), mesmo que a ação tenha sido ajuizada após a edição da referida lei. A superveniência de regime estatutário em substituição ao celetista, mesmo após a sentença, limita a execução ao período celetista (OJ 138, SDI-1, do TST).

1.1.2. FORNECIMENTO DE SERVIÇOS

Outra excludente muito controvertida da competência da Justiça Especializada é o fornecimento de serviços.

A Lei n. 8.078/90 – Código de Defesa do Consumidor – define fornecedor como toda pessoa física ou jurídica, pública ou privada, nacional ou estrangeira, bem como os entes despersonalizados, que desenvolvem atividade de produção, montagem, criação, construção, transformação, importação, exportação, distribuição ou comercialização de produtos ou prestação de serviços (CDC, art. 3º).

Considerando que a pessoa jurídica estará sempre desafeta à Justiça do Trabalho, compete distinguir uma relação laboral de prestação de serviços (regida pelo Código Civil – arts. 593 a 609 –, competência da Justiça Especializada) de uma relação de consumerista de prestação de serviços (regida pelo Código de Defesa do Consumidor – competência da Justiça Comum), quando estivermos diante da contratação de uma pessoa física.

Assim, se o prestador se revelar tão importante quanto a prestação (fidúcia), especialmente no que concerne às aptidões, capacidade criativa, administrativa ou executiva que possui, estará identificada uma relação de trabalho (p. ex.: artista plástico, *freelancer*). Existirá, portanto, contratação da prestação em razão do prestador.

Por outro lado, se a prestação (incluindo tecnologia, comodidade e resultados alcançados) representar o fim maior da contratação, estaremos diante de uma relação de consumo – fornecimento de serviços (p. ex.: dedetização, desentupimento, instalação de antena).

Nas palavras do Ministro Ives Gandra Martins Filho, "o divisor de águas entre a prestação de serviços regida pelo CC e caracterizada como relação de trabalho e a prestação de serviço regida pelo CDC e caracterizada como relação de consumo está no *intuitu personae* da relação de trabalho, onde não se busca apenas o serviço prestado, mas que seja realizado pelo profissional contratado" (TST-RR 416800-70.2006.5.12.0001).

No entanto, a partir de precedentes como os CComp 65.575/MG e 93.055/MG, o Superior Tribunal de Justiça firmou entendimento no sentido de que, mesmo com a ampliação da competência da Justiça do Trabalho, em decorrência da alteração da expressão "relação de emprego" para "relação de trabalho", a EC n. 45/2004 não retirou a atribuição da Justiça Estadual para processar e julgar ação alusiva a relações contratuais de caráter eminentemente civil, diversas da relação de trabalho. A competência material definir-se-á pela natureza da controvérsia, delimitada pelo pedido e pela causa de pedir.

Nessa esteira, foi editada a Súmula 363, cujo teor ora se transcreve:

Compete à Justiça Estadual processar e julgar a ação de cobrança ajuizada por profissional liberal contra cliente.

Ademais, na relação que envolve profissional liberal (em que resta totalmente preservada a liberdade ideológica e executiva) e o seu cliente, este último representará, sem dúvida alguma, a parte vulnerável da relação.

Apenas para que possamos adotar um traço distintivo, o trabalho por conta própria, a rigor, com ou sem qualificação profissional, identifica o profissional autônomo, ao passo que o nível universitário ou técnico, com o correspondente registro em uma ordem ou conselho profissional de fiscalização, caracteriza o profissional liberal.

1.1.3. ENTES DE DIREITO PÚBLICO EXTERNO

A Justiça do Trabalho será competente para processar e julgar as ações oriundas das relações de trabalho envolvendo brasileiros e entes de direito público externo (representados pelas missões diplomáticas, agentes consulares etc.), inexistindo imunidade de jurisdição invocável.

Todavia, à luz da Convenção de Viena de 1961, da qual o Brasil é signatário, estará sempre preservada a imunidade de execução, limitando o Poder Judiciário nacional à expedição da competente carta rogatória executória.

Convém destacar, apenas, que os organismos internacionais (p. ex., OIT, ONU, OMC), diferentemente dos entes de direito público externo tratados em nosso texto constitucional, preservarão tanto sua imunidade de jurisdição como sua imunidade de execução:

As organizações ou organismos internacionais gozam de imunidade absoluta de jurisdição quando amparados por norma internacional incorporada ao ordenamento jurídico brasileiro, não se lhes aplicando a regra do Direito Consuetudinário relativa à natureza dos atos praticados. Excepcionalmente, prevalecerá a jurisdição brasileira na hipótese de renúncia expressa à cláusula de imunidade jurisdicional (OJ 416, SDI-1, do TST).

1.2. AÇÕES QUE ENVOLVAM O EXERCÍCIO DO DIREITO DE GREVE

Embora o texto do art. 114, II, da CF tenha literalmente atribuído competência à Justiça do Trabalho para processar e julgar as ações que envolvam o exercício do direito de greve, não o fez de forma ampla, restringindo-se aos movimentos paredistas na iniciativa privada (pessoas jurídicas de direito privado, incluindo empresas públicas e sociedades de economia mista). Os movimentos grevistas relativos ao serviço público estarão adstritos à competência da Justiça Comum (Estadual ou Federal).

Assim, será competente a Justiça Especializada para os dissídios coletivos de greve (considerados de natureza mista), regidos pela Lei n. 7.783/89, tanto no tocante à declaração ou não de sua abusividade como na solução das reivindicaçoes de cunho social ou repercussão econômica.

A Justiça do Trabalho é competente para declarar a abusividade, ou não, da greve (Súmula 189 do TST).

O Supremo Tribunal Federal acabou estendendo, de forma vinculante, a competência da Justiça do Trabalho também para as ações correlatas ao exercício do direito de greve na iniciativa privada, como, por exemplo, os interditos proibitórios.

A Justiça do Trabalho é competente para processar e julgar ação possessória ajuizada em decorrência do exercício do direito de greve pelos trabalhadores da iniciativa privada (Súmula Vinculante 23 do STF).

1.3. AÇÕES SOBRE REPRESENTAÇÃO SINDICAL, ENTRE SINDICATOS, ENTRE SINDICATOS E TRABALHADORES E ENTRE SINDICATOS E EMPREGADORES

Com o objetivo de não persistir qualquer dúvida acerca da ampla e absoluta competência da Justiça do Trabalho para dirimir controvérsias que envolvam a matéria sindical, a Emenda Constitucional n. 45/2004 foi enfática ao alterar o texto do art. 114 da Constituição, fazendo incluir um inciso (III), contemplando expressamente tanto as ações sobre representação sindical (eleições de dirigentes, interpretação jurídica de estatutos etc.) como aquelas entre sindicatos (base territorial, titularidade do patrimônio sindical etc.), entre sindicatos e trabalhadores e entre sindicatos e empregadores (filiação, cobrança de contribuições etc.).

1.4. MANDADOS DE SEGURANÇA, *HABEAS CORPUS* E *HABEAS DATA* NAS MATÉRIAS SUJEITAS À JURISDIÇÃO TRABALHISTA

No processo do trabalho, diante da irrecorribilidade imediata das decisões interlocutórias, o mandado de segurança (remédio constitucional previsto para proteger direito líquido e certo em face de ilegalidade ou abuso de poder), com fundamento no art. 5º, LXIX, da CF e Lei n. 12.016/2009, tem como principal função combater ato jurisdicional de cunho decisório que não coloque fim à ação trabalhista, mas, mantido, acarrete perigo de dano irreparável ou manifesto prejuízo processual à parte.

Entretanto, todo ato de ilegalidade ou de abuso de poder oriundo de autoridade pública em matéria trabalhista (tal como o perpetrado por auditor fiscal do trabalho, diretor de Secretaria de Vara, oficial de justiça avaliador) também comportará a impetração de mandado de segurança perante a Justiça Especializada.

A partir da edição da Súmula Vinculante 25 do STF (que declarou ilícita a prisão do depositário infiel), o *habeas corpus* (remédio constitucional previsto para proteger quem sofra ou se encontre ameaçado de sofrer violência ou coação em sua liberdade de locomoção), com fundamento no art. 5º, LXVIII, da CF, não mais revela hipóteses de cabimento na Justiça do Trabalho, uma vez que o inadimplemento do crédito trabalhista nunca permitiu a prisão civil (visto que, embora revestido de natureza alimentícia, não goza das mesmas prerrogativas jurídicas da pensão alimentícia).

É ilícita a prisão civil de depositário infiel, qualquer que seja a modalidade do depósito (Súmula Vinculante 25 do STF).

Na seara trabalhista, conceder-se-á *habeas data*, com fundamento no art. 5º, LXXII, da CF e Lei n. 9.507/97, para assegurar o conhecimento de informações relativas à pessoa do impetrante, constante de registros ou banco de dados de entidades governamentais ou de caráter público ou para retificação de dados, exclusivamente com relação ao contrato individual de trabalho.

1.5. CONFLITOS DE COMPETÊNCIA ENTRE ÓRGÃOS COM JURISDIÇÃO TRABALHISTA

Dar-se-á o conflito de competência (CLT, art. 804, c/c CPC, art. 66):

a) quando dois ou mais juízes se considerarem competentes (conflito positivo);

b) quando dois ou mais juízes se considerarem incompetentes (conflito negativo);

c) quando entre dois ou mais juízes surge controvérsia acerca da reunião ou separação de processos.

Os conflitos podem ocorrer entre (CLT, art. 803):

a) Varas do Trabalho e juízes de direito investidos na administração da Justiça do Trabalho;

b) Tribunais Regionais do Trabalho;

c) juízes e Tribunais do Trabalho e órgãos da Justiça Comum.

Não se configura conflito de competência entre Tribunal Regional do Trabalho e Vara do Trabalho a ele vinculada (Súmula 420 do TST).

O conflito de competência pode ser suscitado por qualquer das partes, pelo Ministério Público ou pelo juiz (CPC, art. 951).

Fica vedado à parte interessada suscitar conflitos de competência quando já houver oposto, na causa, exceção de incompetência (CLT, art. 806).

Os conflitos de competência serão resolvidos.

a) pelos Tribunais Regionais do Trabalho, se suscitados entre Varas do Trabalho e juízes de direito investidos na administração da Justiça do Trabalho, ou entre uma e outras, nas respectivas regiões (CLT, art. 808, *a*);

b) pelo Tribunal Superior do Trabalho, se suscitados entre Tribunais Regionais do Trabalho, ou entre Varas do Trabalho e juízes de direito sujeitos à jurisdição de Tribunais Regionais diferentes (CLT, art. 808, *b*);

c) pelo Superior Tribunal de Justiça, se suscitados entre Tribunal e juízes a ele não vinculados ou entre juízes vinculados a Tribunais diversos (CF, art. 105, I, *d*);

d) pelo Supremo Tribunal Federal, se suscitados entre o Superior Tribunal de Justiça e quaisquer tribunais, entre Tribunais Superiores, ou entre estes e qualquer outro tribunal (CF, art. 102, I, *o*, e art. 808, *d*, da CLT).

Procedimento

O juiz mandará extrair dos autos as provas e, com a sua informação, remeterá o processo assim formado, no mais breve prazo possível, ao Tribunal competente (CLT, art. 809).

Após a distribuição, o relator determinará a oitiva dos juízes em conflito ou, se um deles for o suscitante, apenas do suscitado. No prazo designado pelo relator, incumbirá ao juiz ou aos juízes prestar as informações (CPC, art. 954).

O relator poderá, de ofício ou a requerimento de qualquer das partes, determinar, quando o conflito for positivo, o sobrestamento do processo e, nesse caso, bem como no de conflito negativo, designará um dos juízes para resolver, em caráter provisório, as medidas urgentes (CPC, art. 955).

O relator poderá julgar de plano o conflito de competência quando sua decisão se fundar em: a) súmula do Supremo Tribunal Federal, do Superior Tribunal de Justiça ou do próprio tribunal; b) tese firmada em julgamento de casos repetitivos ou em incidente de assunção de competência.

Decorrido o prazo designado pelo relator, será ouvido o Ministério Público, no prazo de 5 (cinco) dias, ainda que as informações não tenham sido prestadas, e, em seguida, o conflito irá a julgamento.

Ao decidir o conflito, o Tribunal declarará qual o juiz competente, pronunciando-se também sobre a validade dos atos do juiz incompetente (CPC, art. 957).

Os autos do processo, em que se manifestou o conflito, serão remetidos ao juiz declarado competente.

1.6. AÇÕES DE INDENIZAÇÃO POR DANO MORAL OU PATRIMONIAL DECORRENTES DA RELAÇÃO DE TRABALHO

Além do dano moral decorrente de ofensas físicas ou verbais, discriminação, assédio sexual (importunação de caráter sexual) e assédio moral (violência psicológica) e patrimonial (prejuízo material, falsa oferta de emprego etc.), estarão adstritas à Justiça Especializada as ações relativas aos danos morais (pessoal, estético e biológico) e patrimonial (redução da capacidade laborativa – lucros cessantes e danos emergentes) decorrentes de acidente do trabalho (e doenças ocupacionais, por equiparação), tanto em serviço como *in itinere* (no trajeto).

Entende também a jurisprudência:

Nos termos do art. 114, inciso VI, da Constituição da República, a Justiça do Trabalho é competente para processar e julgar ações de indenização por dano moral e material, decorrentes da relação de trabalho, inclusive as oriundas de acidente de trabalho e doenças a ele equiparadas, ainda que propostas pelos dependentes ou sucessores do trabalhador falecido (Súmula 392 do TST)

A Justiça do Trabalho é competente para processar e julgar as ações de indenização por danos morais e patrimoniais decorrentes de acidente de trabalho propostas por empregado contra empregador, inclusive aquelas que ainda não possuíam sentença de mérito em primeiro grau quando da promulgação da Emenda Constitucional n. 45/2004 (Súmula Vinculante 22 do STF).

1.7. AÇÕES RELATIVAS ÀS PENALIDADES ADMINISTRATIVAS IMPOSTAS AOS EMPREGADORES PELOS ÓRGÃOS DE FISCALIZAÇÃO DAS RELAÇÕES DE TRABALHO

A Justiça do Trabalho será competente tanto para as ações executivas das penalidades administrativas impostas aos empregadores pelo Ministério do Trabalho como para as ações anulatórias ajuizadas pelas empresas em face de eventuais ilegalidades contidas no auto de infração ou nulidades no processo administrativo correspondente.

A execução judicial das multas administrativas decorrentes da fiscalização do trabalho obedecerá ao disposto na legislação aplicável à cobrança da dívida ativa da União (CLT, art. 642), ou seja, Lei n. 6.830/80, mediante extração de CDA (Certidão de Dívida Ativa).

1.7.1. FISCALIZAÇÃO DO TRABALHO

Incumbe às autoridades competentes do Ministério do Trabalho e Emprego, ou àquelas que exerçam funções delegadas, a fiscalização do fiel cumprimento das normas de proteção ao trabalho (CLT, art. 626, *caput*).

Deverá ser observado o critério de dupla visita (uma primeira visita de advertência e uma segunda, após determinado lapso temporal fixado, para verificação da regularização efetuada ou autuação), nos seguintes casos (CLT, art. 627):

a) quando ocorrer promulgação ou expedição de novas leis, regulamentos ou instruções ministeriais, sendo que, com relação exclusivamente a esses atos, será feita apenas a instrução dos responsáveis;

b) em se realizando a primeira inspeção dos estabelecimentos ou dos locais de trabalho, recentemente inaugurados ou empreendidos.

Consoante preceitua o art. 47 da CLT (com redação dada pela Lei n. 13.467/2017), o empregador que mantiver empregado não registrado ficará sujeito a multa no valor de R$ 3.000,00 por empregado sem registro (R$ 800,00, no caso de microempresa ou empresa de pequeno porte), acrescido em igual valor em cada reincidência, sendo que, em tal fiscalização, fica excluído o critério da dupla visita.

Poderá ser instaurado procedimento especial para a ação fiscal objetivando a orientação sobre o cumprimento das leis de proteção ao trabalho, bem como a prevenção e o saneamento de infrações à legislação mediante termo de compromisso (CLT, art. 627-A).

Salvo as citadas hipóteses de dupla visita ou de procedimento especial, a toda verificação em que o auditor fiscal do trabalho concluir pela existência de violação de preceito legal deverá corresponder, sob pena de responsabilidade administrativa, a imediata lavratura de auto de infração (CLT, art. 628).

Serão objeto de fiscalização, especialmente:

a) o fiel cumprimento das leis trabalhistas, das normas regulamentadoras (NRs) editadas por Portaria do MTE, das sentenças normativas e das convenções e acordos coletivos;

b) o registro dos funcionários e as respectivas anotações em CTPS;

c) os recolhimentos devidos ao FGTS dos empregados (não competindo fiscalizar recolhimentos fiscais ou previdenciários).

A legislação vigente obriga as empresas a possuir o livro "inspeção do trabalho", no qual serão registradas as visitas ao estabelecimento, declarando a data e a hora do início e término da inspeção, bem como o resultado, consignando, se for o caso, todas as irregularidades verificadas e as exigências feitas, com os respectivos prazos para seu atendimento e, ainda, de modo legível, os elementos de identificação funcional.

A omissão ou o lançamento de má-fé de qualquer elemento no livro correspondente, bem como a lavratura de autos infracionais contra empresas fictícias, constituem falta grave, ficando o agente passível de pena de suspensão de até 30 (trinta) dias, instaurando-se, obrigatoriamente, em caso de reincidência, inquérito administrativo.

Trabalho doméstico

A verificação, pelo Auditor-Fiscal do Trabalho, do cumprimento das normas que regem o trabalho do empregado doméstico, no âmbito do domicílio do empregador, dependerá de agendamento e de entendimentos prévios entre a fiscalização e o empregador (Lei n. 10.593/2002, art. 11-A, *caput*, introduzido pela LC n. 150/2015).

A fiscalização deverá ter natureza prioritariamente orientadora e será observado o critério da dupla visita para a lavratura do auto de infração, salvo quando for constatada infração por falta de anotação na CTPS ou, ainda, na ocorrência de reincidência, fraude, resistência ou embaraço à fiscalização (Lei n. 10.593/2002, art. 11-A, §§ 1º e 2º, introduzidos pela LC n. 150/2015).

Durante a inspeção do trabalho, o Auditor-Fiscal far-se-á acompanhar pelo empregador ou por alguém de sua família por este designado (Lei n. 10.593/2002, art. 11-A, § 3º, introduzido pela LC n. 150/2015).

1.7.2. PROCESSO ADMINISTRATIVO

O auto de infração será lavrado em duplicata, sendo uma via entregue ao infrator, contra recibo, ou ao mesmo enviada, dentro de 10 (dez) dias da lavratura, mediante correspondência registrada (CLT, art. 629). Não poderá ser inutilizado nem sustado no curso do respectivo processo, devendo o auditor fiscal do trabalho apresentá-lo à autoridade competente, mesmo se incidir em erro.

O infrator terá o prazo de 10 (dez) dias, contados do recebimento do auto, para apresentar defesa dirigida à Gerência Regional do Trabalho (GRT).

Poderá o autuado requerer a audiência de testemunhas e as diligências que lhe parecerem necessárias à elucidação do processo, cabendo, porém, à autoridade julgar a necessidade de tais provas (CLT, art. 632).

De toda decisão que impuser multa por infração das leis e disposições reguladoras do trabalho caberá recurso para a Secretaria das Relações de Trabalho (SRT).

Os recursos deverão ser interpostos no prazo de 10 (dez) dias, contados do recebimento da notificação da decisão que houver imposto a multa.

A aludida notificação será, em regra, realizada pessoalmente ou por correspondência registrada. Contudo, poderá ser efetuada por meio de edital, publicado no órgão oficial, quando o infrator estiver em lugar incerto e não sabido.

Embora a legislação do trabalho exija literalmente a prova do depósito da multa para que o recurso tenha seguimento (CLT, art. 636, § 1º), o Supremo Tribunal Federal, por meio da Súmula Vinculante 21, definiu entendimento de que é inconstitucional a exigência de depósito ou arrolamento prévios de dinheiro ou bens para admissibilidade de recurso administrativo.

Por fim, importante destacar que, malgrado o caráter perverso do dispositivo, o art. 636, § 6º, da CLT estabelece que a multa será reduzida de 50% (cinquenta por cento) se o infrator, renunciando ao recurso, a recolher dentro do prazo de 10 (dez) dias, contados do recebimento da notificação ou da publicação do edital.

1.8. EXECUÇÃO DAS CONTRIBUIÇÕES SOCIAIS DECORRENTES DA SENTENÇA QUE PROFERIR

Consoante bem esclarece a Súmula 368, I, do TST, a competência da Justiça do Trabalho, quanto à execução das contribuições previdenciárias, limita-se às sentenças condenatórias em pecúnia que proferir e aos valores, objeto de acordo homologado, que integrem o salário de contribuição.

Segundo o parágrafo único do art. 876 da CLT (com redação dada pela Lei n. 13.467/2017), a Justiça do Trabalho executará, de ofício, as contribuições sociais previstas na alínea *a* do inciso I e no inciso II do *caput* do art. 195 da Constituição Federal (folha de salários) e seus acréscimos legais, relativas ao objeto da condenação constante das sentenças que proferir e dos acordos que homologar.

Nos autos do recurso ordinário RE 569056/PA, o Tribunal Pleno do Supremo Tribunal Federal estabeleceu que, segundo comando emergente do art. 114, VIII, da CF, não cabe à Justiça do Trabalho impor, *ex officio*, contribuição previdenciária relativamente à decisão que apenas declare a existência do vínculo de emprego, entendimento que convalida, integralmente, o teor da Súmula 368, I, do TST.

O Tribunal Superior do Trabalho, por sua vez, fixou entendimento no sentido de que compete à Justiça do Trabalho a execução, de ofício, da contribuição referente ao Seguro de Acidente de Trabalho (SAT), que tem natureza de contribuição para a seguridade social (arts. 114, VIII, e 195, I, *a*, da CF), pois se destina ao financiamento de benefícios relativos à incapacidade do empregado decorrente de infortúnio no trabalho (arts. 11 e 22 da Lei n. 8.212/91; Súmula 454 do TST).

Em contrapartida (interpretando-se *a contrario sensu* o parágrafo único do novo art. 876 da CLT), a Justiça do Trabalho não é competente para a cobrança das contribuições previdenciárias devidas a terceiros, nos termos do art. 114, VIII, da CF, já que tais valores não são tributos destinados ao custeio da Previdência Social, mas somente são arrecadados pela União e repassados às entidades beneficiárias do "Sistema S" (Sesi, Senai etc.).

1.9. OUTRAS CONTROVÉRSIAS DECORRENTES DA RELAÇÃO DE TRABALHO

Além das hipóteses nominalmente elencadas nos incisos do art. 114 da CF, é também de competência da Justiça do Trabalho qualquer outra controvérsia que a lei denote decorrer da relação de trabalho.

A título exemplificativo, em face do disposto no art. 652, *a*, III e V, da CLT, competirá às Varas do Trabalho conciliar e julgar os dissídios resultantes de contratos de empreitadas em que o empreiteiro seja operário ou artífice, bem como as ações entre trabalhadores portuários e os operadores portuários ou o Órgão Gestor de Mão de Obra (OGMO).

Na mesma linha, nos termos do art. 652, alínea f, da CLT (com redação dada pela Lei n. 13.467/2017), passou a ser competência das Varas do Trabalho decidir quanto à homologação de acordo extrajudicial em matéria de competência da Justiça do Trabalho.

Consoante atual entendimento jurisprudencial do Supremo Tribunal Federal (CComp 7.545), o ajuizamento de ação de reparação de danos morais pelos sucessores em decorrência de acidente do trabalho não altera a competência da Justiça Especializada (o que gerou o cancelamento da Súmula 366 do STJ).

Já, segundo entendimento do TST, a Justiça do Trabalho é competente para apreciar pedido de complementação de pensão postulada por viúva de ex-empregado, por se tratar de pedido que deriva do contrato de trabalho (OJ 26, SDI-1, do TST).

2 COMPETÊNCIA TERRITORIAL

Na Justiça do Trabalho, a competência territorial será determinada pelo local da efetiva prestação dos serviços, ainda que o contrato de trabalho tenha sido celebrado em outro lugar ou no estrangeiro (CLT, art. 651, *caput*).

Nas atividades de viajante comercial, a competência será da Vara do Trabalho da localidade em que a empresa tiver agência ou filial e a esta esteja subordinado o empregado. Na falta, será competente a Vara do domicílio do trabalhador ou a do local mais próximo a ele (CLT, art. 651, § 1º).

Em se tratando de empregador que promova a realização de atividades fora do lugar do contrato de trabalho, é assegurado ao empregado apresentar reclamação no foro da celebração do contrato ou no da prestação dos respectivos serviços (CLT, art. 651, § 3º).

O disposto no art. 63 do CPC, que permite a modificação da competência territorial por convenção das partes (foro de eleição), é incompatível com o processo do trabalho.

Todavia, revela-se perfeitamente compatível (e por assim dizer, aplicável por força do art. 769 da CLT) a prorrogação da competência territorial, se o reclamado não alegar a incompetência em preliminar de contestação (CPC, art. 65).

Princípio do amplo acesso à Justiça

Malgrado a clareza do art. 651, *caput*, da CLT, a jurisprudência vem reconhecendo a possibilidade de prorrogação da competência territorial trabalhista nas hipóteses de evidente impossibilidade econômica de o reclamante ajuizar sua pretensão no local da efetiva prestação dos serviços (ainda que exercente de função interna), em inteligência ao art. 101, I, do Código de Defesa do Consumidor – Lei n. 8.078/90 (também de natureza tutelar) e em prestígio ao princípio processual do amplo acesso à Justiça.

Jurisdição brasileira

Os dissídios trabalhistas ocorridos em agência ou filial no estrangeiro serão submetidos à competência territorial nacional, desde que o empregado seja brasileiro e não haja convenção internacional dispondo em contrário (CLT, art. 651, § 2º).

A ação proposta perante tribunal estrangeiro não induz litispendência e não obsta a que a autoridade judiciária brasileira conheça da mesma causa e das que lhe são conexas, ressalvadas as disposições em contrário de tratados internacionais e acordos bilaterais em vigor no Brasil (CPC, art. 24).

Empresa	Modalidade de trabalho	Competência	Art. 651 da CLT
Local conhecido no Brasil	Empregado interno	VT – efetiva prestação dos serviços	*caput*
Local conhecido no Brasil	Externo ou viajante	VT – empresa que subordina	§ 1º, 1ª parte
Local desconhecido	Externo ou viajante	VT – domicílio ou local mais próximo do trabalho	§ 1º, 2ª parte
Itinerante	Qualquer	VT – celebração CT ou efetiva prestação de serviços	§ 3º
Localizada no estrangeiro	Qualquer	Jurisdição brasileira	§ 2º

Quadro sinótico – Competência da Justiça do Trabalho

<table>
<tr><td>Introdução</td><td colspan="3">Definição (Liebman): quantidade de jurisdição cujo exercício é atribuído a cada órgão ou grupo de órgãos do Poder Judiciário
Divisão:
a) Material (em razão da matéria – ratione materiae)
b) Territorial (em razão do lugar – ratione loci)
c) Funcional (competência hierárquica)</td></tr>
<tr><td rowspan="6">1. Competência material</td><td>Previsão legal</td><td colspan="2">EC n. 45/2004, que alterou a redação do art. 114 da CF
Obs.: não alcança os processos já sentenciados (Súmula 367 do TST)</td></tr>
<tr><td>Ampliação da competência pela EC n. 5/2004</td><td colspan="2">Contempla não somente a conciliação e o julgamento dos dissídios individuais e coletivos entre trabalhadores e empregadores, como também os litígios decorrentes de todas as outras relações de trabalho e ações envolvendo o exercício do direito de greve; a representação sindical; as penalidades administrativas oriundas da fiscalização do trabalho, dentre outras</td></tr>
<tr><td rowspan="4">A – Ações oriundas da relação de trabalho</td><td colspan="2">Trabalho = gênero
Emprego = espécie
Toda relação de emprego representará uma relação de trabalho, mas nem sempre o inverso será verdadeiro</td></tr>
<tr><td colspan="2">Requisito característico do trabalho: uso da energia humana na fabricação de um produto ou na realização de uma atividade</td></tr>
<tr><td>Tipos</td><td>a) trabalho sem habitualidade (eventual)
b) sem subordinação (autônomo, estágio)
c) sem onerosidade (voluntário)
Obs.: Sempre com uma pessoa física (natural) na condição de prestador/contratado</td></tr>
<tr><td colspan="2">Servidores e funcionários públicos: competência da Justiça Estadual (comum) – ADI 3.395
Relação regida por lei especial, com caráter jurídico-administrativo: competência da Justiça Estadual. Ex.: Lei n. 8.745/93
Trabalhadores de empresas públicas e sociedades de economia mista, pessoas jurídicas de direito privado, exercentes de atividade econômica – admissão por concurso público –, contratos regidos pela CLT: competência da JT</td></tr>
</table>

1. Competência material	A – Ações oriundas da relação de trabalho	Fornecimento de serviços: a) se prestador for tão importante quanto a prestação (fidúcia), haverá relação de trabalho (ex.: artista plástico) – contratação da prestação em razão do prestador b) se a prestação representar o fim maior da contratação, haverá relação de consumo – fornecimento de serviços (ex.: desentupimento)
		Entes de direito público externo: JT competente para julgar ações oriundas das relações de trabalho que os envolvem, inexistindo imunidade de jurisdição invocável Convenção de Viena de 1961: sempre estará preservada a imunidade de execução, limitando Poder Judiciário nacional à expedição da carta rogatória executória
	B – Ações que envolvam o exercício do direito de greve	Restringe-se aos movimentos paredistas na iniciativa privada Dissídios regidos pela Lei n. 7.783/89 – declaração de abusividade ou não da deflagração Movimentos relativos ao serviço público: competência da Justiça Comum (Estadual ou Federal)
	C – Ações sobre representação sindical entre sindicatos, entre sindicatos e trabalhadores e entre sindicatos e empregadores	
	D – Mandados de segurança, habeas corpus e habeas data nas matérias sujeitas à jurisdição trabalhista	
	E – Conflitos de competência entre órgãos com jurisdição trabalhista	Haverá conflito de competência quando (art. 804 da CLT c/c art. 66 do CPC): a) 2 ou mais juízes se considerarem competentes b) 2 ou mais juízes se considerarem incompetentes c) entre 2 ou mais juízes surge controvérsia acerca da reunião ou separação de processos
		Conflitos podem ocorrer entre (art. 803 da CLT): a) VT e juízes de direito investidos na administração da JT b) TRTs c) Juízes e Tribunais do Trabalho e órgãos da Justiça Comum
		Podem ser suscitados por qualquer das partes, pelo Ministério Público ou pelo juiz (art. 951 do CPC)
		Conflitos resolvidos pelo(s): a) TRTs – entre VT e juízo de direito investido na administração da JT, ou entre umas e outras, nas respectivas regiões (art. 808, *a*, da CLT)

<table>
<tr><td rowspan="9">1. Competência material</td><td>E – Conflitos de competência entre órgãos com jurisdição trabalhista</td><td>b) TST – entre TRTs ou entre VT sujeitas à jurisdição de regionais diferentes (art. 808, b, da CLT)
c) STJ – entre Tribunal e juízes a ele não vinculados ou entre juízes vinculados a Tribunais diversos (art. 105, I, d, da CF)
d) STF – entre STJ e quaisquer Tribunais, entre Tribunais Superiores ou entre estes e qualquer outro Tribunal (art. 102, I, o, da CF)</td></tr>
<tr><td colspan="2">F – Ações de indenização por dano moral ou patrimonial decorrentes da relação de trabalho</td></tr>
<tr><td rowspan="6">G – Ações relativas às penalidades administrativas impostas aos empregadores pelos órgãos de fiscalização das relações de trabalho</td><td>JT – competente tanto para as ações executivas das penalidades administrativas impostas aos empregadores pelo MTE como para as ações anulatórias ajuizadas pelas empresas em face de eventuais ilegalidades contidas no auto de infração ou nulidades no processo administrativo correspondente</td></tr>
<tr><td>Fiscalização: deverá observar o critério de dupla visita (art. 627 da CLT):
a) quando ocorrer promulgação ou expedição de novas leis, regulamentos ou instruções ministeriais
b) em se realizando a primeira inspeção dos estabelecimentos ou dos locais de trabalho, recentemente inaugurados ou empreendidos</td></tr>
<tr><td>Procedimento especial para ação fiscal: poderá ser instaurado objetivando a orientação sobre o cumprimento das leis de proteção ao trabalho mediante termo de compromisso (art. 627-A da CLT)</td></tr>
<tr><td>Auto de infração: lavrado sempre que houver violação de preceito legal (art. 628 da CLT)</td></tr>
<tr><td>Objeto da fiscalização:
a) fiel cumprimento das leis trabalhistas, das NRs, das sentenças normativas e das convenções e acordos coletivos
b) registro de funcionários e anotações em CTPS
c) recolhimentos devidos ao FGTS</td></tr>
<tr><td>Livro de inspeção do trabalho – obrigatório para as empresas
Omissão ou lançamento de má-fé de qualquer elemento no livro constitui falta grave, ficando o agente passível de suspensão de até 30 dias</td></tr>
<tr><td colspan="2">H – Execução das contribuições sociais decorrentes da sentença que proferir</td></tr>
</table>

<table>
<tr><td rowspan="2">1. Competência material</td><td colspan="2">I – Outras controvérsias decorrentes da relação de trabalho</td></tr>
<tr><td colspan="2">Determinada pelo local da efetiva prestação dos serviços, ainda que o contrato de trabalho tenha sido celebrado em outro lugar ou no estrangeiro (art. 651, caput, da CLT)</td></tr>
<tr><td rowspan="4">2. Competência territorial</td><td colspan="2">Prorrogação de competência (art. 65 do CPC)</td></tr>
<tr><td>Viajante comercial –</td><td>Competência será da VT da localidade em que a empresa tiver agência ou filial e a esta esteja subordinado o empregado
Na falta – competente a Vara do domicílio do trabalhador ou a do local mais próximo a ele</td></tr>
<tr><td>Trabalho itinerante</td><td>Empregador que promova atividades fora do lugar do contrato do trabalho – foro da celebração do contrato ou o da prestação dos respectivos serviços</td></tr>
<tr><td>Jurisdição brasileira</td><td>Agência ou filial no estrangeiro – submetidas à competência territorial nacional (empregado brasileiro e inexistência de convenção internacional dispondo o contrário). Relação jurídica regida pelas leis vigentes no país da prestação de serviço e não por aquelas do local da contratação (Súmula 207 do TST)</td></tr>
</table>

Capítulo III

MINISTÉRIO PÚBLICO DO TRABALHO

Consoante disciplinam os arts. 127 e s. da CF, o Ministério Público (também denominado *Parquet*) é instituição permanente, essencial à função jurisdicional do Estado, incumbindo-lhe a defesa da ordem jurídica, do regime democrático e dos interesses sociais e individuais indisponíveis.

São princípios institucionais do Ministério Público: a unidade, a indivisibilidade e a independência funcional.

Assim como o Ministério Público Federal, o Ministério Público Militar e o Ministério Público do Distrito Federal e Territórios, o Ministério Público do Trabalho (MPT) integra o Ministério Público da União, que tem por chefe o procurador-geral da República, nomeado pelo Presidente da República dentre integrantes da carreira maiores de 35 anos, após a aprovação de seu nome pela maioria absoluta dos membros do Senado Federal, para mandato de 2 (dois) anos, permitida a recondução.

As atribuições, as funções institucionais e a organização do Ministério Público do Trabalho estão disciplinadas na Lei Complementar n. 75/93.

1 ATRIBUIÇÕES

Compete ao Ministério Público do Trabalho o exercício das seguintes atribuições junto aos órgãos da Justiça do Trabalho (LC n. 75/93, art. 83):

I – promover as ações que lhe sejam atribuídas pela Constituição Federal e pelas leis trabalhistas;

II – manifestar-se em qualquer fase do processo trabalhista, acolhendo solicitação do juiz ou por sua iniciativa, quando entender existente interesse público que justifique a intervenção;

III – promover a ação civil pública no âmbito da Justiça do Trabalho, para defesa de interesses coletivos, quando desrespeitados os direitos sociais constitucionalmente garantidos;

IV – propor as ações cabíveis para declaração de nulidade de cláusula de contrato, acordo coletivo ou convenção coletiva que viole as liberdades individuais ou coletivas ou os direitos individuais indisponíveis dos trabalhadores;

V – propor as ações necessárias à defesa dos direitos e interesses dos menores, incapazes e índios, decorrentes das relações de trabalho;

VI – recorrer das decisões da Justiça do Trabalho, quando entender necessário, tanto nos processos em que for parte como naqueles em que oficiar como fiscal da lei (*custos legis*), bem como pedir revisão dos Enunciados da Súmula de Jurisprudência do Tribunal Superior do Trabalho;

VII – funcionar nas sessões dos Tribunais trabalhistas, manifestando-se verbalmente sobre a matéria em debate, sempre que entender necessário, sendo-lhe assegurado o direito de vista dos processos em julgamento, podendo solicitar as requisições e diligências que julgar convenientes;

VIII – instaurar instância em caso de greve, quando a defesa da ordem jurídica ou o interesse público assim o exigir;

IX – promover ou participar da instrução e conciliação em dissídios decorrentes da paralisação de serviços de qualquer natureza, oficiando obrigatoriamente nos processos, manifestando sua concordância ou discordância, em eventuais acordos firmados antes da homologação, resguardado o direito de recorrer em caso de violação à lei e à Constituição Federal;

X – promover mandado de injunção, quando a competência for da Justiça do Trabalho;

XI – atuar como árbitro, se assim for solicitado pelas partes, nos dissídios de competência da Justiça do Trabalho;

XII – requerer as diligências que julgar convenientes para o correto andamento dos processos e para a melhor solução das lides trabalhistas;

XIII – intervir obrigatoriamente em todos os feitos nos segundo e terceiro graus de jurisdição da Justiça do Trabalho, quando a parte for pessoa jurídica de Direito Público, Estado estrangeiro ou organismo internacional.

O Ministério Público do Trabalho pode arguir, em parecer, na primeira vez que tenha de se manifestar no processo, a nulidade do contrato de trabalho em favor de ente público, ainda que a parte não a tenha suscitado, a qual será apreciada, sendo vedada, no entanto, qualquer dilação probatória (OJ 350, SBDI-1, do TST).

2 FUNÇÕES INSTITUCIONAIS

Incumbe ao Ministério Público do Trabalho, no âmbito das suas atribuições, exercer, especialmente, as seguintes funções institucionais (LC n. 75/93, art. 84):

a) instaurar inquérito civil e outros procedimentos administrativos, sempre que cabíveis, para assegurar a observância dos direitos sociais dos trabalhadores;

b) requisitar à autoridade administrativa federal competente, dos órgãos de proteção ao trabalho, a instauração de procedimentos administrativos, podendo acompanhá-los e produzir provas; e

c) ser cientificado pessoalmente das decisões proferidas pela Justiça do Trabalho, nas causas em que o órgão tenha intervindo ou emitido parecer escrito.

3 ORGANIZAÇÃO

São órgãos do Ministério Público do Trabalho (LC n. 75/93, art. 85):

I – o Procurador-Geral do Trabalho;

II – o Colégio de Procuradores do Trabalho;

III – o Conselho Superior do Ministério Público do Trabalho;

IV – a Câmara de Coordenação e Revisão do Ministério Público do Trabalho;

V – a Corregedoria do Ministério Público do Trabalho;

VI – os Subprocuradores-Gerais do Trabalho;

VII – os Procuradores Regionais do Trabalho; e

VIII – os Procuradores do Trabalho.

A carreira do Ministério Público do Trabalho será constituída pelos cargos de Subprocurador-Geral do Trabalho (último nível), Procurador Regional do Trabalho e Procurador do Trabalho (nível inicial).

3.1. PROCURADOR-GERAL DO TRABALHO

O Procurador-Geral do Trabalho é o chefe do Ministério Público do Trabalho (LC n. 75/93, art. 87).

Será nomeado pelo Procurador-Geral da República, dentre integrantes da instituição, com mais de 35 anos de idade e de 5 (cinco) anos de carreira, integrante de lista tríplice escolhida mediante voto plurinominal, facultativo e secreto, pelo Colégio de Procuradores para um mandato de 2 (dois) anos, permitida uma recondução.

O Procurador-Geral do Trabalho designará, dentre os Subprocuradores-Gerais do Trabalho, o Vice-Procurador-Geral do Trabalho, que o substituirá em seus impedimentos.

Compete ao Procurador-Geral do Trabalho exercer as funções atribuídas ao Ministério Público do Trabalho junto ao plenário do Tribunal Superior do Trabalho, propondo as ações cabíveis e manifestando-se nos processos de sua competência.

3.2. COLÉGIO DE PROCURADORES DO TRABALHO

O Colégio de Procuradores do Trabalho, presidido pelo Procurador-Geral do Trabalho, é integrado por todos os membros da carreira em atividade no Ministério Público do Trabalho (LC n. 75/93, art. 93).

3.3. CONSELHO SUPERIOR DO MINISTÉRIO PÚBLICO DO TRABALHO

O Conselho Superior do Ministério Público do Trabalho, presidido pelo Procurador-Geral do Trabalho, tem a seguinte composição (LC n. 75/93, art. 95):

I – o Procurador-Geral do Trabalho e o Vice-Procurador-Geral do Trabalho, que o integram como membros natos;

II – 4 (quatro) Subprocuradores-Gerais do Trabalho, eleitos para um mandato de 2 (dois) anos, pelo Colégio de Procuradores do Trabalho, mediante voto plurinominal, facultativo e secreto, permitida uma reeleição;

III – 4 (quatro) Subprocuradores-Gerais do Trabalho, eleitos para um mandato de 2 (dois) anos, por seus pares, mediante voto plurinominal, facultativo e secreto, permitida uma reeleição.

3.4. CÂMARA DE COORDENAÇÃO E REVISÃO DO MINISTÉRIO PÚBLICO DO TRABALHO

A Câmara de Coordenação e Revisão do Ministério Público do Trabalho é um órgão de coordenação, de integração e de revisão do exercício funcional na instituição (LC n. 75/93, art. 99), composta por 3 (três) membros do Ministério Público do Trabalho, sendo 1 (um) indicado pelo Procurador-Geral do Trabalho e 2 (dois) pelo Conselho Superior do Ministério Público do Trabalho, juntamente com seus suplentes, para um mandato de 2 (dois) anos, sempre que possível, dentre integrantes do último grau da carreira (LC n. 75/93, art. 101).

3.5. CORREGEDORIA DO MINISTÉRIO PÚBLICO DO TRABALHO

A Corregedoria do Ministério Público do Trabalho, dirigida pelo Corregedor-Geral, é órgão fiscalizador das atividades funcionais e da conduta dos membros do Ministério Público (LC n. 75/93, art. 104).

O Corregedor-Geral será nomeado pelo Procurador-Geral do Trabalho dentre os Subprocuradores-Gerais do Trabalho, integrantes de lista tríplice elaborada pelo Conselho Superior, para mandato de 2 (dois) anos, renovável uma vez.

3.6. SUBPROCURADORES-GERAIS DO TRABALHO

Os Subprocuradores-Gerais do Trabalho, último nível da carreira, serão designados para oficiar junto ao Tribunal Superior do Trabalho e nos ofícios na Câmara de Coordenação e Revisão (LC n. 75/93, art. 107).

Cabe aos Subprocuradores-Gerais do Trabalho, privativamente, o exercício das funções de:

a) Corregedor-Geral do Ministério Público do Trabalho;

b) Coordenador da Câmara de Coordenação e Revisão do Ministério Público do Trabalho.

Serão lotados nos ofícios na Procuradoria Geral do Trabalho.

3.7. PROCURADORES REGIONAIS DO TRABALHO

Os Procuradores Regionais do Trabalho, nível intermediário da carreira, serão designados para oficiar junto aos Tribunais Regionais do Trabalho (LC n. 75/93, art. 110).

Em caso de vacância ou de afastamento de Subprocurador-Geral do Trabalho por prazo superior a 30 dias, poderá ser convocado pelo Procurador-Geral, mediante aprovação do Conselho Superior, Procurador Regional do Trabalho para substituição.

Os Procuradores Regionais do Trabalho serão lotados nos ofícios nas Procuradorias Regionais do Trabalho nos Estados e no Distrito Federal.

3.8. PROCURADORES DO TRABALHO

Os Procuradores do Trabalho, nível inicial da carreira, serão designados para oficiar junto aos Tribunais Regionais do Trabalho e, na forma das leis processuais, nos litígios trabalhistas que envolvam, especialmente, interesses de menores e incapazes (LC n. 75/93, art. 112).

Serão lotados nos ofícios nas Procuradorias Regionais do Trabalho nos Estados e no Distrito Federal.

4 AÇÃO CIVIL PÚBLICA

À luz do art. 83, III, da Lei Complementar n. 75/93, no âmbito da Justiça Especializada, será o Ministério Público do Trabalho competente para promover ação civil pública em defesa de interesses coletivos, quando desrespeitados os direitos sociais constitucionalmente garantidos.

A ação civil pública está disciplinada na Lei n. 7.347/85.

Serão considerados interesses coletivos os transindividuais, de natureza indivisível, de que seja titular grupo ou categoria de pessoas ligadas entre si ou com a parte contrária por uma relação jurídica básica (aplicação analógica do art. 21, parágrafo único, I, da Lei n. 12.016/2009).

Não será cabível ação civil pública para veicular pretensões que envolvam o Fundo de Garantia do Tempo de Serviço (FGTS), cujos beneficiários podem ser individualmente determinados.

Para a fixação da competência territorial em sede de ação civil pública, cumpre tomar em conta a extensão do dano causado ou a ser reparado.

Consoante entendimento jurisprudencial:

a) em caso de dano de abrangência regional, que atinja cidades sujeitas à jurisdição de mais de uma Vara do Trabalho, a competência será de qualquer das varas das localidades atingidas, ainda que vinculadas a Tribunais Regionais do Trabalho distintos (OJ 130, II, da SDI-2);

b) em caso de dano de abrangência suprarregional ou nacional, há competência concorrente para a Ação Civil Pública, das Varas do Trabalho das sedes dos Tribunais Regionais do Trabalho (OJ 130, III, da SDI-2).

Estará prevento o juízo a que a primeira ação houver sido distribuída.

O Poder Público e as associações que, concomitantemente, estejam constituídas há pelo menos um ano e incluam a defesa dos interesses coletivos dos trabalhadores entre suas finalidades institucionais poderão habilitar-se como litisconsortes.

Fica facultado ao Ministério Público do Trabalho (assim como a qualquer órgão público legitimado a propor a ação civil pública) tomar dos interessados compromisso de ajustamento de conduta às exigências legais, mediante cominações, que terá eficácia de título executivo extrajudicial.

O *parquet* poderá, ainda, instaurar, sob sua presidência, inquérito civil, ou requisitar, de qualquer organismo público ou particular, certidões, informações, exames ou perícias, no prazo que assinalar, o qual não poderá ser inferior a 10 (dez) dias úteis.

Se o órgão do Ministério Público, esgotadas todas as diligências, se convencer da inexistência de fundamento para a propositura da ação civil, promoverá o arquivamento dos autos do inquérito civil ou das peças informativas, fazendo-o fundamentadamente.

Os autos do inquérito civil ou das peças de informação arquivadas serão remetidos, sob pena de se incorrer em falta grave, no prazo de 3 (três) dias, ao Conselho Superior do Ministério Público.

Deixando o Conselho Superior de homologar a promoção de arquivamento, designará, desde logo, outro órgão do Ministério Público para o ajuizamento da ação.

Na ação que tenha por objeto o cumprimento de obrigação de fazer ou não fazer, o juiz determinará o cumprimento da prestação da atividade devida ou a cessação da atividade nociva, sob pena de execução específica, ou de cominação de multa diária, se esta for suficiente ou compatível, independentemente de requerimento do autor.

A multa cominada liminarmente somente será exigível do réu após o trânsito em julgado da decisão favorável ao autor, mas será devida desde o dia em que se houver configurado o descumprimento.

A sentença civil fará coisa julgada *ultra partes*, nos limites da competência territorial do órgão prolator, exceto se o pedido for julgado improcedente por insuficiência de provas, hipótese em que o trabalhador interessado poderá intentar outra ação com idêntico fundamento, valendo-se de nova prova (inteligência do art. 103, II, do CDC).

Quadro sinótico – Ministério Público do Trabalho

Introdução	Definição: instituição permanente, essencial à função jurisdicional do Estado, incumbindo-lhe a defesa da ordem jurídica, do regime democrático e dos interesses sociais e individuais indisponíveis (arts. 127 e s. da CF) Princípios institucionais: unidade, indivisibilidade e independência funcional Características: o MPT integra o Ministério Público da União (chefe: Procurador-Geral da República – nomeado pelo Presidente da República dentre integrantes de carreira com mais de 35 anos, após aprovação por maioria absoluta do Senado Federal. Mandato: 2 anos, permitida recondução) Previsão legal: Lei Complementar n. 75/93
1. Atribuições (LC n. 75/93, art. 83)	I – promover ações que lhe sejam atribuídas pela CF e leis trabalhistas II – manifestar-se em qualquer fase do processo trabalhista (quando entender existente interesse público que justifique a intervenção) III – promover ação civil pública na JT para defesa de interesses coletivos IV – propor ações cabíveis para declaração de nulidade de cláusula de contrato, acordo coletivo ou convenção coletiva que viole as liberdades individuais ou coletivas ou os direitos individuais indisponíveis dos trabalhadores V – propor ações necessárias à defesa dos direitos e interesses dos menores, incapazes e índios, decorrentes das relações de trabalho VI – recorrer das decisões da JT quando entender necessário VII – funcionar nas sessões dos tribunais trabalhistas VIII – instaurar sindicância em caso de greve, quando a defesa da ordem jurídica ou o interesse público assim o exigir

<table>
<tr><td>1. Atribuições (LC n. 75/93, art. 83)</td><td colspan="3">IX – promover ou participar da instrução e conciliação em dissídios decorrentes da paralisação de serviços de qualquer natureza
X – promover mandado de injunção quando a competência for da JT
XI – atuar como árbitro, quando solicitado pelas partes (dissídios de competência da JT)
XII – requerer diligências que julgar convenientes ao processo
XIII – intervir obrigatoriamente em todos os feitos nos segundo e terceiro graus de jurisdição da JT (quando a parte for pessoa jurídica de direito público, Estado estrangeiro ou organismo internacional)</td></tr>
<tr><td>2. Funções institucionais</td><td colspan="3">a) instaurar inquérito civil e outros procedimentos administrativos, sempre que cabíveis
b) requisitar a instauração de procedimentos administrativos, podendo acompanhá-los e produzir provas
c) ser cientificado pessoalmente das decisões da JT (causas em que tenha intervindo ou emitido parecer escrito)</td></tr>
<tr><td rowspan="7">3. Organização</td><td>A – Procurador-Geral do Trabalho</td><td colspan="2">Chefe do Ministério Publico do Trabalho, que será nomeado pelo Procurador-Geral da República, com mais de 35 anos de idade e 5 anos de carreira
Mandato de 2 anos, permitida uma recondução</td></tr>
<tr><td>B – Colégio de Procuradores do Trabalho</td><td colspan="2">Presidido pelo Procurador-Geral do Trabalho
Integrado por todos os membros da carreira em atividade no MPT</td></tr>
<tr><td rowspan="2">C – Conselho Superior do MPT</td><td colspan="2">Presidido pelo Procurador-Geral do Trabalho</td></tr>
<tr><td>Composição</td><td>a) Procurador-Geral do Trabalho e o Vice-Procurador-Geral do Trabalho (membros natos)
b) 4 Subprocuradores-Gerais do Trabalho, eleitos pelo Colégio de Procuradores do Trabalho (mandato de 2 anos, permitida uma reeleição)
c) 4 Subprocuradores-Gerais do Trabalho, eleitos por seus pares (mandato de 2 anos, permitida uma reeleição)</td></tr>
<tr><td rowspan="2">D – Câmara de Coordenação e Revisão do MPT</td><td colspan="2">Órgão de coordenação, integração e de revisão do exercício funcional da instituição (art. 99 da LC n. 75/93)</td></tr>
<tr><td>Composição</td><td>3 membros do MPT, sendo 1 indicado pelo Procurador-Geral do Trabalho e 2 pelo Conselho Superior do MPT, juntamente com seus suplentes, dentre integrantes do último grau de carreira
Mandato de 2 anos</td></tr>
</table>

<table>
<tr><td rowspan="4">3. Organização</td><td>E – Corregedoria do MPT</td><td>Órgão fiscalizador das atividades funcionais e da conduta dos membros do MPT
Dirigida pelo Corregedor-Geral (mandato de 2 anos, renovável uma vez)</td></tr>
<tr><td>F – Subprocuradores-Gerais do Trabalho</td><td>Designados para oficiar junto ao TST e nos ofícios na Câmara de Coordenação e Revisão
Último nível de carreira
Lotados nos ofícios na Procuradoria Geral do Trabalho

Compete privativamente o exercício das funções de:
a) Corregedor-Geral do MPT
b) Coordenador da Câmara de Coordenação e Revisão do MPT</td></tr>
<tr><td>G – Procuradores Regionais do Trabalho</td><td>Designados para oficiar junto aos TRTs
Nível Intermediário de carreira
Lotados nos ofícios nas Procuradorias Regionais do Trabalho nos Estados e no DF</td></tr>
<tr><td>H – Procuradores do Trabalho</td><td>Designados para oficiar junto aos TRTs e, na forma das leis processuais, nos litígios trabalhistas que envolvam, especialmente, interesses de menores e incapazes
Lotados nos ofícios nas Procuradorias Regionais do Trabalho nos Estados e DF</td></tr>
<tr><td rowspan="4">4. Ação Civil Pública</td><td>Previsão legal</td><td>Lei n. 7.347/85</td></tr>
<tr><td>Competência</td><td>MPT, visando a defesa de interesses coletivos, quando desrespeitados os direitos sociais constitucionalmente garantidos (LC n. 75/93, art. 83, III)
Interesses coletivos: transindividuais, de natureza indivisível, de que seja titular grupo ou categoria de pessoas ligadas entre si ou com a parte contrária por uma relação jurídica básica</td></tr>
<tr><td>Objeto</td><td>Condenação em dinheiro ou o cumprimento de obrigação de fazer ou não fazer</td></tr>
<tr><td>Competência territorial</td><td>Fixada pela extensão do dano
(OJ 130, SDI-2, do TST)
a) dano abrangência regional: competência qualquer das Varas das localidades atingidas (ainda que TRTs distintos);
b) dano abrangência suprarregional ou nacional: competência concorrente Varas das sedes dos TRTs
Prevenção do juízo (primeira ação houver sido distribuída)</td></tr>
</table>

4. Ação Civil Pública	Características	Não cabível para pretensões que envolvam FGTS, cujos beneficiários podem ser individualmente determinados Facultado ao MPT tomar dos interessados compromisso de ajustamento de conduta às exigências legais, mediante cominações, que terá eficácia de título executivo extrajudicial
		MPT poderá instaurar inquérito civil ou requisitar, de qualquer organismo público ou particular, certidões, informações, exames ou perícias no prazo que assinalar, não podendo ser inferior a 10 dias úteis Arquivamento dos autos do inquérito civil ou das peças informativas: quando o MPT se convence da inexistência de fundamento para propor ação civil (após esgotadas todas as diligências) Autos arquivados: remetidos, no prazo de 3 dias, ao Conselho Superior do Ministério Público sob pena de falta grave Sentença civil fará coisa julgada ultra partes, nos limites da competência territorial do órgão prolator, exceto se o pedido for julgado improcedente por insuficiência de provas, hipótese em que se poderá intentar outra ação com idêntico fundamento, valendo-se de nova prova

Capítulo IV

DIREITO PROCESSUAL DO TRABALHO

1 CONCEITO

O direito processual do trabalho representa o conjunto de princípios, regras e procedimentos concernente à solução dos dissídios individuais e coletivos de trabalho (pacificação social).

2 PRINCÍPIOS

São princípios do direito processual do trabalho:

a) Amplo acesso à Justiça

a.1. *jus postulandi*:

"Os empregados e os empregadores poderão reclamar pessoalmente perante a Justiça do Trabalho e acompanhar as reclamações até o final" (CLT, art. 791, *caput*);

a.2. gratuidade de justiça:

"É facultado aos juízes, órgãos julgadores e presidentes dos tribunais do trabalho de qualquer instância conceder, a requerimento ou de ofício, o benefício da justiça gratuita, inclusive quanto a traslados e instrumentos, àqueles que perceberem salário igual ou inferior a 40% (quarenta por cento) do limite máximo dos benefícios do Regime Geral de Previdência Social" (CLT, art. 790, § 3º, com redação dada pela Lei n. 13.467/2017), bem como "será concedido à parte que comprovar insuficiência de recursos para o pagamento das custas do processo" (CLT, art. 790, § 4º, introduzido pela Lei n. 13.467/2017);

a.3. pagamento diferido das custas processuais

"As custas serão pagas pelo vencido, após o trânsito em julgado da decisão" (CLT, art. 789, § 1º).

b) Conciliação

"Os dissídios individuais ou coletivos submetidos à apreciação da Justiça do Trabalho serão sempre sujeitos à conciliação" (CLT, art. 764, *caput*).

"É lícito às partes celebrar acordo que ponha termo ao processo, ainda mesmo depois de encerrado o juízo conciliatório" (CLT, art. 764, § 3º).

"A decisão será proferida depois de rejeitada pelas partes a proposta de conciliação" (CLT, art. 831, *caput*).

c) Celeridade

"Os juízos e Tribunais do Trabalho terão ampla liberdade na direção do processo e velarão pelo andamento rápido das causas, podendo determinar qualquer diligência necessária ao esclarecimento delas" (CLT, art. 765);

c.1. concentração dos atos processuais:

"A audiência de julgamento será contínua; mas se não for possível, por motivo de força maior, concluí-la no mesmo dia, o juiz marcará a sua continuação para a primeira desimpedida, independentemente de nova notificação" (CLT, art. 849);

c.2. preferência pela oralidade:

"A reclamação poderá ser escrita ou verbal" (CLT, art. 840, *caput*).

"Não havendo acordo, o reclamado terá vinte minutos para aduzir sua defesa, após a leitura da reclamação, quando esta não for dispensada por ambas as partes" (CLT, art. 847).

"Terminada a instrução, poderão as partes aduzir razões finais, em prazo não excedente de dez minutos para cada uma" (CLT, art. 850);

c.3. simplicidade:

"Sendo escrita, a reclamação deverá conter a designação do juízo, a qualificação das partes, a breve exposição dos fatos de que resulte o dissídio, o pedido, que deverá ser certo, determinado e com indicação de seu valor, a data e a assinatura do reclamante ou de seu representante" (CLT, art. 840, § 1º).

"Os recursos serão interpostos por simples petição e terão efeito meramente devolutivo, salvo as exceções previstas neste Título, permitida a execução provisória até a penhora" (CLT, art. 899, *caput*);

c.4. informalidade e instrumentalidade das formas:

"Os atos e termos processuais independem de forma determinada, salvo quando a lei expressamente a exigir, considerando-se válidos os que, realizados de outro modo, lhe preencham a finalidade essencial" (CPC, art. 188).

"Quando a lei prescrever determinada forma, o juiz considerará válido o ato se, realizado de outro modo, lhe alcançar a finalidade" (CPC, art. 277);

c.5. irrecorribilidade imediata das decisões interlocutórias:

"Os incidentes do processo serão resolvidos pelo próprio Juízo ou Tribunal, admitindo-se a apreciação do merecimento das decisões interlocutórias somente em recurso da decisão definitiva" (CLT, art. 893, § 1º);

c.6. economia processual:

"Sendo várias as reclamações e havendo identidade de matéria, poderão ser acumuladas num só processo, se se tratar de empregados da mesma empresa ou estabelecimento" (CLT, art. 842);

c.7. eventualidade:

"Quando a reintegração do empregado estável for desaconselhável, dado o grau de incompatibilidade resultante do dissídio, especialmente quando for o empregador pessoa física, o tribunal do trabalho poderá converter aquela obrigação em indenização (...)" (CLT, art. 496).

"A verificação mediante perícia de prestação de serviços em condições nocivas, considerado agente insalubre diverso do apontado na inicial, não prejudica o pedido de adicional de insalubridade" (Súmula 293 do TST).

d) Devido processo legal

"Ninguém será privado da liberdade ou de seus bens sem o devido processo legal" (CF, art. 5º, LIV);

d.1. iniciativa da parte e impulso oficial:

"O processo começa por iniciativa da parte e se desenvolve por impulso oficial, salvo as exceções previstas em lei" (CPC, art. 2º).

d.2. juiz natural:

"Ninguém será processado nem sentenciado senão pela autoridade competente" (CF, art. 5º, LIII);

d.3. inafastabilidade de jurisdição:

"A lei não excluirá da apreciação do Poder Judiciário lesão ou ameaça a direito" (CF, art. 5º, XXXV);

d.4. imparcialidade do juiz:

"O juiz (...) é obrigado a dar-se por suspeito, e pode ser recusado, por algum dos seguintes motivos, em relação à pessoa dos litigantes: a) inimizade pessoal; b) amizade íntima; c) parentesco por consanguinidade ou afinidade até o terceiro grau civil; d) interesse particular na causa" (CLT, art. 801);

d.5. boa-fé e lealdade processual:

"Considera-se litigante de má-fé aquele que: I – deduzir pretensão ou defesa contra texto expresso de lei ou fato incontroverso; II – alterar a verdade dos fatos; III – usar do processo para conseguir objetivo ilegal; IV – opuser resistência injustificada ao andamento do processo; V – proceder de modo temerário em qualquer incidente ou ato do processo; VI – provocar incidente manifestamente infundado; IV – interpuser recurso com intuito manifestamente protelatório" (CLT, art. 793-B, introduzido pela Lei n. 13.467/2017);

d.6. contraditório e ampla defesa:

"Aos litigantes, em processo judicial ou administrativo, e aos acusados em geral são assegurados o contraditório e a ampla defesa, com os meios e recursos a ela inerentes" (CF, art. 5º, LV).

À luz do art. 4º da Instrução Normativa n. 39/2016 (aprovada pela Resolução n. 203/2016) do TST, não se proferirá decisão contra uma das partes sem que ela seja previamente ouvida (CPC, art. 9º), salvo se: I – tutela provisória de urgência; II – tutela de evidência (quando o fato puder ser comprovado apenas documentalmente ou houver tese firmada em julgamento de casos repetitivos ou em súmula vinculante).

O juiz não pode, no julgamento final do mérito da causa, em grau algum de jurisdição, aplicar fundamento jurídico ou embasar-se em fato não submetido à prévia audiência de uma ou de ambas as partes, ainda que se trate de matéria sobre a qual deva decidir de ofício, considerado como o subprincípio da *vedação às decisões surpresas*.

Entretanto, não se considera decisão surpresa a que, à luz do ordenamento jurídico nacional e dos princípios que informam o Direito Processual do Trabalho, as partes tinham obrigação de prever, concernente às condições da ação, aos pressupostos de admissibilidade de recurso e aos pressupostos processuais, salvo disposição legal expressa em contrário;

d.7. impugnação especificada:

"Incumbe também ao réu manifestar-se precisamente sobre as alegações de fato constantes da petição inicial, presumindo-se verdadeiras as não impugnadas (...)" (CPC, art. 341, *caput*);

d.8. publicidade e motivação das decisões:

"Todos os julgamentos dos órgãos do Poder Judiciário serão públicos, e fundamentadas todas as decisões, sob pena de nulidade, podendo a lei limitar a presença, em determinados atos, às próprias partes e a seus advogados, ou somente a estes, em caso nos quais a preservação do direito à intimidade do interessado no sigilo não prejudique o interesse público à informação" (CF, art. 93, IX);

d.9. adstrição e congruência da decisão ao pedido:

"O juiz decidirá o mérito nos limites propostos pelas partes, sendo-lhe vedado conhecer de questões não suscitadas a cujo respeito a lei exige a iniciativa da parte" (CPC, art. 141).

"É defeso ao juiz proferir decisão de natureza diversa da pedida, bem como condenar a parte em quantidade superior ou em objeto diverso do que lhe foi demandado" (CPC, art. 492, *caput*).

e) Busca da verdade real

"O juiz dirigirá o processo com liberdade para determinar as provas a serem produzidas, considerando o ônus probatório de cada litigante, podendo limitar ou excluir as que considerar excessivas, impertinentes ou protelatórias, bem como para apreciá-las e dar especial valor às regras de experiência comum ou técnica" (CLT, art. 852-D);

e.1. aptidão para a prova e inversão do ônus:

"Nos casos previstos em lei ou diante de peculiaridades da causa relacionadas à impossibilidade ou à excessiva dificuldade de cumprir o encargo (...) ou à maior facilidade de obtenção da prova do fato contrário, poderá o juízo atribuir o ônus da prova de modo diverso, desde que o faça por decisão fundamentada, caso em que deverá dar à parte a oportunidade de se desincumbir do ônus que lhe foi atribuído" (CLT, art. 818, § 1º, introduzido pela Lei n. 13.467/2017);

e.2. comunhão da prova, livre convencimento motivado e persuasão racional:

"O juiz apreciará a prova constante dos autos, independentemente do sujeito que a tiver promovido, e indicará na decisão as razões da formação de seu convencimento" (CPC, art. 371).

3 FONTES E INTERPRETAÇÃO

São consideradas fontes primárias do direito processual do trabalho:

a) a Constituição Federal e respectivas emendas constitucionais;

b) a CLT;

c) a Lei n. 5.584/70;

d) a Lei n. 7.701/88; e

e) o Decreto-Lei n. 779/69.

O processo será ordenado, disciplinado e interpretado conforme os valores e as normas fundamentais estabelecidos na Constituição Federal (inteligência do art. 1º do CPC).

4 FORMAS DE INTEGRAÇÃO

À luz do art. 1º da Instrução Normativa n. 39/2016 (aprovada pela Resolução n. 203/2016), aplica-se o Código de Processo Civil, subsidiária e supletivamente, ao Processo do Trabalho, em caso de omissão e desde que haja compatibilidade com as normas e os princípios do Direito Processual do Trabalho, na forma dos arts. 769 e 889 da CLT e do art. 15 da Lei n. 13.105/2015, o Código de Processo Civil:

Nos casos omissos, o direito processual comum será fonte subsidiária do direito processual do trabalho, exceto naquilo em que for incompatível com as normas da Consolidação das Leis do Trabalho (CLT, art. 769).

Na ausência de normas que regulem processos eleitorais, trabalhistas ou administrativos, as disposições deste Código lhes serão aplicadas supletiva e subsidiariamente (CPC, art. 15).

Destarte, o direito processual do trabalho será integrado especialmente pelas decisões do Supremo Tribunal Federal de efeito vinculante e pelos seguintes diplomas legais, dentre outros:

a) Código de Processo Civil – CPC;

b) Lei de Introdução às Normas do Direito Brasileiro – LINDB;

c) Lei n. 7.347/85 – Lei da Ação Civil Pública;

d) Lei n. 9.507/97 – Lei do *Habeas Data*;

e) Lei n. 12.016/2009 – Lei do Mandado de Segurança;

f) Lei n. 6.830/80 – Lei de Execuções Fiscais;

g) Lei n. 8.078/90 – Código de Defesa do Consumidor;

h) Lei n. 8.906/94 – Estatuto da Advocacia;

i) Lei Complementar n. 35/79 – Lei Orgânica da Magistratura Nacional;

j) Lei Complementar n. 75/93 – Lei Orgânica do Ministério Público da União.

Segundo entendimento majoritário, na doutrina e na jurisprudência terá cabimento a aplicação subsidiária nas hipóteses de lacuna normativa (inexistência de norma), ao passo que terá aplicação supletiva nos casos de lacuna ontológica, lacuna axiológica ou necessidade de complemento (normas que não mais condizem com a sociedade contemporânea e seus valores ou não disciplinam o instituto processual em sua plenitude).

5 APLICAÇÃO

5.1. NO TEMPO

O art. 912 da CLT rege a aplicação das leis no direito processual do trabalho, no sentido de que os dispositivos de caráter imperativo terão aplicação imediata às relações iniciadas, mas não consumadas, antes da vigência da Consolidação das Leis do Trabalho.

Assim, resta claro que o diploma consolidado adotou a teoria da aplicação imediata, que se contrapõe à teoria das fases processuais (segundo a qual a nova lei processual apenas poderá reger a fase processual ainda não iniciada: postulatória; de defesa; instrutória; recursal ou de execução) ou à teoria da não aplicação nas relações processuais já estabelecidas.

Contudo, torna-se necessário o isolamento dos atos processuais, visto que, em obediência ao ato jurídico processual perfeito, a nova lei apenas irá regular aqueles que forem praticados após o início de sua vigência (*tempus regit actum*).

O art. 915 da CLT esclarece que não serão prejudicados os recursos interpostos com apoio em dispositivos alterados ou cujo prazo para interposição esteja em curso à data da Consolidação das Leis do Trabalho, razão pela qual, em uma interpretação lógica e extensiva, as partes terão direito adquirido à realização de qualquer ato processual sob a égide da lei anterior, quando, no advento da nova, já havia iniciado o curso do prazo para sua prática.

Tais reflexões são de fundamental importância, pois, com o início da vigência da Lei n. 13.467/2017, em 11-11-2017, muito ainda se discute acerca da aplicação das alterações processuais promovidas na CLT aos processos ajuizados antes da referida data. A rigor (sendo certo que o TST pode firmar entendimento em sentido contrário, a qualquer momento, ainda que contrariando a lógica processual ora desenvolvida), se a pretensão foi deduzida judicialmente antes de 11-11-2017, os reflexos jurídicos e econômicos decorrentes dessa pretensão que aguarda pronunciamento jurisdicional (em especial as despesas processuais, incluindo honorários) deverão observar o texto antigo da CLT (não havendo em que se falar, portanto, em sucumbência recíproca). No entanto, no aspecto procedimental, incluindo a contagem de prazos (que passara a ser em dias úteis, em vez de dias corridos), mesmo em relação às ações trabalhistas ajuizadas antes de 11-11-2017, respeitar-se-á a já abordada teoria da aplicação imediata, com o isolamento dos atos processuais, de tal sorte que, recebida a notificação inicial pela reclamada a partir de 11-11-2017 (ou intimada a parte para realizar um ato em qualquer processo em curso, a partir de 11-11-2017), contar-se-á o prazo em dias úteis (ou seja, observando-se o texto alterado da CLT), valendo o mesmo para as ocorrências e os incidentes de uma audiência realizada a partir de 11-11-2017 (incluindo a impossibilidade de se aplicar a revelia na hipótese de ausência da reclamada e presença de seu patrono), ainda que tenha sido designada antes do início da vigência da Lei n. 13.467/2017.

5.2. NO ESPAÇO

A lei processual vigente no território nacional será aplicada nos processos ajuizados perante a autoridade judiciária brasileira, independentemente de ser a parte um estrangeiro ou indicado o direito material (substancial) estrangeiro para pacificação do conflito

Quadro sinótico – Direito Processual do Trabalho

1. Conceito	Processo do Trabalho (também denominado direito processual do trabalho)	Conjunto de princípios, regras e procedimentos concernentes à solução dos dissídios individuais e coletivos de trabalho
2. Princípios	a) Amplo acesso à Justiça a.1. *jus postulandi* (CLT, art. 791, *caput*) a.2. gratuidade de justiça (CLT, art. 790, §§ 3º e 4º) a.3. pagamento diferido de custas processuais (CLT, art. 789, § 1º) b) Conciliação (CLT, art. 764, *caput* e § 3º) c) Celeridade (CLT, art. 765) c.1. concentração dos atos processuais (CLT, art. 849) c.2. preferência pela oralidade (CLT, arts. 840, *caput*, 847 e 850) c.3. simplicidade (CLT, arts. 840, § 1º, e 899) c.4. informalidade e instrumentalidade das formas c.5. irrecorribilidade imediata das decisões interlocutórias (CLT, art. 893, § 1º) c.6. economia processual (CLT, art. 842) c.7. eventualidade d) Devido processo legal (CF, art. 5º, LIV) d.1. iniciativa da parte e impulso oficial (CPC, art. 2º) d.2. juiz natural (CF, art. 5º, LIII) d.3. inafastabilidade de jurisdição (CF, art. 5º, XXXV) d.4. imparcialidade do juiz (CLT, art. 801) d.5. boa-fé e lealdade processual (CLT, art. 793-B) d.6. contraditório e ampla defesa (CF, art. 5º, LV) d.7. impugnação especificada (CPC, art. 341, *caput*) d.8. motivação das decisões (CF, art. 93, IX) d.9. adstrição e congruência da decisão ao pedido (CPC, arts. 141e 492, *caput*) e) Busca da verdade real (CLT, art. 852-D) e.1. aptidão para a prova e inversão do ônus (CDC, art. 6º, VIII – aplicação analógica) e.2. comunhão da prova, livre convencimento motivado e persuasão racional (CLT, art. 818, § 1º e CPC, art. 371)	

<table>
<tr><td>3. Fontes</td><td colspan="2">Fontes primárias:
a) a Constituição Federal e respectivas emendas constitucionais
b) a CLT
c) a Lei n. 5.584/70
d) a Lei n. 7.701/88
e) o Decreto-Lei n. 779/69</td></tr>
<tr><td>4. Formas de integração</td><td colspan="2">Nos casos omissos, o direito processual comum será fonte subsidiária do direito processual do trabalho, exceto naquilo em que for incompatível com as normas da Consolidação das Leis do Trabalho (CLT, art. 769)
Na ausência de normas que regulem processos eleitorais, trabalhistas ou administrativos, as disposições deste Código lhes serão aplicadas supletiva e subsidiariamente (CPC, art. 15)</td></tr>
<tr><td rowspan="2">5. Aplicação</td><td>a) No tempo</td><td>O art. 912 da CLT rege a aplicação das leis no direito processual do trabalho, no sentido de que os dispositivos de caráter imperativo terão aplicação imediata às relações iniciadas, mas não consumadas, antes da vigência da Consolidação das Leis do Trabalho</td></tr>
<tr><td>b) No espaço</td><td>A lei processual vigente no território nacional será aplicada nos processos ajuizados perante a autoridade judiciária brasileira, independentemente de ser a parte um estrangeiro</td></tr>
</table>

Capítulo V

AÇÃO TRABALHISTA

Ação representa o direito público de o cidadão provocar a jurisdição e obter uma resposta de mérito do Poder Judiciário; enquanto processo equivale ao complexo de atos destinados à realização desse direito.

A clássica teoria de Savigny (imanentista), que apresentava o direito de ação como sendo o direito material em movimento, foi definitivamente superada, prevalecendo sua autonomia, independentemente da existência do direito ao bem da vida vindicado.

Em contraposição à vertente concretista (que condiciona o direito de ação a uma sentença favorável) ou à vertente abstrativista (que repele qualquer tipo de condicionamento ao exercício do direito de ação), a corrente eclética (iniciada por Liebman) defende que, sem o preenchimento das condições que lhe são inerentes, não haverá ação. Dessa forma, ou o reclamante detém a ação ou dela é carecedor. Presente a ação, o magistrado deverá julgar procedente ou improcedente o pedido formulado pelo autor (CPC, art. 487, I). Na hipótese de carência de ação, existirá simplesmente uma pretensão veiculada por meio de petição inicial (demanda), não comportando apreciação de mérito (CPC, art. 485, VI).

1 CONDIÇÕES DA AÇÃO TRABALHISTA

Com o advento do Código de Processo Civil de 2015, são consideradas condições da ação trabalhista: o interesse de agir e a legitimidade *ad causam*.

Para postular em juízo é necessário ter interesse e legitimidade (CPC, art. 17).

Segundo a teoria da asserção (também denominada *in statu assertionis* ou teoria *della prospettazione*), acolhida pelo nosso atual ordenamento jurídico, as condições da ação devem ser verificadas em abstrato, presumindo-se verdadeiros os fatos afirmados na inicial (versão abstrata). Destarte, se apenas com a realização da prova (ou seja, em concreto) restar demonstrada a inexistência de uma das condições da ação, o pedido deverá ser julgado improcedente (CPC, art. 487, I). A extinção do feito sem resolução do mérito (CPC, art. 485, VI), por carência de ação, somente ocorreria se a própria versão abstrata dos fatos demonstrasse não estarem reunidas todas as condições da ação.

A citada teoria se contrapõe à teoria do exame concreto, em que a inexistência de uma das condições da ação, a qualquer tempo, acarretará a consequente extinção do feito sem resolução do mérito (CPC, art. 485, VI), em função da carência de ação.

1.1. INTERESSE DE AGIR

O interesse de agir representa a utilidade, a necessidade e a adequação em se provocar a jurisdição para a obtenção do bem da vida pretendido.

Falta interesse de agir para a ação individual, singular ou plúrima, quando o direito já foi reconhecido através de decisão normativa, cabendo, no caso, ação de cumprimento (OJ 188, SBDI-1, do TST).

Na Justiça Especializada, o interesse do autor pode limitar-se à declaração de existência, da inexistência ou do modo de ser de uma relação jurídica trabalhista (CPC, art. 19, I), sem a pretensão de reparação de qualquer dano.

Assim, a ação trabalhista poderá revelar natureza meramente declaratória, ainda que tenha ocorrido a violação do direito.

No entanto, será incabível ação declaratória visando a declarar direito à complementação de aposentadoria, se ainda não atendidos os requisitos necessários à aquisição do direito, seja por via regulamentar, ou por acordo coletivo (OJ 276, SBDI-1, do TST).

Vale destacar, entretanto, que, segundo atual entendimento jurisprudencial, não será competente a Justiça do Trabalho para declarar a autenticidade ou falsidade de um documento (mesmo que corresponda a um contrato de trabalho), salvo de forma incidental (sem a eficácia da coisa julgada).

1.2. LEGITIMIDADE *AD CAUSAM*

Entende-se por legitimidade *ad causam* a pertinência lógica entre aquilo que se está pedindo, quem pede e em face de quem se pede).

A legimidade para propor uma ação trabalhista (também denominada legimitidade ativa), reservada aos titulares do direito subjetivo, será considerada ordinária quando o reclamante, em nome próprio, pleitear judicialmente direito próprio, e extraordinária quando o demandante, em nome próprio, pleitear judicialmente direito alheio, mediante substituição processual.

A hipótese mais frequente de substituição processual envolve o sindicato em defesa de direitos coletivos ou individuais homogêneos de membros da categoria profissional, mas também será identificada, por exemplo, nos dissídios de greve envolvendo atividade essencial com possibilidade de lesão do interesse público, ajuizadas pelo Ministério Público do Trabalho (CF, art. 114, § 3º).

A legitimidade do sindicato para propor ação de cumprimento estende-se também à observância de acordo ou de convenção coletiva (Súmula 286 do TST).

O sindicato tem legitimidade para atuar na qualidade de substituto processual para pleitear diferença de adicional de insalubridade (OJ 121, SBDI-1, do TST).

A legitimidade para contestar uma ação trabalhista (também denominada legitimidade passiva) estará reservada aos titulares das obrigações trabalhistas.

2 ELEMENTOS DA AÇÃO TRABALHISTA

São considerados elementos identificadores da ação trabalhista: as partes, o pedido (objeto) e a causa de pedir (fatos e fundamentos jurídicos no direito material).

Através dos referidos elementos, torna-se possível evitar a litispendência e a coisa julgada, bem como permitir a conexão ou a continência.

As partes serão estudadas no próximo capítulo e o pedido, também chamado de objeto da ação, no contexto da petição inicial.

Em relação à causa de pedir, convém destacar que o direito processual brasileiro a decompõe em fatos (também chamados de causa de pedir próxima) e fundamentos jurídicos (também denominados causa de pedir remota), adotando a teoria da substanciação, segundo a qual a jurisdição está adstrita aos fatos indicados na petição inicial, mas não aos fundamentos jurídicos invocados, sendo permitido ao magistrado modificar a qualificação jurídica dada aos fatos sem afetar a ação. No mesmo raciocínio, uma vez alterados os fatos (pelo autor, em aditamento à inicial, p. ex.), teremos uma nova ação.

A citada teoria adotada pelo sistema processual se contrapõe à teoria da individuação, segundo a qual há delimitação da ação pelos fundamentos jurídicos apresentados, e não pelos fatos, cuja descrição poderia até ser alterada no curso do processo.

Em havendo a aplicação literal do art. 329 do CPC ao processo do trabalho, efetivada a notificação inicial, ficaria defeso ao reclamante aditar ou alterar o pedido ou a causa de pedir sem o consentimento do reclamado. Contudo, necessário se faz adaptar o dispositivo processual comum ao procedimento processual trabalhista, no qual, em regra, não há despacho de citação e a designação de audiência (momento legalmente previsto para a apresentação da contestação) ocorre de forma imediata (muitas vezes até automática).

Assim, embora o Tribunal Superior do Trabalho possa firmar entendimento em sentido diverso, a interpretação mais adequada permite o aditamento ou alteração do pedido da causa de pedir, independentemente do consentimento do reclamado, até o momento da audiência designada, se não tiver sido apresentada defesa ou se essa fora inserida no sistema eletrônico (PJE) com sigilo. Não sendo a hipótese, somente será possível o aditamento ou a alteração do pedido ou da causa de pedir com o consentimento do réu, assegurada sempre a ampla defesa, mediante a concessão de prazo para manifestação (exercício do contraditório) e a faculdade do réu requerer nova audiência ou produção de prova documental suplementar.

Após a realização da audiência trabalhista, no entanto, a modificação tornar-se-á absolutamente impraticável, ainda que existente concordância do demandado ou convenção das partes.

Quadro sinótico – A Ação Trabalhista

<table>
<tr><td>Introdução</td><td colspan="2">Ação: direito público de o cidadão provocar a jurisdição e obter uma resposta de mérito do Poder Judiciário
Processo: complexo de atos destinados à realização desse direito</td></tr>
<tr><td rowspan="3">1. Condições da ação trabalhista</td><td colspan="2">a) interesse de agir
b) legitimidade ad causam</td></tr>
<tr><td>a) Interesse de agir</td><td>Representa a utilidade, a necessidade e a adequação em se provocar a jurisdição para a obtenção do bem da vida pretendido
Pode limitar-se à declaração da existência ou inexistência de uma relação jurídica trabalhista (art. 19, I, do CPC)</td></tr>
<tr><td>b) Legitimidade ad causam</td><td>Ativa: reservada aos titulares do direito subjetivo; considerada ordinária quando o reclamante, em nome próprio, perseguir judicialmente direito próprio, e extraordinária quando o demandante, em nome próprio, perseguir judicialmente direito alheio (substituição processual)
Legitimidade extraordinária: sindicato em ação de tutela coletiva

Passiva: titulares de obrigações</td></tr>
<tr><td>2. Elementos da ação trabalhista</td><td colspan="2">a) as partes
b) o pedido (objeto)
c) a causa de pedir</td></tr>
</table>

Capítulo VI

AS PARTES

Parte é o sujeito da relação processual, ou seja, aquele que pede, em nome de quem se pede, contra quem ou em relação a quem se pede uma providência jurisdicional (polo ativo ou passivo da demanda).

Poderá ser parte o próprio titular da relação jurídica material deduzida em juízo (exercício da legitimidade ordinária) ou o substituto processual que, mediante autorização legal, venha defender, em nome próprio, direito alheio (reconhecimento por lei da legitimidade extraordinária).

1 DENOMINAÇÕES

Nas relações jurídico-processuais trabalhistas as partes receberão as seguintes denominações:

a) reclamante e reclamada (reclamação trabalhista);

b) requerente e requerido (inquérito para apuração de falta grave e ação cautelar);

c) consignante e consignado (ação de consignação em pagamento);

d) impetrante e impetrado (mandado de segurança, *habeas corpus* e *habeas data*);

e) autor e réu (ação rescisória);

f) reconvinte e reconvindo (reconvenção).

2 TERCEIROS

Estranhos à relação jurídico-processual serão os terceiros.

Consideram-se terceiros todos aqueles que não pertençam à relação de direito material deduzida em juízo e também não figurem no polo ativo ou passivo da demanda trabalhista. Contudo, estarão estes habilitados a intervir no processo alheio quando destinatários, de forma direta ou reflexa, dos efeitos da sentença correspondente, como ocorre com a empresa sucedida e o coobrigado solidariamente, dentre outros.

A existência das partes dependerá da constituição e do desenvolvimento válido e regular da relação jurídico-processual, que, por sua vez, encontram-se intimamente ligados ao instituto da capacidade.

3 CAPACIDADE

A capacidade, aptidão para adquirir, exercer e postular direitos, precisa ser estudada em três dimensões: a capacidade de ser parte, a capacidade de estar em juízo e a capacidade postulatória.

A capacidade de ser parte (atributo da personalidade civil ou jurídica) da pessoa física (natural) começa com o nascimento com vida (CC, art. 2º); das pessoas jurídicas começa com a inscrição do ato constitutivo no respectivo registro (CC, art. 45) e dos entes despersonalizados (massa falida; espólio; condomínio; sociedade comum etc.) a partir de sua constituição.

A capacidade de estar em juízo (atributo da personalidade judiciária) será inerente a todo aquele que se encontre no exercício de seus direitos (CPC, art. 70). Também chamada de capacidade processual, consiste na aptidão genérica de ir a juízo, sem precisar estar representado, assistido ou "presentado".

Para facilitar a compreensão, enquanto a capacidade de ser parte é reconhecida a todas as pessoas (físicas ou jurídicas) ou entes despersonalizados (massa falida; espólio; condomínio; sociedade sem personalidade jurídica etc.), pois decorre da simples aptidão de figurar no processo como parte, a capacidade processual somente será reconhecida *prima facie* aos capazes. Os incapazes (absoluta ou relativamente) apenas após regular representação ou assistência (item 3.1), bem como as pessoas jurídicas e entes despersonalizados, somente mediante presentação (item 3.2), irão obtê-la.

Por oportuno, convém destacar que a soma da capacidade processual com a já estudada legitimidade *ad causam* resulta na legitimidade processual.

A capacidade postulatória, em regra, é reconhecida aos advogados. Todavia, no processo do trabalho, será também extensível aos próprios empregados e empregadores – *jus postulandi* (mas não aos demais tipos de trabalhadores e tomadores de serviço – inteligência da Instrução Normativa n. 27/2005 do TST).

Os empregados e empregadores poderão reclamar pessoalmente perante a Justiça do Trabalho e acompanhar as suas reclamações até o final (CLT, art. 791, *caput*).

Vale destacar que a capacidade postulatória reconhecida às próprias partes na Justiça do Trabalho foi questionada em face do art. 133 da CF de 1988 perante o Tribunal Superior do Trabalho, que entendeu válido o *jus postulandi*, desde que limitado às Varas do Trabalho e aos Tribunais Regionais do Trabalho, não alcançando a ação rescisória, a ação cautelar, o mandado de segurança e os recursos de competência do Tribunal Superior do Trabalho (Súmula 425 do TST).

3.1. REPRESENTAÇÃO E ASSISTÊNCIA

A incapacidade civil da pessoa física acarretará a necessidade de representação (incapacidade absoluta) ou assistência (incapacidade relativa) para estar em juízo.

Na forma do art. 3º do CC (aplicado subsidiariamente), são absolutamente incapazes:

a) os que, por enfermidade ou deficiência mental, não tiverem o necessário discernimento para a prática de atos da vida civil;

b) os que, mesmo por causa transitória, não puderem exprimir sua vontade.

Em contrapartida, consoante o disposto no art. 4º do CC, são relativamente capazes:

a) os ébrios habituais, os viciados em tóxicos e os que, por deficiência mental, tenham o discernimento reduzido;

b) os excepcionais, sem desenvolvimento mental completo; e

c) os pródigos.

No tocante à idade, com fundamento nos arts. 402 e 439 da CLT, serão absolutamente incapazes os menores de 14 anos e relativamente capazes os maiores de 14 e menores de 18 anos.

Os índios, que na égide do diploma civil anterior eram relativamente capazes, no atual Código Civil têm sua capacidade regulada por legislação especial (Estatuto do Índio).

Cessará, para os menores, a incapacidade (CC, art. 5º, parágrafo único):

I – pela concessão dos pais, ou de um deles na falta do outro, mediante instrumento público, independentemente de homologação judicial, ou por sentença do juiz, ouvido o tutor, se o menor tiver 16 anos completos;

II – pelo casamento;

III – pelo exercício de emprego público efetivo;

IV – pela colação de grau em curso de ensino superior;

V – pelo estabelecimento civil ou comercial, ou pela existência de relação de emprego, desde que, em função deles, o menor com 16 anos completos tenha economia própria.

A reclamação trabalhista do menor de 18 anos (bem como das demais pessoas absoluta ou relativamente incapazes) será feita (ou assistida) por seus representantes legais e, na falta destes, pelo Ministério Público do Trabalho, pelo sindicato, pelo Ministério Público Estadual ou curador nomeado em juízo (inteligência do art. 793 da CLT).

3.2. PRESENTAÇÃO

Embora o Código de Processo Civil, em seu art. 75, *caput*, não faça uso da correta expressão, a presentação constitui o meio pelo qual uma pessoa jurídica ou um ente despersonalizado se apresentam ao mundo jurídico, visto que não dispõem de presença física.

Assim, serão (re)presentados em juízo, ativa e passivamente (CPC, art. 75):

I – a União, pela Advocacia Geral da União, diretamente ou mediante órgão vinculado;

II – o Estado e o Distrito Federal, por seus procuradores;

III – o Município, por seu prefeito ou procurador;

IV – a autarquia e a fundação de direito público, por quem a lei do ente federado designar;

V – a massa falida, pelo administrador judicial;

VI – a herança jacente ou vacante, por seu curador;

VII – o espólio, pelo inventariante;

VIII – as pessoas jurídicas, por quem os respectivos atos constitutivos designarem ou, não havendo essa designação, por seus diretores;

IX – a sociedade e a associação irregulares e outros entes organizados sem personalidade jurídica, pela pessoa a quem couber a administração de seus bens;

X – a pessoa jurídica estrangeira, pelo gerente, representante ou administrador de sua filial, agência ou sucursal aberta ou instalada no Brasil;

XI – o condomínio, pelo administrador ou pelo síndico.

A sociedade ou associação sem personalidade jurídica (sociedades de fato) não poderá opor a irregularidade de sua constituição quando demandada (CPC, art. 75, § 2º).

4 PROCURADORES

Embora os próprios empregados e empregadores detenham capacidade postulatória nos dissídios individuais perante as Varas e Tribunais Regionais do Trabalho (*jus postulandi*), querendo, poderão fazer-se representar judicialmente por intermédio de advogado habilitado (CLT, art. 791, § 1º).

Como já estudado, o *jus postulandi* não alcançará a ação rescisória, a ação cautelar, o mandado de segurança e os recursos de competência do Tribunal Superior do Trabalho, razão pela qual a representação judicial por advogado nesses casos se faz imperativa.

A representação postulatória da parte se fará por meio de mandato (procuração), constituindo-se um mandatário (patrono) ou procurador.

4.1. MANDATO FORMAL

Na forma do art. 105, *caput*, do CPC, a procuração geral para o foro (*ad judicia*), outorgada por instrumento público ou particular assinado pela parte, habilita o advogado a praticar todos os atos do processo, exceto receber notificação inicial, confessar, reconhecer a procedência do pedido, transigir, desistir, renunciar ao direito sobre que se funda a ação, receber, dar quitação, firmar compromisso e assinar declaração de hipossuficiência econômica, que devem constar de cláusula específica.

Será possível a assinatura digital, com base em certificado emitido por Autoridade Certificadora credenciada, na forma da Lei n. 11.419/2006.

A falta de comunicação do advogado à OAB para o exercício profissional em seção diversa daquela na qual tem inscrição não importa nulidade dos atos praticados, constituindo apenas infração disciplinar, que cabe àquela instituição analisar (OJ 7, SBDI-1, do TST).

No tocante à validade do instrumento de mandato, a jurisprudência uniforme do TST assim se pronuncia:

O art. 75, VIII, do CPC/2015 (art. 12, VI, do CPC/73) não determina a exibição dos estatutos da empresa em juízo como condição de validade do instrumento de mandato outorgado ao seu procurador, salvo se houver impugnação da parte contrária (OJ 255, SDI-1, do TST).

Válido é o instrumento de mandato com prazo determinado que contém cláusula estabelecendo a prevalência dos poderes para atuar até o final da demanda (Súmula 395, I, do TST).

Diante da existência de previsão, no mandato, fixando termo para sua juntada, o instrumento de mandato só tem validade se anexado ao processo dentro do aludido prazo (Súmula 395, II, do TST).

O advogado não será admitido a postular em juízo sem procuração, salvo para evitar preclusão, decadência ou prescrição, ou para praticar ato considerado urgente. Nesses casos, o advogado deverá, independentemente de caução, exibir a procuração no prazo de 15 (quinze) dias, prorrogável por igual período por despacho do juiz (CPC, art. 104, *caput* e § 1º). O ato não ratificado será considerado ineficaz relativamente àquele em cujo nome foi praticado, respondendo o advogado pelas despesas e por perdas e danos.

A União, Estados, Municípios e Distrito Federal, suas autarquias e fundações públicas, quando representados em juízo, ativa e passivamente, por seus procuradores, estão dispensados da juntada de instrumento de mandato. Contudo, é essencial que o signatário ao menos declare-se exercente do cargo de procurador, não bastando a indicação do número de inscrição na Ordem dos Advogados do Brasil (Súmula 436, I e II, do TST).

O advogado tem direito de (CLT, art. 901, parágrafo único, c/c o CPC, art. 107):

I – examinar, em secretaria, mesmo sem procuração, autos de qualquer processo, independentemente da fase de tramitação, assegurados a obtenção de cópias e o registro de anotações, salvo na hipótese de segredo de justiça, nas quais apenas o advogado constituído terá acesso aos autos;

II – requerer, como procurador, vista dos autos de qualquer processo pelo prazo de 5 (cinco) dias;

III – retirar os autos da secretaria, pelo prazo legal, sempre que neles lhe couber falar por determinação do juiz, nos casos previstos em lei.

Os autos dos processos da Justiça do Trabalho não poderão sair dos cartórios ou secretarias, salvo se solicitados por advogado regularmente constituído por qualquer das partes, ou quando tiverem de ser remetidos aos órgãos competentes, em caso de recurso ou requisição (CLT, art. 778).

Ao receber os autos, o advogado assinará carga no livro competente.

Os advogados públicos ou privados, o defensor público e o membro do Ministério Público devem restituir os autos no prazo do ato a ser praticado (CPC, art. 234).

É lícito a qualquer interessado exigir os autos do advogado que exceder o prazo legal.

Verificada a falta, o juiz comunicará o fato à seção local da Ordem dos Advogados do Brasil para procedimento disciplinar e imposição de multa.

Sendo comum às partes o prazo em autos físicos, somente em conjunto ou mediante prévio ajuste por petição poderão os seus procuradores retirar os autos, ressalvada a obtenção de cópias para a qual cada procurador poderá retirá-los pelo prazo de 2 (duas) a 6 (seis) horas, independentemente de ajuste, também chamado de carga rápida.

4.2. SUBSTABELECIMENTO DE MANDATO

O advogado formalmente constituído nos autos, uma vez autorizado no instrumento de procuração, poderá substabelecer (ou seja, transferir), com ou sem reserva, os poderes outorgados pela parte.

São válidos os atos praticados pelo substabelecido, ainda que não haja, no mandato, poderes expressos para substabelecer (art. 667, e parágrafos, do Código Civil de 2002) (Súmula 395, III, do TST).

Válidos são os atos praticados por estagiário se, entre o substabelecimento e a interposição do recurso, sobreveio a habilitação, do então estagiário, para atuar como advogado (OJ 319, SBDI-1, do TST).

4.3. MANDATO *APUD ACTA* E MANDATO TÁCITO

Será considerado *apud acta* o mandato outorgado verbalmente pela parte perante a autoridade judiciária, sem a utilização de um instrumento de procuração escrito.

Por outro lado, será considerado tácito o mandato presumido a partir do comparecimento de advogado habilitado acompanhando a parte em audiência trabalhista.

É inválido o substabelecimento de advogado investido de mandato tácito (OJ 200, SDI-1, do TST).

4.4. REVOGAÇÃO E RENÚNCIA DE MANDATO

A parte que revogar o mandato outorgado a seu advogado constituirá, no mesmo ato, outro que assuma o patrocínio da causa (CPC, art. 111).

A juntada de nova procuração aos autos, sem ressalva de poderes conferidos ao antigo patrono, implica revogação tácita do mandato anterior (OJ 349, SDI-1, do TST).

O advogado poderá renunciar ao mandato a qualquer tempo, provando que comunicou a renúncia ao mandante, a fim de que este nomeie sucessor. Durante os 10 (dez) dias seguintes, o advogado continuará a representar o mandante, desde que necessário para lhe evitar prejuízo (CPC, art. 112, *caput* e § 1º).

5 EFEITOS DA INCAPACIDADE OU IRREGULARIDADE DE REPRESENTAÇÃO

Verificada a incapacidade processual (de estar em juízo) ou a irregularidade da representação da parte, o juiz designará prazo de 5 (cinco) dias para que seja sanado o vício (inteligência do art. 76, § 1º, do CPC c/c Súmula 456, II, do TST).

Descumprida a determinação, caso o processo esteja na instância originária:

a) o processo será extinto, se a providência couber ao reclamante;

b) o reclamado será considerado revel, se a providência lhe couber;

c) o terceiro será considerado revel ou excluído do processo, dependendo do polo em que se encontre.

Caso a irregularidade de representação da parte seja constatada em fase recursal, o relator designará prazo de 5 (cinco) dias para que seja sanado o vício. Descumprida a determinação, o relator não conhecerá do recurso, se a providência couber ao recorrente, ou determinará o desentranhamento das contrarrazões, se a providência couber ao recorrido (art. 76, § 2º, do CPC) (Súmula 456, III, do TST).

É inválido o instrumento de mandato firmado em nome de pessoa jurídica que não contenha, pelo menos, o nome do outorgante e do signatário da procuração, pois estes dados constituem elementos que os individualizam (Súmula 456, I, do TST).

Não caracteriza a irregularidade de representação a ausência da data da outorga de poderes, pois, no mandato judicial, ao contrário do mandato civil, não é condição de validade do negócio jurídico. Assim, a data a ser considerada é aquela em que o instrumento foi juntado aos autos, conforme preceitua o art. 409, IV, do CPC/2015 (art. 370, IV, do CPC/73). Inaplicável o art. 654, § 1º, do Código Civil (OJ 371, da SBDI-1, do TST).

A procuração outorgada com poderes específicos para ajuizamento de reclamação trabalhista não autoriza a propositura de ação rescisória e mandado de segurança. Constatado, todavia, o defeito de representação processual na fase recursal, cumpre ao relator ou ao tribunal conceder prazo de 5 (cinco) dias para a regularização, nos termos da Súmula 383, II, do TST (OJ 151, SDI2, do TST).

A jurisprudência da SBDI-1 do TST entende que a simples alteração da razão social da empresa obriga que a parte, mediante nova procuração, legitime a atuação de seu advogado, sob pena de irregularidade de representação e consequente não conhecimento de um eventual recurso interposto (E-ED-Ag-AIRR 37540 -93.1994.5.17.002).

Entretanto, configura-se a irregularidade de representação se o substabelecimento é anterior à outorga passada ao substabelecente (Súmula 395, IV, do TST). Nesse caso, deve o juiz suspender o processo e designar prazo razoável para que seja sanado o vício, ainda que em instância recursal (art. 76 do CPC) (Súmula 395, V, do TST).

6 SUCESSÃO DAS PARTES

A sucessão das partes se consubstancia na modificação subjetiva da lide (também conhecida como substituição das partes).

Consoante o art. 108 do CPC, somente será permitida, no curso do processo (ou seja, após a formação da relação processual), a substituição voluntária das partes nos casos expressos em lei. Antes disso, entretanto, não há qualquer óbice.

A modificação poderá ser formal, com manutenção da parte e alteração de seu representante legal, ou material, alterando-se a própria parte.

Ocorrendo a morte de qualquer das partes, dar-se-á a sucessão pelo seu espólio ou pelos seus sucessores (CPC, art. 110).

À luz do que dispõe o art. 1º da Lei n. 6.858/80, os valores devidos pelos empregadores aos empregados e os montantes das contas individuais do FGTS e do PIS-PASEP, não recebidos em vida pelos respectivos titulares, serão pagos, em quotas iguais, aos dependentes habilitados perante a Previdência Social e, na sua falta, aos sucessores previstos na lei civil, indicados em alvará judicial, independentemente de inventário ou arrolamento.

Assim, na hipótese de falecimento do empregado reclamante, proceder-se-á uma substituição especial, sendo primeiramente pelos dependentes previdenciários e, somente após, pelos sucessores.

Quadro sinótico – As Partes

Introdução	Parte: sujeito da relação processual Pode ser o próprio titular da relação jurídica deduzida em juízo (legitimidade ordinária) ou substituição processual (legitimidade extraordinária)

<table>
<tr><td>1. Denominações</td><td colspan="2">a) reclamante e reclamada (reclamação trabalhista)
b) requerente e requerido (inquérito para apuração de falta grave e ação cautelar)
c) consignante e consignado (ação de consignação em pagamento)
d) impetrante e impetrado (mandado de segurança; habeas corpus e habeas data)
e) autor e réu (ação rescisória)
f) reconvinte e reconvindo (reconvenção)</td></tr>
<tr><td>2. Terceiros</td><td colspan="2">Todos aqueles que não pertençam à relação de direito material deduzida em juízo e também não figurem no polo ativo ou passivo da demanda trabalhista
Serão habilitados a intervir no processo alheio quando destinatários, de forma direta ou reflexa, dos efeitos da sentença correspondente</td></tr>
<tr><td rowspan="4">3. Capacidade</td><td colspan="2">a) capacidade de ser parte (atributo da personalidade civil ou jurídica) – CC, arts. 2º e 45
b) capacidade de estar em juízo (atributo da personalidade judiciária) – CPC, art. 70
c) capacidade postulatória – jus postulandi – CLT, art. 791, caput</td></tr>
<tr><td colspan="2">O jus postulandi das partes, estabelecido no art. 791 da CLT, limita-se às Varas do Trabalho e aos Tribunais Regionais do Trabalho, não alcançando a ação rescisória, a ação cautelar, o mandado de segurança e os recursos de competência do Tribunal Superior do Trabalho (Súmula 425 do TST)</td></tr>
<tr><td>A – Representação e assistência</td><td>A incapacidade acarretará necessidade de representação (incapacidade absoluta) ou assistência (incapacidade relativa)
A representação postulatória se fará por meio de mandato (procuração)</td></tr>
<tr><td>B – Presentação</td><td>Meio pelo qual uma pessoa jurídica ou um ente despersonalizado (pessoas meramente formais) se apresentam ao mundo jurídico, visto que não dispõem de presença física
Serão re(presentados) em juízo, ativa e passivamente (CPC, art. 75):
I – a União, pela Advocacia Geral da União
II – o Estado e o Distrito Federal, por seus procuradores
III – o Município, por seu prefeito ou procurador
IV – a autarquia e a fundação de direito público, por quem a lei do ente federado designar;
V – a massa falida, pelo administrador judicial
VI – a herança jacente ou vacante, por seu curador
VII – o espólio, pelo inventariante</td></tr>
</table>

3. Capacidade	B – Presentação	VIII – as pessoas jurídicas, por quem os respectivos estatutos designarem ou, não havendo essa designação, por seus diretores IX – a sociedade e a associação irregulares e outros entes organizados sem personalidade jurídica, pela pessoa a quem couber a administração de seus bens X – a pessoa jurídica estrangeira, pelo gerente, representante ou administrador de sua filial, agência ou sucursal aberta ou instalada no Brasil XI – o condomínio, pelo administrador ou pelo síndico
4. Procuradores	1) Mandato formal	Previsão legal: art. 104 do CPC O advogado não será admitido a postular em juízo sem procuração, salvo para evitar preclusão, decadência ou prescrição, ou para praticar ato considerado urgente. Nesses casos, o advogado deverá, independentemente de caução, exibir a procuração no prazo de 15 (quinze) dias, prorrogável por igual período por despacho do juiz (CPC, art. 104, *caput* e § 1º). O ato não ratificado será considerado ineficaz relativamente àquele em cujo nome foi praticado, respondendo o advogado pelas despesas e por perdas e danos
	2) Substabelecimento de mandato	Autorizado no instrumento de procuração Poderá ser feito com ou sem reserva de poderes
	3) Mandato *apud acta* e mandato tácito	*Apud acta*: mandato outorgado verbalmente pela parte perante a autoridade judiciária Tácito: mandato presumido a partir do comparecimento de advogado acompanhando a parte em audiência trabalhista É inválido o substabelecimento de advogado investido de mandato tácito (OJ 200, SDI-1, do TST)

<table>
<tr><td>4. Procuradores</td><td>4) Revogação e renúncia de mandato</td><td>No ato de revogação, a parte constituirá outro advogado que assuma o patrocínio da causa
A juntada de nova procuração aos autos, sem ressalva de poderes conferidos ao antigo patrono, implica revogação tácita do mandato anterior (OJ 349, SDI-1, do TST)
Na renúncia do mandato, durante os 10 dias seguintes, o advogado continuará a representar o mandante, desde que necessário para lhe evitar prejuízo</td></tr>
<tr><td>5. Efeitos da incapacidade ou irregularidade de representação</td><td colspan="2">Verificada a incapacidade processual (de estar em juízo) ou a irregularidade da representação da parte, o juiz suspenderá o processo e designará prazo razoável para que seja sanado o vício (CPC, art. 76)
Descumprida a determinação, caso o processo esteja na instância originária:
a) o processo será extinto, se a providência couber ao autor
b) o réu será considerado revel, se a providência lhe couber
c) o terceiro será considerado revel ou excluído do processo, dependendo do polo em que se encontre
Caso a irregularidade de representação da parte seja constatada em fase recursal, o relator designará prazo de 5 (cinco) dias para que seja sanado o vício. Descumprida a determinação, o relator não conhecerá do recurso, se a providência couber ao recorrente, ou determinará o desentranhamento das contrarrazões, se a providência couber ao recorrido (Súmula 456, III, do TST)</td></tr>
<tr><td rowspan="2">6. Sucessão das partes</td><td colspan="2">Modificação subjetiva da lide (também conhecida como substituição das partes)
Poderá ser formal ou material
Formal: manutenção da parte e alteração do representante legal
Material: alteração da própria parte
Ocorrendo a morte de qualquer das partes, dar-se-á a sucessão pelo seu espólio ou pelos seus sucessores (CPC, art. 110)</td></tr>
<tr><td colspan="2">Na hipótese de falecimento do empregado reclamante, proceder-se-á uma substituição especial, sendo primeiramente pelos dependentes previdenciários e, somente após, pelos sucessores (Lei n. 6.858/80)</td></tr>
</table>

Capítulo VII

ATOS E PRAZOS PROCESSUAIS

1 ATOS PROCESSUAIS

1.1. CLASSIFICAÇÃO DOS ATOS PROCESSUAIS

Os atos processuais poderão ser classificados sob duas diferentes vertentes.

A vertente objetiva classifica os atos processuais em: a) postulatórios; b) instrutórios; c) de desenvolvimento; e d) de provimento.

A vertente subjetiva os classifica em: a) atos da parte; b) pronunciamentos do juiz; e c) atos dos servidores e auxiliares da justiça.

1.1.1. ATOS PROCESSUAIS DAS PARTES

Os atos das partes, consistentes em declarações unilaterais ou bilaterais de vontade (p. ex. ação; defesa; recursos; desistência de recursos), produzem imediatamente a constituição, a modificação ou a extinção de direitos processuais (CPC, art. 200). Contudo, a desistência da ação só produzirá efeitos após homologação judicial.

Os atos processuais em espécie serão estudados no contexto dos dissídios trabalhistas.

1.1.2. PRONUNCIAMENTOS DO JUIZ

Por aplicação subsidiária e adaptada do art. 203 do CPC, os pronunciamentos do juiz consistirão em sentenças, decisões interlocutórias e despachos.

A sentença é o pronunciamento por meio do qual o juiz, com fundamento nos arts. 485 e 487 do CPC, põe fim à fase cognitiva do procedimento comum, bem como extingue a execução, e será tratada de forma mais detalhada no capítulo relativo à reclamação trabalhista.

O julgamento colegiado proferido pelos tribunais recebe a denominação acórdão.

Decisão interlocutória é todo pronunciamento judicial de natureza decisória que não constitua sentença.

Todas as decisões dos órgãos do Poder Judiciário serão fundamentadas, sob pena de nulidade (inteligência do art. 93, IX, da CF).

São despachos todos os demais pronunciamentos do juiz praticados no processo, de ofício ou a requerimento da parte.

Os atos meramente ordinatórios, como a juntada e a vista obrigatória, independem de despacho, devendo ser praticados de ofício pelo servidor e revistos pelo juiz quando necessários.

Os despachos, as decisões, as sentenças e os acórdãos serão redigidos, datados e assinados pelos juízes. Quando forem proferidos oralmente, o servidor os documentará, submetendo-os aos juízes para revisão e assinatura.

A assinatura dos juízes, em todos os graus de jurisdição, poderá ser feita eletronicamente, na forma da Lei n. 11.419/2006.

Os despachos, as decisões interlocutórias, o dispositivo das sentenças e a ementa dos acórdãos serão publicados no Diário da Justiça eletrônico.

1.2. FORMA E COMUNICAÇÃO DOS ATOS PROCESSUAIS

Os atos e os termos (reduções à escrita dos atos realizados verbalmente) independem de forma determinada, salvo quando a lei expressamente a exigir, considerando-se válidos os que, realizados de outro modo, lhe preencham a finalidade essencial (CPC, art. 188).

Os atos processuais poderão ser total ou parcialmente digitais, ou seja, produzidos, comunicados, armazenados e validados por meio eletrônico, na forma da lei (Lei n. 11.419/2006).

Os sistemas de automação processual respeitarão a publicidade dos atos, o acesso e a participação das partes e de seus procuradores, inclusive nas audiências e nas sessões de julgamento, observadas as garantias da disponibilidade, independência da plataforma computacional, acessibilidade e a interoperabilidade dos sistemas, serviços, dados e informações que o Poder Judiciário administre no exercício de suas funções (CPC, art. 194).

O registro de ato processual eletrônico deverá ser feito em padrões abertos, que atenderão aos requisitos de autenticidade, integridade, temporalidade, não repúdio, conservação e, nos casos que tramitem em segredo de justiça, confidencialidade, observada a infraestrutura de chaves públicas unificada nacionalmente, nos termos da Lei n. 11.419/2006.

Os votos, os acórdãos e os demais atos processuais podem ser registrados em documento eletrônico inviolável e assinados eletronicamente, devendo ser impressos para juntada aos autos do processo quando este não for eletrônico (CPC, art. 943, *caput*).

Em todos os atos e termos do processo é obrigatório o uso da língua portuguesa. O documento redigido em língua estrangeira somente poderá ser juntado aos autos quando acompanhado da versão para a língua portuguesa tramitada por via diplomática ou pela autoridade central, ou firmada por tradutor juramentado.

Os atos e termos do processo serão assinados pelas pessoas que neles intervierem, todavia, quando estas não puderem fazê-lo, por motivo justificado, os documentos serão firmados a rogo, na presença de duas testemunhas, se não houver procurador legalmente constituído. No caso de recusa injustificada, o diretor de secretaria certificará nos autos a ocorrência (CLT, arts. 771 e 772, c/c CPC, art. 209).

A grafia dos nomes das partes não deve conter abreviaturas.

Não se admitem nos atos e termos processuais espaços em branco, salvo os que forem inutilizados, assim como entrelinhas, emendas ou rasuras, exceto quando expressamente ressalvadas (CPC, art. 211).

Quando se tratar de processo total ou parcialmente documentado em autos eletrônicos, os atos processuais praticados na presença do juiz poderão ser produzidos e armazenados de modo integralmente digital em arquivo eletrônico inviolável, na forma da lei, mediante registro em termo, que será assinado digitalmente pelo juiz e pelo chefe de secretaria, bem como pelos advogados das partes (CPC, art. 209, § 1º).

Eventuais contradições na transcrição deverão ser suscitadas oralmente no momento da realização do ato, sob pena de preclusão, devendo o juiz decidir de plano e ordenar o registro, no termo, da alegação e da decisão (CPC, art. 209, § 2º).

1.2.1. CITAÇÃO E NOTIFICAÇÃO INICIAL

Na inteligência do art. 238 do CPC, a citação é o ato pelo qual são convocados o réu, o executado ou o interessado para integrar a relação processual.

No processo do trabalho, em regra, o chamamento do demandado para comparecer à audiência, integrar a relação processual e, eventualmente, se defender (enviando-lhe a segunda via da petição inicial) recebe o nome de notificação, em vista de ser ato processual atribuído ao diretor de secretaria (CLT, art. 841, *caput*).

A notificação inicial será feita preferencialmente por correspondência registrada. Não sendo o endereço do demandado atendido pelo serviço de entrega postal, far-se-á a notificação inicial por meio de oficial de justiça.

Não se aplicará subsidiariamente o art. 242 do CPC, que exige o chamamento pessoal do réu, ou de representante legal ou procurador legalmente autorizado, no processo do trabalho.

O oficial de justiça cumprirá a diligência mediante a simples entrega da notificação inicial no endereço indicado, a qualquer pessoa capaz que nele trabalhe ou resida, certificando quem a recebeu. Até porque, tendo como regra a notificação inicial postal, não seria razoável se exigir do oficial de justiça maior dificuldade no cumprimento da diligência que aquela realizada pelo oficial dos correios.

Contudo, infrutífera a diligência no local determinado pelo mandado, a notificação inicial será efetuada em qualquer lugar onde se encontre o demandado.

Apenas não se fará a notificação inicial (inteligência dos arts. 244 e 245 do CPC):

a) de quem estiver participando de ato de culto religioso;

b) de cônjuge, de companheiro ou de qualquer parente do morto, consanguíneo ou afim, em linha reta, ou na linha colateral em segundo grau, no dia do falecimento e nos sete dias seguintes;

c) de noivos, nos três primeiros dias de bodas;

d) de doentes, enquanto grave o seu estado;

e) do mentalmente incapaz;

f) do que está impossibilitado de recebê-la.

Contudo, se o demandado criar embaraços ao seu recebimento, ou não for encontrado, far-se-á citação por edital (correção lógica a ser conferida no art. 841, § 1º, da CLT, em vista do disposto no art. 852-B, II, incluído pela Lei n. 9.957/2000).

Dessa forma, não se justifica a aplicação subsidiária do CPC, a fim de permitir a notificação inicial do demandado por hora certa.

Entretanto, diante da insuficiência do diploma consolidado para as situações fáticas possíveis, também se fará a citação por edital quando ignorado, incerto ou inacessível o lugar em que se encontrar o demandado (CPC, art. 256, II). Considera-se inacessível, para efeito de citação por edital, o país que recusar o cumprimento de carta rogatória.

No processo de execução (título executivo extrajudicial), o chamamento do devedor será realizado exclusivamente pela citação (pessoalmente ou, caso infrutífera a diligência, por edital – art. 880, §§ 2º e 3º, da CLT).

Para a validade (e a própria existência) de qualquer processo será indispensável a citação ou notificação inicial do demandado, ressalvadas as hipóteses de indeferimento da petição inicial ou de improcedência liminar do pedido (CPC, art. 239).

Assim, na falta de citação ou notificação inicial, o processo será considerado inexistente (pressuposto processual de existência), comportando o ajuizamento de uma ação declaratória de inexistência própria (denominada *querela nullitatis insanabilis*), que não se submete ao biênio decadencial da ação rescisória, podendo ser proposta a qualquer tempo.

Todavia, convém ressaltar que o comparecimento espontâneo do demandado suprirá uma eventual falta de notificação ou citação.

Comparecendo apenas para arguir a nulidade e sendo esta decretada, considerar-se-á feita a citação (pela autoridade judiciária) na data em que ele ou seu advogado for intimado da decisão.

Diferente do que dispõe o art. 240 do CPC, independentemente de citação ou notificação, a mera distribuição da petição inicial trabalhista torna prevento o juízo; e, ainda, quando ordenada por juízo incompetente, induz litispendência, torna litigiosa a coisa; constitui em mora o devedor e interrompe a prescrição.

1.2.2. INTIMAÇÃO E NOTIFICAÇÃO

À luz do art. 269 do CPC, intimação é o ato pelo qual se dá ciência a alguém dos atos e termos do processo.

Entretanto, no processo do trabalho a simples ciência a alguém dos atos e termos do processo também será denominada notificação, reservando-se a expressão "intimação" apenas para aqueles atos e termos processuais que impliquem a obrigação de a parte fazer ou deixar de fazer alguma coisa.

O entendimento apresentado não é pacífico na doutrina e na jurisprudência, existindo corrente divergente que reputa a expressão "notificação", contida em grande parte do texto consolidado, apenas deficiência de uma técnica legislativa arcaica. Assim, passaremos a adotá-las conjuntamente.

Sob pena de nulidade, é indispensável que da publicação constem os nomes das partes e de seus advogados, com o respectivo número de inscrição na Ordem dos Advogados do Brasil, ou, se assim requerido, da sociedade de advogados.

Havendo pedido expresso de que as intimações e publicações sejam realizadas exclusivamente em nome de determinado advogado, a comunicação em nome de outro profissional constituído nos autos é nula, salvo se constatada a inexistência de prejuízo (Súmula 427 do TST). As notificações ou intimações podem ser feitas de forma eletrônica ou diretamente, quando presente o procurador da parte em cartório.

Contudo, convém destacar que se presumem válidas as intimações dirigidas ao endereço constante dos autos, ainda que não recebidas pessoalmente pelo interessado, se a modificação temporária ou definitiva não tiver sido devidamente comunicada ao juízo (CPC, art. 274, parágrafo único).

1.2.3. CARTAS

Os atos processuais judiciais serão cumpridos por ordem ou requisitados por carta, conforme hajam de realizar-se dentro ou fora dos limites territoriais da comarca.

Nas comarcas contíguas de fácil comunicação e nas que se situem na mesma região metropolitana, o oficial de justiça poderá efetuar, em qualquer delas, citações, intimações, notificações, penhoras e quaisquer outros atos executivos independentemente da necessidade da expedição de carta (CPC, art. 255).

Será expedida carta:

I – de ordem, pelo tribunal ao juízo a ele vinculado, se o ato houver de se realizar fora dos limites territoriais do local de sua sede;

II – rogatória, para que órgão jurisdicional estrangeiro pratique ato de cooperação jurídica internacional, relativo a processo em curso perante órgão jurisdicional brasileiro;

III – precatória, para que órgão jurisdicional brasileiro pratique ou determine o cumprimento, na área de sua competência territorial, de ato relativo a pedido de cooperação judiciária formulado por órgão jurisdicional de competência territorial diversa (CPC, art. 237).

São requisitos das cartas de ordem, precatória e rogatória (CPC, art. 260):

I – a indicação dos juízes de origem e de cumprimento do ato;

II – o inteiro teor da petição, do despacho judicial e do instrumento do mandato conferido ao advogado;

III – a menção do ato processual, que lhe constitui o objeto;

IV – o encerramento com a assinatura do juiz.

O juiz mandará trasladar, na carta, quaisquer outras peças, bem como instruí-la com mapa, desenho ou gráfico, sempre que esses documentos devam ser examinados, na diligência, pelas partes, pelos peritos ou pelas testemunhas (CPC, art. 260, § 1º).

Quando o objeto da carta for exame pericial sobre documento, este será remetido em original, ficando nos autos reprodução fotográfica.

As cartas deverão, preferencialmente, ser expedidas por meio eletrônico, caso em que a assinatura do juiz deverá ser eletrônica, na forma da Lei n. 11.419/2006 (CPC, art. 263).

Em todas as cartas o juiz fixará o prazo para cumprimento, atendendo à facilidade das comunicações e à natureza da diligência (CPC, art. 261).

A carta tem caráter itinerante, podendo, antes ou depois de lhe ser ordenado o cumprimento, ser encaminhada a juízo diverso do que dela consta, a fim de se praticar o ato (CPC, art. 262).

O juiz recusará cumprimento à carta precatória, devolvendo-a com despacho motivado (CPC, art. 267):

I – quando não estiver revestida dos requisitos legais;

II – quando faltar ao juiz competência em razão da matéria ou da hierarquia;

III – quando tiver dúvida acerca de sua autenticidade.

As rogatórias oriundas do exterior deverão receber o *exequatur* do Superior Tribunal de Justiça para serem cumpridas no Brasil (CF, art. 105, I, i).

As cartas de ordem (dirigidas ao juízo de primeiro grau) serão expedidas basicamente em duas hipóteses: a) para colheita de provas (instrução) em uma ação rescisória (CPC, art. 972); ou b) nos atos de execução dos processos de competência originária dos tribunais.

Cumprida a carta, será devolvida ao juízo de origem, independentemente de traslado (inteligência do art. 268 do CPC).

1.3. PUBLICIDADE DOS ATOS PROCESSUAIS

Os requerimentos e documentos apresentados, os atos e termos processuais, as petições ou razões de recursos e quaisquer outros papéis referentes aos feitos formarão os autos dos processos, os quais ficarão sob a responsabilidade do diretor de secretaria.

Na forma do art. 93, IX, da CF, todos os julgamentos dos órgãos do Poder Judiciário serão públicos, podendo a lei limitar a presença, em determinados atos, às próprias partes e a seus advogados, ou somente a estes, em casos nos quais a preservação do direito à intimidade do interessado no sigilo não prejudique o interesse público à informação.

Assim, as partes, ou seus procuradores, poderão consultar, com ampla liberdade, os processos, bem como requerer certidões dos processos em curso ou arquivados, dependendo de despacho do juiz se correrem em segredo de justiça.

Nos processos físicos, os documentos juntados aos autos somente poderão ser desentranhados depois de findo o processo, ficando traslado (CLT, art. 780).

1.4. LUGAR DOS ATOS PROCESSUAIS

Os atos processuais realizar-se-ão ordinariamente na sede do juízo, ou, excepcionalmente, em outro lugar em razão de deferência, interesse da justiça, da natureza do ato ou de obstáculo arguido pelo interessado e acolhido pelo juiz (CPC, art. 217).

1.5. TEMPO DOS ATOS PROCESSUAIS

Consoante dispõe o art. 770 da CLT, os atos processuais realizar-se-ão nos dias úteis (de segunda a sexta-feira, para as partes; de segunda a sábado, para o juiz e auxiliares da justiça), das 6 às 20 horas, salvo quando o contrário determinar o interesse social. E, na forma do art. 212, § 1º, do CPC, aplicado subsidiariamente, serão concluídos depois das 20 horas os atos iniciados antes, quando o adiamento prejudicar a diligência ou causar grave dano.

As notificações e penhoras poderão realizar-se em domingos, feriados ou dias úteis fora do horário estabelecido, mediante autorização expressa do juiz (CLT, art. 770, parágrafo único, c/c CPC, art. 212, § 2º).

Feriados e recesso forense

Além dos declarados em lei, são feriados, para efeito forense, os sábados, os domingos e os dias em que não haja expediente forense (CPC, art. 216).

Na Justiça do Trabalho, além dos previstos na Lei n. 9.093/95 c/c Lei n. 662/49, são declarados por lei feriados (Lei n. 5.010/66, art. 62):

I – os dias compreendidos entre 20 de dezembro e 6 de janeiro, inclusive;

II – os dias da Semana Santa, compreendidos entre a quarta-feira e o domingo de Páscoa;

III – os dias de segunda e terça-feira de Carnaval;

IV – os dias 11 de agosto e 1º e 2 de novembro.

Na inteligência do art. 214 do CPC, no processo do trabalho, durante os feriados e recesso forense não se praticarão atos processuais, com exceção das tutelas de urgência (incluindo as de natureza cautelar, como a produção antecipada de provas, arresto, penhora, busca e apreensão).

Protocolo

Quando o ato tiver de ser praticado por meio de petição em autos não eletrônicos, essa deverá ser protocolada no horário de funcionamento do fórum ou tribunal, conforme o disposto na lei de organização judiciária local (CPC, art. 212, § 3º).

Contudo, a prática eletrônica de ato processual pode ocorrer em qualquer horário até as 24 (vinte e quatro) horas do último dia do prazo.

Consideram-se realizados os atos processuais por meio eletrônico no dia e hora do seu envio ao sistema do Poder Judiciário, do que deverá ser fornecido protocolo eletrônico (Lei n. 11.419/2006, art. 3º).

1.6. INFORMATIZAÇÃO DOS ATOS PROCESSUAIS

Por autorização do art. 18 da Lei n. 11.419/2006, o Tribunal Superior do Trabalho aprovou a Resolução Administrativa n. 140/2007, que editou a Instrução Normativa n. 30/2007, com o fim de regulamentar, no âmbito da Justiça do Trabalho, o uso do meio eletrônico na tramitação de processos judiciais, comunicação de atos e transmissão de peças processuais.

Ficam convalidados, no entanto, os atos processuais praticados por meio eletrônico até a data da publicação da Lei n. 11.419 (19-12-2006), desde que tenham atingido sua finalidade e não tenha havido prejuízo para as partes.

1.6.1. ASSINATURA ELETRÔNICA

O envio de petições e de recursos e a prática de atos processuais em geral por meio eletrônico serão admitidos mediante uso de assinatura eletrônica (IN 30/2007, art. 3º, c/c Lei n. 11.419/2006, art. 2º).

A assinatura eletrônica será admitida sob as seguintes modalidades (IN 30/2007, art. 4º, c/c Lei n. 11.419/2006, art. 2º):

I – assinatura digital, baseada em certificado digital emitido pelo ICP-Brasil, com uso de cartão e senha;

II – assinatura cadastrada, obtida perante o Tribunal Superior do Trabalho ou Tribunais Regionais do Trabalho, com fornecimento de *login* e senha.

Para o uso de qualquer das duas modalidades de assinatura eletrônica, o usuário deverá credenciar-se previamente perante o Tribunal Superior do Trabalho ou o Tribunal Regional do Trabalho com jurisdição sobre a cidade em que tenha domicílio, mediante o preenchimento de formulário eletrônico, disponibilizado no Portal da Justiça do Trabalho (Portal-JT).

No caso de assinatura digital, em que a identificação presencial já se realizou perante a Autoridade Certificadora, o credenciamento se dará pela simples identificação do usuário por meio de seu certificado digital e remessa do formulário devidamente preenchido.

Em sendo obrigatório o uso de assinatura cadastrada, o interessado deverá comparecer, pessoalmente, perante o órgão do Tribunal no qual deseje cadastrar sua assinatura eletrônica, munido do formulário devidamente preenchido, obtendo senhas e informações para a operacionalização de sua assinatura eletrônica.

1.6.2. SISTEMA DE PETICIONAMENTO ELETRÔNICO (PROCESSOS FÍSICOS)

Nos processos físicos, a prática de atos processuais por meio eletrônico pelas partes, advogados e peritos será feita, na Justiça do Trabalho, pelo Sistema Integrado de Protocolização e Fluxo de Documentos Eletrônicos, conhecido como e-DOC (IN 30/2007, art. 5º).

O e-DOC é um serviço de uso facultativo, disponibilizado no Portal-JT, na internet.

O sistema do e-DOC deverá buscar identificar, dentro do possível, os casos de ocorrência de prevenção, litispendência e coisa julgada.

As petições, acompanhadas ou não de anexos, apenas serão aceitas em formato PDF, no tamanho máximo, por operação, de 5 megabytes.

O envio da petição por intermédio do e-DOC dispensa a apresentação posterior dos originais ou de fotocópias autenticadas, inclusive aqueles destinados à comprovação de pressupostos de admissibilidade do recurso (IN 30/2007, art. 7º).

O acesso ao e-DOC depende da utilização, pelo usuário, da sua assinatura eletrônica (IN 30/2007, art. 8º, *caput*).

O Sistema Integrado de Protocolização e Fluxo de Documentos Eletrônicos (e-DOC), no momento do recebimento da petição, expedirá recibo ao remetente, que servirá como comprovante de entrega da petição e dos documentos que a acompanharam (IN 30/2007, art. 9º).

Incumbe aos Tribunais, por intermédio das respectivas unidades administrativas responsáveis pela recepção das petições transmitidas pelo e-DOC (IN 30/2007, art. 10):

I – imprimir as petições e seus documentos, caso existentes, anexando-lhes o comprovante de recepção gerado pelo Sistema, enquanto não generalizada a virtualização do processo, que dispensará os autos físicos;

II – verificar, diariamente, no sistema informatizado, a existência de petições eletrônicas pendentes de processamento.

A não obtenção, pelo usuário, de acesso ao Sistema, além de eventuais defeitos de transmissão ou recepção de dados, não serve de escusa para o descumprimento dos prazos legais (IN 30/2007, art. 11, § 1º).

Deverão os Tribunais informar, nos respectivos sítios, os períodos em que, eventualmente, o Sistema esteve indisponível (IN 30/2007, art. 11, § 2º).

Consideram-se realizados os atos processuais por meio eletrônico no dia e hora do seu recebimento pelo e-DOC (IN 30/2007, art. 12, c/c Lei n. 11.419/2006, art. 3º).

Quando a petição eletrônica for enviada para atender prazo processual, serão consideradas tempestivas as transmitidas até as 24 (vinte e quatro) horas do seu último dia.

Incumbe ao usuário observar o horário estabelecido como base para recebimento, como sendo o do Observatório Nacional, devendo atentar para as diferenças de fuso horário existentes no País.

Não serão considerados, para efeito de tempestividade, o horário da conexão do usuário à internet, o horário do acesso ao sítio do Tribunal, tampouco os horários consignados nos equipamentos do remetente e da unidade destinatária, mas o de recebimento no órgão da Justiça do Trabalho.

1.7. NULIDADES DOS ATOS PROCESSUAIS

Nos processos sujeitos à apreciação da Justiça do Trabalho somente haverá nulidade quando resultar dos atos inquinados manifesto prejuízo às partes litigantes (CLT, art. 794).

A nulidade não será pronunciada (CLT, art. 796):

a) quando for possível suprir-se a falta ou repetir-se o ato;

b) quando arguida por quem lhe tiver dado causa.

Quando a lei prescrever determinada forma, o juiz considerará válido o ato se, realizado de outro modo, lhe alcançar a finalidade (CPC, art. 277).

As nulidades também não serão declaradas senão mediante provocação das partes, as quais deverão argui-las à primeira vez em que tiverem de falar em audiência ou nos autos (CLT, art. 795), sob pena de preclusão (inteligência do art. 278 do CPC).

Deverão, entretanto, ser declaradas *ex officio*, impassíveis de se operar preclusão, as nulidades fundadas em normas de ordem pública, também denominadas absolutas (em especial a incompetência material). Nesses casos, serão considerados nulos os atos decisórios, e o juiz ou tribunal que se julgar incompetente determinará, na mesma ocasião, que se faça remessa do processo, com urgência, à autoridade competente, fundamentando sua decisão.

O juiz ou tribunal que pronunciar a nulidade relativa (interesses de ordem privada – das próprias partes) declarará os atos a que ela se estende (CLT, art. 797), ordenando-se as providências necessárias, a fim de que sejam repetidos, ou retificados (CPC, art. 282, *caput*, *in fine*).

A nulidade relativa do ato não prejudicará senão os posteriores que dele dependam ou sejam consequência (CLT, art. 798).

Todavia, a nulidade de uma parte do ato não prejudicará as outras, que dela sejam independentes (CPC, art. 281, *in fine*).

Vale destacar, por oportuno, que a nulidade somente atinge atos judiciais ou de servidores ou auxiliares da justiça. Os atos das partes que não obedeçam aos requisitos legais serão considerados não realizados.

1.8. DANOS DOS ATOS PROCESSUAIS

São deveres das partes, de seus procuradores e de todos aqueles que de qualquer forma participem do processo (CPC, art. 77):

a) expor os fatos em juízo conforme a verdade;

b) não formular pretensão ou apresentar defesa quando cientes de que são destituídas de fundamento;

c) não produzir provas nem praticar atos inúteis ou desnecessários à declaração ou defesa do direito; e

d) declinar, no primeiro momento que lhes couber falar nos autos, o endereço residencial ou profissional onde receberão intimações, atualizando essa informação sempre que ocorrer qualquer modificação temporária ou definitiva.

Destarte, a não observância das premissas anunciadas poderá gerar danos ao curso do processo, comportando sanções previstas na lei adjetiva.

1.8.1. LITIGÂNCIA DE MÁ-FÉ

Responde por perdas e danos aquele que litigar de má-fé como reclamante, reclamado ou interveniente (CLT, art. 793-A, introduzido pela Lei n. 13.467/2017).

Considera-se litigante de má-fé aquele que (CLT, art. 793-B, introduzido pela Lei n. 13.467/2017):

a) deduzir pretensão ou defesa contra texto expresso de lei ou fato incontroverso;

b) alterar a verdade dos fatos;

c) usar do processo para conseguir objetivo ilegal;

d) opuser resistência injustificada ao andamento do processo;

e) proceder de modo temerário em qualquer incidente ou ato do processo;

f) provocar incidente manifestamente infundado;

g) interpuser recurso com intuito manifestamente protelatório.

De ofício ou a requerimento, o juiz condenará o litigante de má-fé a pagar multa, que deverá ser superior a 1% (um por cento) e inferior a 10% (dez por cento) do valor corrigido da causa, a indenizar a parte contrária pelos prejuízos que esta sofreu e arcar com os honorários advocatícios e com todas as despesas que efetuou (CLT, art. 793-C, *caput*, introduzido pela Lei n. 13.467/2017).

Quando forem dois ou mais litigantes de má-fé, o juiz condenará cada um na proporção do seu respectivo interesse na causa, ou solidariamente aqueles que se coligaram para lesar a parte contrária (CLT, art. 793-C, § 1º, introduzido pela Lei n. 13.467/2017).

Na hipótese de valor da causa irrisório ou inestimável, a multa poderá ser fixada em até duas vezes o limite máximo dos benefícios do Regime Geral de Previdência Social (CLT, art. 793-C, § 2º, introduzido pela Lei n. 13.467/2017).

O valor da indenização será fixado pelo juízo ou, caso não seja possível mensurá-lo, liquidado por arbitramento ou pelo procedimento comum, nos próprios autos (CLT, art. 793-C, § 3º, introduzido pela Lei n. 13.467/2017).

Convém destacar que a declaração de nulidade de decisão homologatória de acordo, em razão de colusão entre as partes, é sanção suficiente em relação ao procedimento adotado, não havendo que ser aplicada a multa por litigância de má-fé (OJ 158, SBDI-2, do TST).

1.8.2. ATO ATENTATÓRIO À DIGNIDADE DA JUSTIÇA

Em consonância com o art. 77, §§ 1º e 2º, do CPC, aquele que deixar de cumprir com exatidão as decisões jurisdicionais, de natureza provisória ou final, ou criar embaraços à sua efetivação, bem como praticar inovação ilegal no estado de fato de bem ou direito litigioso, poderá ter sua conduta punida como ato atentatório à dignidade da justiça, podendo o juiz, sem prejuízo das sanções criminais, civis e processuais cabíveis, aplicar ao responsável multa de até 20% (vinte por cento) do valor da causa, de acordo com a gravidade da conduta.

1.8.3. MAU PROCEDIMENTO

É vedado às partes, a seus procuradores, aos juízes, aos membros do Ministério Público e da Defensoria Pública e a qualquer pessoa que participe do processo empregar expressões ofensivas nos escritos apresentados (CPC, art. 78). Quando expressões ou condutas ofensivas forem manifestadas oral ou presencialmente, o juiz advertirá o ofensor de que não as deve usar ou repetir, sob pena de lhe ser cassada a palavra.

Também é vedado lançar em autos físicos cotas marginais ou interlineares, as quais o juiz mandará riscar, impondo a quem as escrever multa correspondente à metade do salário mínimo (CPC, art. 202).

1.8.4. PARTICIPAÇÃO DO ADVOGADO

Independentemente do grau de sua participação, o advogado não responderá pelos danos processuais provocados, ficando sujeito exclusivamente às sanções porventura previstas no Estatuto da Advocacia (Lei n. 8.906/94).

2 PRAZOS PROCESSUAIS

Lapso temporal que separa dois atos processuais, para evitar que o processo se eternize.

2.1. CLASSIFICAÇÃO DOS PRAZOS PROCESSUAIS

Os prazos processuais poderão ser classificados segundo: a) os destinatários; b) a origem; e c) a natureza.

Quanto aos destinatários, existirão prazos: a) próprios (dirigidos às partes e sempre sujeitos à preclusão) ou b) impróprios (destinados aos juízes ou servidores, não sujeitos à preclusão trabalhista).

Quanto à origem, os prazos serão: a) legais (quando definidos em lei); b) judiciais (quando determinados pelo magistrado); ou c) convencionais (quando estabelecidos pelas partes).

Por fim, quanto à natureza, os prazos poderão ser classificados como: a) dilatórios (quando passíveis de alteração pela vontade das partes); ou b) peremptórios (quando impassíveis de alteração).

2.2. DISPOSIÇÕES GERAIS

Em consonância com o art. 218 do CPC, os atos processuais realizar-se-ão nos prazos prescritos em lei (prazos próprios, legais e peremptórios).

Quando esta for omissa, entretanto, o juiz determinará os prazos, tendo em conta a complexidade da causa (prazos próprios, judiciais e dilatórios).

Inexistindo preceito legal ou prazo determinado pelo juiz, será de 5 (cinco) dias o prazo para a prática de ato processual a cargo da parte (CPC, art. 218, § 3º).

Quando a lei ou o juiz não determinar prazo, as intimações somente obrigarão a comparecimento depois de decorridas 48 (quarenta e oito) horas (CPC, art. 218, § 2º).

À luz do art. 313, II, c/c o § 4º, do CPC, por convenção das partes poderá ser o processo suspenso em até 6 (seis) meses (única hipótese de prazo convencional).

De acordo com o art. 226 do CPC, o juiz proferirá (prazo impróprio, legal e dilatório):

I – os despachos no prazo de 5 (cinco) dias;

II – as decisões interlocutórias no prazo de 10 (dez) dias;

III – as sentenças no prazo de 30 (trinta) dias.

Em qualquer grau de jurisdição, havendo motivo justificado, pode o juiz exceder, por igual tempo, os prazos a que está submetido.

Na forma do art. 228 do CPC, incumbirá ao serventuário remeter os autos conclusos no prazo de 1 (um) dia e executar os atos processuais no prazo de 5 (cinco) dias, contados (prazo impróprio, legal e dilatório) da data em que:

I – houver concluído o ato processual anterior, se lhe foi imposto pela lei;

II – tiver ciência da ordem, quando determinada pelo juiz.

Compete ao juiz verificar se o serventuário excedeu, sem motivo legítimo, os prazos estabelecidos em lei.

2.3. DATA DE INÍCIO DO PRAZO

Salvo disposição em contrário, os prazos processuais trabalhistas contam-se a partir da data em que for feita pessoalmente, ou recebida a notificação, daquela em que for publicado o edital no jornal oficial ou no que publicar o expediente da Justiça do Trabalho, ou, ainda, daquela em que for afixado o edital na sede da Vara do Trabalho ou Tribunal (CLT, art. 774).

Destarte, não se aplicará subsidiariamente o disposto no art. 231 do CPC, que prevê o início do prazo da juntada aos autos do aviso de recebimento da correspondência ou da carta ou mandado cumpridos.

A data do início do prazo será, portanto, coincidente com a data em que for:

a) feita pessoalmente ou recebida a notificação (inclusive pelo correio);

b) publicado ou afixado o edital.

Importante ressaltar, contudo, que as notificações se consideram realizadas no primeiro dia útil seguinte, se tiverem ocorrido em dia que não tenha havido expediente forense.

No caso de publicação eletrônica, considera-se como data da publicação o primeiro dia útil seguinte ao da disponibilização da informação no *DJT* (IN 30/2007, art. 15, § 2º, c/c Lei n. 11.419/2006, art. 4º, § 3º).

Na forma do art. 774, parágrafo único, em se tratando de notificação postal, no caso de não ser encontrado o destinatário ou no de recusa de recebimento, o correio ficará obrigado, sob pena de responsabilidade do servidor, a devolvê-la, no prazo de 48 (quarenta e oito) horas, ao Tribunal de origem.

O aludido dispositivo legal deu ensejo à edição da Súmula 16 do TST, segundo a qual se presume recebida a notificação 48 (quarenta e oito) horas depois de sua postagem, e o reconhecimento pela doutrina e pela jurisprudência do início do prazo na data presumida.

No entanto, a presunção não irá prevalecer em sendo possível a identificação do dia exato de recebimento do comunicado judicial.

2.4. DATA DO INÍCIO DA CONTAGEM DO PRAZO

Diferentemente da data de início do prazo, a data de início da contagem do prazo será o primeiro dia útil subsequente.

A contagem do prazo terá início no primeiro dia útil que seguir ao da publicação (CPC, art. 224, § 3º)

Isso porque, assim como o art. 224 do CPC, o art. 775, *caput*, da CLT estabelece que os prazos contam-se com exclusão do dia do começo e inclusão do dia do vencimento.

Assim, se a data da notificação (início do prazo), por exemplo, recair em uma segunda-feira útil, será este dia excluído, iniciando-se a contagem do prazo na terça-feira útil seguinte.

Na mesma linha, a jurisprudência uniforme do TST fixou os seguintes entendimentos:

Quando a intimação tiver lugar na sexta-feira, ou a publicação com efeito de intimação for feita nesse dia, o prazo judicial será contado da segunda-feira imediata, inclusive, salvo se não houver expediente, caso em que fluirá no dia útil que se seguir (Súmula 1 do TST).

Intimada ou notificada a parte no sábado, o início do prazo se dará no primeiro dia útil imediato e a contagem, no subsequente (Súmula 262, I, do TST).

No caso de publicação eletrônica, os prazos processuais terão início no primeiro dia útil que seguir ao considerado como data da publicação (IN 30/2007, art. 15, § 3º, c/c Lei n. 11.419/2006, art. 4º, § 4º).

2.5. VENCIMENTO DO PRAZO

Com o advento da Lei n. 13.467/2017 (que equiparou a contagem da Justiça do Trabalho com a Justiça Comum), os prazos processuais nas ações trabalhistas serão contados em dias úteis, podendo, entretanto, ser prorrogados pelo tempo estritamente necessário, quando: a) o juízo entender justificado; ou b) em virtude de força maior, devidamente comprovada.

Em suma, ao juízo incumbe dilatar os prazos processuais adequando-os às necessidades do conflito de modo a conferir maior efetividade à tutela do direito (inteligência do art. 775, *caput*, §§ 1º e 2º, da CLT).

Com a contagem em dias úteis, os prazos não mais podem se vencer em sábado, domingo ou dia feriado (exigindo projeção), mas os dias do vencimento do prazo serão protraídos para o primeiro dia útil seguinte, se coincidirem com dia em que o expediente forense for encerrado antes ou iniciado depois da hora normal ou houver indisponibilidade da comunicação eletrônica (CPC, art. 224, § 1º).

2.6. CURSO DO PRAZO

O art. 220 do CPC dispõe que suspende-se o curso do prazo processual nos dias compreendidos entre 20 de dezembro e 20 de janeiro, inclusive.

A partir do advento da EC n. 45/2004, que introduziu o art. 93, XII, na CF, a atividade jurisdicional passou a ser ininterrupta, ficando vedadas férias coletivas nos juízos e tribunais de segundo grau, funcionando, nos dias em que não houver expediente forense normal, juízes em plantão permanente.

Suspende-se também o curso do prazo por obstáculo criado pela parte ou ocorrendo qualquer das hipóteses previstas no art. 313, I e III, do CPC (morte ou perda de capacidade de qualquer das partes, de representante legal ou procurador; e oposição de exceção de incompetência do juízo ou do tribunal, bem como de suspeição ou impedimento do juiz); casos em que o prazo será restituído por tempo igual ao que faltava para a sua complementação.

Convém também destacar que a parte poderá renunciar ao prazo estabelecido exclusivamente em seu favor, desde que o faça de maneira expressa (CPC, art. 225).

2.7. PRAZOS DIFERENCIADOS

O Ministério Público gozará de prazo em dobro para manifestar-se nos autos, que terá início a partir de sua intimação pessoal, por carga, remessa ou meio eletrônico (CPC, art. 180 c/c art. 183, § 1º).

Inaplicável ao processo do trabalho a norma contida no art. 229, *caput* e §§ 1º e 2º, do CPC/2015 ("os litisconsortes que tiverem diferentes procuradores, de escritórios de advocacia distintos, terão prazos contados em dobro para todas as suas manifestações, em qualquer juízo ou tribunal, independentemente de requerimento" – art. 191 do CPC/73), em razão de incompatibilidade com a celeridade que lhe é inerente (OJ 310, SDI-1, do TST).

Na mesma linha, com fundamento no art. 5º, § 5º, da Lei n. 1.060/50, não haverá prazo em dobro para os beneficiários da assistência judiciária gratuita, uma vez que esta, no processo do trabalho, está disciplinada pela Lei n. 5.584/70, que não prevê qualquer diferenciação nos prazos.

2.8. PRECLUSÃO

A preclusão se consubstancia na perda do direito de praticar um determinado ato no processo.

Poderá ser identificada como: a) temporal (quando registrado o decurso do prazo); b) consumativa (quando já praticado o ato processual, não se podendo fazê-lo novamente); ou c) lógica (quando praticado ato anterior em sentido diametralmente oposto ao que ora se pretenda realizar).

Por ser mais frequente, a lei apenas trata da preclusão temporal, ficando a cargo da doutrina o estudo das preclusões consumativa e lógica.

Assim, na forma do art. 223 do CPC, decorrido o prazo, extingue-se o direito de praticar ou de emendar o ato processual (preclusão temporal), independentemente de declaração judicial, ficando assegurado, porém, à parte provar que não o realizou por justa causa.

Reputa-se justa causa o evento imprevisto, alheio à vontade da parte e que a impediu de praticar o ato por si ou por mandatário. Verificada a justa causa, o juiz permitirá à parte a prática do ato no prazo que lhe assinar.

Consoante o art. 507 do CPC, é vedado à parte discutir, no curso do processo, as questões já decididas, a cujo respeito se operou a preclusão.

Quadro sinótico – Atos e Prazos Processuais

<table>
<tr><td rowspan="4">1. Atos processuais</td><td>A – Classificação</td><td colspan="2">Vertente objetiva:
a) postulatórios
b) instrutórios
c) de desenvolvimento
d) de provimento
Vertente sujetiva:
a) atos da parte
b) atos do juiz
c) atos dos servidores e auxiliares da justiça</td></tr>
<tr><td>Atos processuais das partes</td><td colspan="2">Produzem imediatamente a constituição, a modificação ou a extinção de direitos processuais (CPC, art. 200).
Obs.: a desistência da ação só produzirá efeito depois de homologada por sentença</td></tr>
<tr><td rowspan="2">Atos processuais judiciais (CPC, art. 203)</td><td colspan="2">Sentença: pronunciamento por meio do qual o juiz, com fundamento nos arts. 485 e 487 do CPC, põe fim à fase cognitiva do procedimento comum, bem como extingue a execução
Decisão interlocutória: todo pronunciamento judicial de natureza decisória que não constitua sentença
Todas as decisões dos órgãos do Poder Judiciário serão fundamentadas, sob pena de nulidade (inteligência do art. 93, IX, da CF)
Despachos: todos os demais pronunciamentos do juiz praticados no processo, de ofício ou a requerimento da parte</td></tr>
<tr><td>1) Citação e notificação inicial</td><td>No processo do trabalho, em regra, o chamamento do demandado para comparecer à audiência e se defender (enviando-lhe a segunda via da petição inicial) recebe o nome de notificação, em vista de ser ato processual atribuído ao diretor de secretaria (CLT, art. 841, caput)
Se o demandado criar embaraços ao seu recebimento, ou não for encontrado, far-se-á citação por edital (correção lógica a ser conferida no art. 841, § 1º, da CLT, em vista do disposto no art. 852-B, II, da Lei n. 9.957/2000)</td></tr>
</table>

1. Atos processuais	B – Forma e comunicação dos atos processuais	Os atos e termos (reduções à escrita dos atos realizados verbalmente) independem de forma determinada, salvo quando a lei expressamente a exigir, considerando-se válidos os que, realizados de outro modo, lhe preencham a finalidade essencial (CPC, art. 188)	
		Quando as partes não puderem fazê-lo, por motivo justificado, os documentos serão firmados a rogo, na presença de 2 testemunhas, se não houver procurador legalmente constituído. No caso de recusa injustificada, o diretor de secretaria certificará nos autos a ocorrência (CLT, arts. 771 e 772, c/c CPC, art. 209)	
		1) Citação e notificação inicial	Para a validade de qualquer processo será indispensável a citação ou notificação inicial do demandado (CPC, art. 239) O comparecimento espontâneo do demandado suprirá a falta de notificação ou citação Comparecendo apenas para arguir a nulidade e sendo esta decretada, considerar-se-á feita a citação (pela autoridade judiciária) na data em que ele ou seu advogado for intimado da decisão A notificação inicial será feita preferencialmente por correspondência registrada. Não sendo o endereço do demandado atendido pelo serviço de entrega postal, far-se-á a notificação inicial por meio de oficial de justiça
		2) Intimação e notificação	Intimação: ato pelo qual se dá ciência a alguém dos atos e termos do processo (CPC, art. 269) No processo do trabalho, a simples ciência a alguém dos atos e termos do processo também será denominada notificação, reservando-se a expressão "intimação" apenas para os atos que impliquem a obrigação de a parte fazer ou deixar de fazer alguma coisa (entendimento não pacífico) Quando não realizadas por meio eletrônico, consideramse feitas as notificações ou as intimações pela publicação dos atos no órgão oficial (CPC, art. 272)

1. Atos processuais	B – Forma e comunicação dos atos processuais	3) Cartas	Os atos processuais judiciais serão cumpridos por ordem ou requisitados por carta, conforme hajam de realizar-se dentro ou fora dos limites territoriais da comarca Nas comarcas contíguas de fácil comunicação e nas que se situem na mesma região metropolitana, o oficial de justiça poderá efetuar, em qualquer delas, citações, intimações, notificações, penhoras e quaisquer outros atos executivos, independentemente da necessidade da expedição de carta (CPC, art. 255) Será expedida carta: I – de ordem, pelo tribunal ao juízo a ele vinculado, se o ato houver de se realizar fora dos limites territoriais do local de sua sede II – rogatória, para que órgão jurisdicional estrangeiro pratique ato de cooperação jurídica internacional, relativo a processo em curso perante órgão jurisdicional brasileiro III – precatória, para que órgão jurisdicional brasileiro pratique ou determine o cumprimento, na área de sua competência territorial, de ato relativo a pedido de cooperação judiciária formulado por órgão jurisdicional de competência territorial diversa (CPC, art. 237) A carta tem caráter itinerante, podendo, antes ou depois de lhe ser ordenado o cumprimento, ser encaminhada a juízo diverso do que dela consta, a fim de se praticar o ato (CPC, art. 262)
	C – Publicidade dos atos processuais	Na forma do art. 93, IX, da CF, todos os julgamentos dos órgãos do Poder Judiciário serão públicos, podendo a lei limitar a presença, em determinados atos, às próprias partes e a seus advogados, ou somente a estes, em casos nos quais a preservação do direito à intimidade do interessado no sigilo não prejudique o interesse público à informação As partes, ou seus procuradores, poderão consultar, com ampla liberdade, os processos, bem como requerer	

1. Atos processuais	C – Publicidade dos atos processuais	certidões dos processos em curso ou arquivados, dependendo de despacho do juiz se correrem em segredo de justiça Nos processos físicos, os documentos juntados aos autos somente poderão ser desentranhados depois de findo o processo, ficando traslado (CLT, art. 780)	
	D – Lugar dos atos processuais	Os atos processuais realizar-se-ão ordinariamente na sede do juízo, ou, excepcionalmente, em outro lugar em razão de deferência, interesse da justiça, da natureza do ato ou de obstáculo arguido pelo interessado e acolhido pelo juiz (CPC, art. 217)	
	E – Tempo dos atos processuais	Os atos processuais realizar-se-ão nos dias úteis das 6 às 20 horas, salvo quando o contrário determinar o interesse social (CLT, art. 770) Na forma do art. 221, § 1º, do CPC, aplicado subsidiariamente, serão concluídos depois das 20 horas os atos iniciados antes, quando o adiamento prejudicar a diligência ou causar grave dano As notificações e penhoras poderão realizar-se em domingos, feriados ou dias úteis fora do horário estabelecido, mediante autorização expressa do juiz (CLT, art. 770, parágrafo único, c/c CPC, art. 212, § 2º)	
	F – Informatização dos atos processuais	Por autorização do art. 18 da Lei n. 11.419/ 2006, o TST aprovou a RA 140/2007, que editou a IN 30/2007, com o fim de regulamentar, no âmbito da Justiça do Trabalho, o uso do meio eletrônico na tramitação de processos judiciais, comunicação de atos e transmissão de peças processuais	
		1) Assinatura eletrônica	O envio de petições, de recursos e a prática de atos processuais em geral por meio eletrônico serão admitidos mediante uso de assinatura eletrônica Será admitida sob as seguintes modalidades: I – assinatura digital, baseada em certificado digital emitido pelo ICP-Brasil, com uso de cartão e senha II – assinatura cadastrada, obtida perante o TST ou TRTs, com fornecimento de *login* e senha

1. Atos processuais	F – Informatização dos atos processuais	2) Sistema de peticionamento eletrônico (processos físicos)	Nos processos físicos, prática de atos processuais por meio eletrônico será feita pelo Sistema Integrado de Protocolização e Fluxo de Documentos Eletrônicos, conhecido como e-DOC Serviço de uso facultativo, disponibilizado no Portal-JT, na internet O sistema deverá buscar identificar, dentro do possível, os casos de ocorrência de prevenção, litispendência e coisa julgada Envio de petição por intermédio do e-DOC dispensa a apresentação posterior dos originais ou de fotocópias autenticadas, inclusive aqueles destinados à comprovação de pressupostos de admissibilidade do recurso O acesso depende da utilização, pelo usuário, da sua assinatura eletrônica O sistema, no momento do recebimento da petição, expedirá recibo ao remetente, que servirá como comprovante de entrega da petição e dos documentos que a acompanharam Consideram-se realizados os atos processuais por meio eletrônico no dia e hora do seu recebimento pelo sistema do e-DOC Quando a petição eletrônica for enviada para atender prazo processual, serão consideradas tempestivas as transmitidas até as 24 horas do seu último dia
	G – Nulidades dos atos processuais	Somente haverá nulidade quando resultar dos atos inquinados manifesto prejuízo às partes litigantes (CLT, art. 794) Não será pronunciada (CLT, art. 706): a) quando for possível suprir-se a falta ou repetir-se o ato b) quando arguida por quem lhe tiver dado causa Quando a lei prescrever determinada forma, o juiz considerará válido o ato se, realizado de outro modo, lhe alcançar a finalidade (CPC, art. 277) As nulidades também não serão declaradas senão mediante provocação das partes, as quais deverão argui-las à primeira vez em que tiverem de falar em audiência ou nos autos (CLT, art. 795), sob pena de preclusão (inteligência do art. 278 do CPC) A nulidade relativa do ato não prejudicará senão os posteriores que dele dependam ou sejam consequência (CLT, art. 798)	

1. Atos processuais	H – Dano processual	1) Litigância de má-fé	Considera-se litigante de má-fé aquele que (CLT, art. 793-B): a) deduzir pretensão ou defesa contra texto expresso de lei ou fato incontroverso b) alterar a verdade dos fatos c) usar do processo para conseguir objetivo ilegal d) opuser resistência injustificada ao andamento do processo e) proceder de modo temerário em qualquer incidente ou ato do processo f) provocar incidente manifestamente infundado g) interpuser recurso com intuito manifestamente protelatório De ofício ou a requerimento, o juiz condenará o litigante de má-fé a pagar multa, que deverá ser superior a 1% (um por cento) e inferior a 10% (dez por cento) do valor corrigido da causa, a indenizar a parte contrária pelos prejuízos que esta sofreu
		2) Ato atentatório à dignidade da justiça (CPC, art. 77, §§ 1º e 2º)	É praticado por aquele que deixar de cumprir com exatidão as decisões jurisdicionais, de natureza provisória ou final, ou criar embaraços à sua efetivação, bem como praticar inovação ilegal no estado de fato de bem ou direito litigioso Multa de até 20% do valor da causa, de acordo com a gravidade da conduta
		3) Mau procedimento (CPC, art. 78)	É vedado às partes, a seus procuradores, aos juízes, aos membros do Ministério Público e da Defensoria Pública e a qualquer pessoa que participe do processo empregar expressões ofensivas nos escritos apresentados
		4) Participação de advogado	Independentemente do grau de sua participação, o advogado não responderá pelos danos processuais provocados, ficando sujeito exclusivamente às sanções porventura previstas no Estatuto da Advocacia (Lei n. 8.906/94)

2. Prazos processuais	A – Classificação dos prazos processuais	Quanto aos destinatários: a) próprios (dirigidos às partes e sempre sujeitos à preclusão) b) impróprios (destinados aos juízes ou servidores, não sujeitos à preclusão trabalhista) Quanto à origem: a) legais (quando definidos em lei) b) judiciais (quando determinados pelo magistrado) c) convencionais (quando estabelecidos pelas partes) Quanto à natureza: a) dilatórios (quando passíveis de alteração pela vontade das partes) b) peremptórios (quando impassíveis de alteração pela vontade das partes)
	B – Disposições gerais	Os atos processuais realizar-se-ão nos prazos prescritos em lei (CPC, art. 218) Quando a lei for omissa, o juiz determinará os prazos, tendo em conta a complexidade da causa Inexistindo preceito legal ou prazo determinado pelo juiz, será de 5 (cinco) dias o prazo para a prática de ato processual a cargo da parte (CPC, art. 218, § 3º) À luz do art. 313, II, c/c o § 4º do CPC, por convenção das partes poderá ser o processo suspenso em até 6 (seis) meses (única hipótese de prazo convencional)
	C – Data de início do prazo	A data do início do prazo será coincidente com a data em que for: a) feita pessoalmente ou recebida a notificação b) publicado ou afixado o edital As notificações consideram-se realizadas no primeiro dia útil seguinte, se tiverem ocorrido em dia que não tenha havido expediente forense No caso de publicação eletrônica, considera-se como data da publicação o primeiro dia útil seguinte ao da dio ponibilização da informação no *DJT* (IN 30/2007, art. 15, § 2º, c/c Lei n. 11.419/2006, art. 4º, § 3º)
	D – Data do início da contagem do prazo	A contagem do prazo terá início no primeiro dia útil que seguir ao da publicação (CPC, art. 224, § 3º) Quando a intimação tiver lugar na sexta-feira, ou a publicação com efeito de intimação for feita nesse dia, o prazo judicial será contado da segunda-feira imediata, inclusive, salvo se não houver expediente, caso em que fluirá no dia útil que se seguir (Súmula 1 do TST) Intimada ou notificada a parte no sábado, o início do prazo se dará no primeiro dia útil imediato e a contagem, no subsequente (Súmula 262, I, do TST)

2. Prazos processuais	E – Vencimento do prazo	Os prazos serão contados em dias úteis (CLT, art. 775, *caput*), podendo ser prorrogados, pelo tempo estritamente necessário: a) quando o juízo entender justificado; ou b) em virtude de força maior, devidamente comprovada. Os dias do vencimento do prazo serão protraídos para o primeiro dia útil seguinte, se coincidirem com dia em que o expediente forense for encerrado antes ou iniciado depois da hora normal ou houver indisponibilidade da comunicação eletrônica (CPC, art. 224, § 1º)
	F – Curso do prazo	O art. 220 do CPC dispõe que se suspende o curso do prazo processual nos dias compreendidos entre 20 de dezembro e 20 de janeiro, inclusive Suspende-se também o curso do prazo por obstáculo criado pela parte ou ocorrendo qualquer das hipóteses previstas no art. 313, I e III, do CPC (morte ou perda de capacidade de qualquer das partes, de representante legal ou procurador; e oposição de exceção de incompetência do juízo ou do tribunal, bem como de suspeição ou impedimento do juiz)
	G – Prazos diferenciados	O Ministério Público gozará de prazo em dobro para manifestar-se nos autos, que terá início a partir de sua intimação pessoal, por carga, remessa ou meio eletrônico (CPC, art. 180 c/c art. 183, § 1º) Inaplicável ao processo do trabalho a norma contida no art. 229, *caput* e §§ 1º e 2º, do CPC ("os litisconsortes que tiverem diferentes procuradores, de escritórios de advocacia distintos, terão prazos contados em dobro para todas as suas manifestações, em qualquer juízo ou tribunal, independentemente de requerimento"), em razão de incompatibilidade com a celeridade que lhe é inerente (OJ 310, SDI-1, do TST)
	H – Preclusão	Perda do direito de praticar um determinado ato no processo Poderá ser: a) temporal (quando registrado o decurso do prazo) b) consumativa (quando já praticado o ato processual, não se podendo fazê-lo novamente) c) lógica (quando praticado ato anterior em sentido diametralmente oposto ao que ora se pretenda realizar)

Capítulo VIII

PROCESSO JUDICIAL ELETRÔNICO

Na forma do art. 8º da Lei n. 11.419/2006, os órgãos do Poder Judiciário poderão desenvolver sistemas eletrônicos de processamento de ações judiciais por meio de autos total ou parcialmente digitais, utilizando, preferencialmente, a rede mundial de computadores e acesso por meio de redes internas e externas.

Na Justiça do Trabalho, o processo judicial eletrônico passou a ser regulamentado pela Resolução n. 185/2017 (que revogou a Resolução n. 136/2014) do Conselho Superior da Justiça do Trabalho.

Consoante a citada Resolução, a tramitação do processo judicial no âmbito da Justiça do Trabalho, a prática de atos processuais e sua representação por meio eletrônico serão realizados exclusivamente por intermédio do Sistema Processo Judicial Eletrônico da Justiça do Trabalho (PJe-JT).

Assim, os atos processuais terão sua produção, registro, visualização, tramitação, controle e publicação exclusivamente em meio eletrônico e serão assinados digitalmente, contendo elementos que permitam identificar o usuário responsável pela sua prática.

A cópia de documento extraída dos autos eletrônicos deverá conter elementos que permitam verificar a sua autenticidade no endereço referente à consulta pública do PJe-JT.

Os usuários são responsáveis pela exatidão das informações prestadas, quando de seu credenciamento, assim como pela guarda, sigilo e utilização da assinatura digital, não sendo oponível, em qualquer hipótese, alegação de uso indevido.

As partes ou terceiros interessados desassistidos de advogados poderão apresentar peças processuais e documentos em papel, segundo as regras ordinárias, nos locais competentes para recebê-los, que serão digitalizados e inseridos no processo pela unidade judiciária, em arquivo eletrônico que utilize linguagem padronizada de marcação genérica.

O credenciamento dos advogados no PJe dar-se-á pela identificação do usuário por meio de seu certificado digital e remessa de formulário eletrônico disponibilizado no portal de acesso do PJe, devidamente preenchido e assinado digitalmente. Na hipótese de credenciamento de sociedade de advogados, o procedimento é semelhante, dispensando-se, no entanto, a identificação do usuário por meio de certificado digital. Esse credenciamento implica, dentre outros, a aceitação das normas editadas pelo CSJT que regulamentem o uso do PJe no âmbito da Justiça do Trabalho e da responsabilidade do credenciado pelo uso indevido da assinatura eletrônica. Contudo, o credenciamento não dispensa a habilitação de todo advogado (ou sociedade de advogados) nos autos eletrônicos em que atuarem, bem como a juntada de procuração para postular em Juízo, na forma do art. 104 do CPC.

O advogado que fizer o requerimento para que as intimações sejam dirigidas a este ou à sociedade de advogados a que estiver vinculado deverá requerer a habilitação automática nos autos, peticionando com o respectivo certificado digital.

A disponibilidade do PJe, garantida apenas aos acessos de IP nacionais, será aferida na forma definida pelo CSJT, havendo, quanto a interrupções:

I – registro em relatório de indisponibilidade do funcionamento;

II – divulgação ao público, no sítio do Tribunal respectivo, na rede mundial de computadores;

III – juntada automática do relatório de indisponibilidade nos processos; e

IV – registro automático de prorrogação dos prazos processuais no PJe.

O relatório deverá conter, pelo menos, as seguintes informações: a) data, hora e minuto de início da indisponibilidade; b) data, hora e minuto de término da indisponibilidade; c) serviços que ficaram indisponíveis; e d) assinatura digital do responsável pela unidade de Tecnologia da Informação ou Informática do TRT, ou a quem este delegar, com efeito de certidão, devendo – enquanto não implementada a juntada automática nos processos – estar acessível, preferencialmente, em tempo real, ou, no máximo, até às 12h do dia seguinte ao da indisponibilidade.

Os TRTs manterão o controle dos registros no PJe acerca de feriados, da ausência de expediente forense, da prática de atos e da suspensão de prazos prevista nos arts. 214 e 220 do CPC.

Ato do presidente do CSJT definirá o tamanho máximo dos arquivos e extensões suportadas pelo PJe.

O PJe deve dispor de funcionalidade que permita o uso exclusivo de documento digital que utilize linguagem padronizada de marcação genérica, garantindo-se, de todo modo, a faculdade de peticionamento inicial e incidental mediante juntada de arquivo eletrônico "pdf" padrão ISSO-19005 (PDF/A), sempre com a identificação do tipo de petição a que se refere, a indicação do Juízo a que é dirigida, nomes e prenomes das partes e número do processo.

Os usuários externos poderão juntar quantos arquivos se fizerem necessários à ampla e integral atividade probatória.

Os arquivos juntados aos autos eletrônicos devem utilizar descrição que identifique, resumidamente, os documentos neles contidos e, se for o caso, os períodos a que se referem; e, individualmente considerados, devem trazer os documentos da mesma espécie, ordenados cronologicamente.

As petições e os documentos enviados sem observância das normas regulamentares poderão ser indisponibilizados por expressa determinação do magistrado, com o registro de movimento e exclusão da petição e documentos, assinalando-se, se for o caso, novo prazo para a adequada apresentação da petição. Na exclusão da petição dever-se-á tornar indisponível todo o documento a ela anexado.

No processo eletrônico, as citações, intimações e notificações, inclusive as destinadas à União, Estados, Distrito Federal, Municípios e suas respectivas autarquias e fundações de direito público, serão feitas por meio eletrônico, sem prejuízo da publicação no DEJT, nas hipóteses previstas em lei.

É vedada às sociedades de advogados a prática eletrônica de atos processuais, sendo considerada usuária externa apenas para recebimento de intimações, na forma dos arts. 106, I, e 272, § 2º, do CPC.

No expediente de notificação inicial ou de citação constará indicação da forma de acesso ao inteiro teor da petição inicial no endereço referente à consulta pública do PJe, cujo acesso também será disponibilizado nos sítios dos TRTs e do CSJT na rede mundial de computadores.

A petição inicial deverá conter, além dos requisitos do art. 840, § 1º, da CLT, a indicação do CPF ou CNPJ das partes, na forma do art. 15, *caput*, da Lei n. 11.419/2006.

O PJe fornecerá, na distribuição da ação, o número atribuído ao processo, o órgão julgador para o qual foi distribuída e, se for o caso, o local, a data e o horário da realização da audiência, da qual estará a parte autora imediatamente intimada.

A ausência de retificação dos dados da autuação automática, referente à petição inicial, no prazo de 15 dias, quando determinada judicialmente, ensejará a aplicação do disposto no art. 321, parágrafo único, do CPC.

A distribuição de ação, inclusive incidental, será unicamente por meio eletrônico, mesmo na hipótese de ações cautelares, tutelas de urgência e embargos de terceiros, quando ajuizados em processos que tramitam em meio físico.

No expediente de notificação inicial ou de citação constará orientação para que a contestação, reconvenção, exceções e documentos que os acompanham sejam protocolados no PJe com pelo menos 48h de antecedência da audiência.

As partes poderão atribuir segredo de justiça à petição inicial e sigilo à contestação, reconvenção, exceção, petições incidentais e documentos, desde que, justificadamente, fundamentem uma das hipóteses do art. 770, *caput*, da CLT e dos arts. 189 ou 773 do CPC.

Na hipótese de celebração de acordo, a contestação, reconvenção, exceção e os documentos que as acompanham serão excluídas do PJe.

As audiências serão sempre reduzidas a termo, ainda que gravadas em áudio e vídeo.

O magistrado, antes de determinar o arquivo definitivo do processo, deverá intimar as partes para, querendo, armazenarem os dados dos autos eletrônicos em assentamento próprio.

Fica dispensada a formação de autos suplementares em casos de exceção de impedimento ou suspeição, agravos de instrumento, agravos regimentais e agravo previsto no art. 1.021 do CPC, exceto quanto:

I – ao agravo de instrumento em mandado de segurança, na forma do art. 7º, § 1º, da Lei n. 12.016/2009; e

II – ao pedido de revisão do valor da causa, na forma do art. 2º, § 2º da Lei n. 5.584/1970.

Quadro sinótico – Processo Judicial Eletrônico

Processo judicial eletrônico (PJe)	Passou a ser regulamentado pela Resolução n. 185/2017 do CSJT A tramitação do processo judicial no âmbito da Justiça do Trabalho, a prática de atos processuais e sua representação por meio eletrônico serão realizadas exclusivamente por intermédio do Sistema Processo Judicial Eletrônico da Justiça do Trabalho (PJe-JT). Os usuários são responsáveis pela exatidão das informações prestadas, quando de seu credenciamento, assim como pela guarda, sigilo e utilização da assinatura digital, não sendo oponível, em qualquer hipótese, alegação de uso indevido. A disponibilidade do PJe, garantida apenas aos acessos de IP nacionais, será aferida na forma definida pelo CSJT, havendo, quanto a interrupções: I – registro em relatório de indisponibilidade do funcionamento; II – divulgação ao público, no sítio do Tribunal respectivo, na rede mundial de computadores; III – juntada automática do relatório de indisponibilidade nos processos; e IV – registro automático de prorrogação dos prazos processuais no PJe. O relatório deverá conter, pelo menos, as seguintes informações: a) data, hora e minuto de início da indisponibilidade; b) data, hora e minuto de término da indisponibilidade; c) serviços que ficaram indisponíveis; e d) assinatura digital do responsável pela unidade de Tecnologia da Informação ou Informática do TRT, ou a quem este delegar, com efeito de certidão, devendo – enquanto não implementada a juntada automática nos processos – estar acessível, preferencialmente, em tempo real, ou, no máximo, até às 12h do dia seguinte ao da indisponibilidade. Os TRTs manterão o controle dos registros no PJe acerca de feriados, da ausência do expediente forense, da prática de atos e da suspensão de prazos prevista nos arts. 214 e 220 do CPC. Ato do presidente do CSJT definirá o tamanho máximo dos arquivos e extensões suportadas pelo PJe. Os usuários externos poderão juntar quantos arquivos se fizerem necessários à ampla e integral atividade probatória. O PJe fornecerá, na distribuição da ação, o número atribuído ao processo, o órgão julgador para o qual foi distribuída e, se for o caso, o local, a data e o horário da realização da audiência, da qual estará a parte autora imediatamente intimada.

Título II
DISSÍDIOS TRABALHISTAS

A expressão dissídio deriva de dissensão (conflito de interesses), que, envolvendo matéria sindical ou laboral, será submetido à apreciação do Poder Judiciário mediante um processo trabalhista.

Capítulo I
FORMAÇÃO, SUSPENSÃO E EXTINÇÃO DO PROCESSO TRABALHISTA

A formação, suspensão e extinção do processo estão previstas nos arts. 312 a 317 do CPC, aplicados subsidiariamente e de forma adaptada na Justiça do Trabalho, diante da omissão da Consolidação das Leis do Trabalho.

1 FORMAÇÃO DO PROCESSO TRABALHISTA

O processo de conhecimento na Justiça do Trabalho começa por iniciativa da parte (princípio do dispositivo), mas se desenvolve por impulso oficial (CPC, art. 2º).

1.1. PRESSUPOSTOS PROCESSUAIS DE CONSTITUIÇÃO

Segundo a maciça maioria da doutrina, são considerados pressupostos processuais de constituição (ou existência) do processo trabalhista:

a) jurisdição;

b) demanda (petição inicial);

c) capacidade postulatória;

d) notificação inicial.

Assim sendo, uma petição inicial distribuída sem assinatura (ato inexistente) ou sem identificação do signatário (inviabilizando aferir a capacidade postulatória), assim como um complexo de atos ordenado por um juiz aposentado, ou que ainda não tenha tomado posse (ou seja, sem poder jurisdicional), não são hábeis a constituir (ou fazer existir) um processo.

1.2. PRESSUPOSTOS PROCESSUAIS DE DESENVOLVIMENTO VÁLIDO E REGULAR

Também consoante a significativa maioria da doutrina, são considerados pressupostos processuais de desenvolvimento válido e regular do processo:

a) petição inicial apta;

b) competência e imparcialidade do juiz;

c) capacidade de ser parte;

d) capacidade de estar em juízo;

e) notificação inicial válida.

Para parte dos doutrinadores, os citados pressupostos são reconhecidos como positivos, uma vez que se contrapõem a outros, admitidos como negativos, obstativos do desenvolvimento válido e regular do processo: a) a perempção; b) a litispendência; e c) a coisa julgada.

A perempção representa a perda do direito de demandar o réu sobre o mesmo objeto da ação.

No processo civil, o autor que der causa, por três vezes, à extinção do feito por deixar de promover atos e diligências (que deveria ter realizado), abandonando (por inércia) a causa por mais de 30 dias, não mais poderá intentar nova ação contra o mesmo réu, com o mesmo objeto (também chamada de perempção definitiva), ficando-lhe ressalvada, entretanto, a possibilidade de alegar eventual direito em defesa.

Na seara trabalhista, a perempção será sempre temporária, correspondente à perda, pelo prazo de 6 (seis) meses, do direito de reclamar perante a Justiça do Trabalho, nas hipóteses de o reclamante, após ter distribuído reclamação verbal, sem motivo de força maior, não se apresentar na secretaria da Vara, em 5 (cinco) dias, para reduzi-la a termo (CLT, art. 731 c/c o art. 786) ou dar causa, por duas vezes seguidas, ao arquivamento da reclamação trabalhista em virtude de ausência na primeira audiência trabalhista designada.

Ocorrerá a litispendência quando o demandante repetir a ação que está em curso (CPC, art. 337, § 3º), ou seja, as mesmas partes, a mesma causa de pedir e o mesmo objeto.

Apenas para identificar o traço distintivo: a) dá-se a continência entre duas ou mais ações quando houver identidade quanto às partes e à causa de pedir, mas o pedido de uma, por ser mais amplo, abrange o das outras (CPC, art. 56); b) reputam-se conexas duas ou mais ações quando lhes for comum o pedido ou a causa de pedir (CPC, art. 55).

Quando houver continência e a ação continente tiver sido proposta anteriormente, no processo relativo à ação contida, será proferida sentença sem resolução de mérito. Caso contrário, as ações serão necessariamente reunidas (CPC, art. 57), não afetando o desenvolvimento válido e regular do processo.

Por fim, há coisa julgada quando se repete ação que já foi decidida por decisão transitada em julgado (CPC, art. 337, § 4º).

2 SUSPENSÃO DO PROCESSO TRABALHISTA

Suspende-se o processo (CPC, art. 313):

I – pela morte ou pela perda da capacidade processual de qualquer das partes, de seu representante legal ou de seu procurador;

II – pela convenção das partes;

III – pela arguição de impedimento ou de suspeição;

IV – pela admissão de incidente de resolução de demandas repetitivas;

V – quando a sentença de mérito:

a) depender do julgamento de outra causa ou da declaração da existência ou inexistência de relação jurídica que constitua o objeto principal de outro processo pendente;

b) tiver de ser proferida somente após a verificação de determinado fato ou a produção de certa prova, requisitada a outro juízo;

VI – por motivo de força maior;

(...)

VIII – nos demais casos (...).

No caso de morte ou perda da capacidade processual de qualquer das partes, ou de seu representante legal, provado o falecimento ou a incapacidade, o juiz suspenderá o processo. Em virtude do *jus postulandi*, as implicações previstas no art. 313, §§ 1º a 3º, do CPC não são compulsórias no processo do trabalho, conquanto seja prudente que o magistrado, na hipótese de morte do procurador de qualquer das partes, conceda o prazo de 15 (quinze) dias para que seja constituído novo mandatário.

A suspensão do processo por convenção das partes nunca poderá exceder 6 (seis) meses. Esgotados os prazos, o juiz determinará o prosseguimento do processo (CPC, art. 265, §§ 4º e 5º).

Nas hipóteses do citado inciso V, o prazo de suspensão do processo nunca poderá exceder 1 (um) ano.

Durante a suspensão é vedado praticar qualquer ato processual, podendo o juiz, todavia, determinar a realização de atos urgentes a fim de evitar dano irreparável, salvo no caso de arguição de impedimento e de suspeição (CPC, art. 314).

3 EXTINÇÃO DO PROCESSO TRABALHISTA

3.1. SEM RESOLUÇÃO DO MÉRITO

Na forma do art. 317 do CPC, antes de proferir decisão sem resolução do mérito, o juiz deverá conceder à parte oportunidade para, se possível, corrigir o vício.

O juiz não resolverá o mérito quando (CPC, art. 485):

I – indeferir a petição inicial;

II – o processo ficar parado durante mais de 1 (um) ano por negligência das partes;

III – por não promover os atos e as diligências que lhe incumbir, o autor abandonar a causa por mais de 30 (trinta) dias;

IV – verificar a ausência de pressupostos de constituição e de desenvolvimento válido e regular do processo;

V – reconhecer a existência de perempção, de litispendência ou de coisa julgada;

VI – verificar ausência de legitimidade ou de interesse processual;

VII – acolher a alegação de existência de convenção de arbitragem ou quando o juízo arbitral reconhecer sua competência;

VIII – homologar a desistência da ação;

IX – em caso de morte da parte, a ação for considerada intransmissível por disposição legal; e

X – nos demais casos prescritos (...).

Nas hipóteses dos incisos II e III, a parte será intimada pessoalmente para suprir a falta no prazo de 5 (cinco) dias.

O juiz conhecerá de ofício da matéria constante dos incisos IV, V, VI e IX, em qualquer tempo e grau de jurisdição, enquanto não ocorrer o trânsito em julgado.

A convenção de arbitragem prevista no inciso VII se restringirá aos dissídios coletivos.

Como já estudado, a desistência da ação somente produz efeito depois de homologada por sentença (CPC, art. 200, parágrafo único). No entanto, oferecida a contestação, ainda que eletronicamente (nesse caso, sem sigilo, por interpretação lógica), o reclamante não poderá, sem o consentimento do reclamado, desistir da ação (CLT, art. 841, § 3º, introduzido pela Lei n. 13.467/2017).

Em razão de sua natureza, o disposto no inciso IX não se aplicará subsidiariamente ao processo do trabalho (quando a ação for considerada intransmissível por disposição legal).

O pronunciamento judicial que não resolve o mérito não obsta que a parte proponha de novo a ação (CPC, art. 486). No caso de extinção em razão de litispendência e nos casos dos incisos I, IV, VI e VII do citado art. 485, a propositura da nova ação depende da correção do vício que levou à sentença sem resolução do mérito.

3.2. COM RESOLUÇÃO DO MÉRITO

Em contrapartida, na forma do art. 487 do CPC, haverá resolução do mérito (sem necessariamente extinguir o processo) quando o juiz:

I – acolher ou rejeitar o pedido formulado na ação ou na reconvenção;

II – decidir, de ofício ou a requerimento, sobre a ocorrência de decadência ou prescrição;

III – homologar:

a) reconhecimento da procedência do pedido formulado na ação ou na reconvenção;

b) a transação;

c) a renúncia à pretensão formulada na ação ou na reconvenção.

Diante do princípio da irrenunciabilidade dos direitos trabalhistas, não é permitido ao trabalhador renunciar ao direito em que se funda a ação, mas apenas à pretensão de exigi-lo (cujos efeitos se equivalem aos da prescrição).

Ressalvada a hipótese de improcedência liminar do pedido (CPC, art. 332, § 1º), a prescrição e a decadência não serão reconhecidas sem que antes seja dada às partes oportunidade para manifestar-se.

Prescrição e decadência

A prescrição representa a perda da exigibilidade ou da pretensão do direito (CC, art. 189), ao passo que a decadência significa caducidade, a perda do direito propriamente dito.

Os aspectos da prescrição e da decadência que envolvem o direito material (causas impeditivas, prazos, *actio nata*, dentre outros) poderão ser estudados com mais profundidade no volume 28 desta Coleção.

Do ponto de vista processual, serão causas suspensivas do curso da prescrição: a) a tentativa de composição nas comissões de conciliação prévia, por 10 dias (CLT, art. 625-G); e b) a petição de homologação de acordo extrajudicial, até o trânsito em julgado da decisão que negar a homologação (CLT, art. 855-E), sempre quanto aos direitos nelas especificados, ao passo que, com a vigência da Lei n. 13.467/2017, em 11-11-2017, passou a ser reconhecida uma única causa interruptiva, qual seja, o ajuizamento de reclamação trabalhista, mesmo que em juízo incompetente, ainda que esta venha a ser extinta sem resolução do mérito, produzindo efeitos apenas em relação aos pedidos idênticos (CLT, art. 11, § 3º).

Nessa linha, remanescem os entendimentos externados pela Súmula 268 e pela OJ 359, SDBI-1, do TST:

A ação trabalhista, ainda que arquivada, interrompe a prescrição somente em relação aos pedidos idênticos (Súmula 268 do TST).

A ação movida por sindicato, na qualidade de substituto processual, interrompe a prescrição, ainda que tenha sido considerado parte ilegítima *ad causam* (OJ 359, SBDI-1, do TST).

Ao passo que carece de revisão, diante da restrição introduzido pelo aludido art. 11, § 3º, da CLT, a OJ 370, SBDI-1, do TST:

O ajuizamento de protesto judicial dentro do biênio posterior à Lei Complementar n. 110, de 29-6-2001, interrompe a prescrição, sendo irrelevante o transcurso de mais de dois anos da propositura de outra medida acautelatória, com o mesmo objetivo, ocorrida antes da vigência da referida lei, pois ainda não iniciado o prazo prescricional, conforme disposto na Orientação Jurisprudencial n. 344 da SBDI-1 (OJ 370, SBDI-1, do TST).

A prescrição trabalhista estava envolvida em duas grandes polêmicas, que parecem estar pacificadas após o advento da Lei n. 13.467/2017: a) a pronúncia *ex officio*; e b) o cabimento da prescrição intercorrente (verificada no curso do processo judicial, diante da inércia do titular do direito na promoção do regular andamento do feito).

Na inteligência do art. 487, II, do CPC, o juiz decidirá, de ofício ou a requerimento, a ocorrência da decadência ou prescrição.

Entretanto, entendia a jurisprudência majoritária no Tribunal Superior do Trabalho, a declaração da prescrição de ofício, sem que as partes o peçam (...), é inaplicável à Justiça do Trabalho, em face da natureza alimentar dos créditos trabalhistas (TST-RR 117040--83.2003.5.03.0100).

Ao alterar o art. 11 da CLT, sem nele introduzir a possibilidade de declaração de ofício da prescrição na fase de conhecimento (tal como o fez no art. 11-A), a Lei n. 13.467/2017 contém a eloquência de afastar a aplicação do art. 487, II, nos processos de conhecimento que tramitam perante a Justiça do Trabalho, o que se coaduna com a natureza alimentar dos créditos perseguidos.

No que tange ao cabimento ou não da prescrição intercorrente, objeto de intensa divergência entre a Súmula 327 do STF, editada em 13-12-1963 ("O direito trabalhista admite a prescrição intercorrente") e a Súmula 114 do TST, publicada em 3-11-1980 (Resolução Administrativa n. 116/80 ("É inaplicável na Justiça do Trabalho a prescrição intercorrente"), passou a dispor a CLT:

Ocorre a prescrição intercorrente no processo do trabalho no prazo de dois anos (CLT, art. 11-A, introduzido pela Lei n. 13.467/2017). A fluência do prazo prescricional intercorrente inicia-se quando o exequente deixa de cumprir determinação judicial no curso da execução (CLT, art. 11-A, § 1º, introduzido pela Lei n. 13.467/2017). A declaração da prescrição intercorrente pode ser requerida ou declarada de ofício em qualquer grau de jurisdição (CLT, art. 11-A, § 2º, introduzido pela Lei n. 13.467/2017).

Quadro sinótico – Formação, Suspensão e Extinção do Processo

1. Formação do processo trabalhista	O processo de conhecimento na Justiça do Trabalho começa por iniciativa da parte (princípio do dispositivo), mas se desenvolve por impulso oficial (CPC, art. 2º)	
	A – Pressupostos processuais de constituição	São considerados pressupostos processuais de constituição do processo do trabalho: a) jurisdição b) demanda (petição inicial) c) capacidade postulatória d) notificação inicial
	B – Pressupostos processuais de desenvolvimento válido e regular	São considerados pressupostos processuais de desenvolvimento válido e regular do processo (positivos): a) petição inicial apta b) competência e imparcialidade do juiz c) capacidade de ser parte d) capacidade de estar em juízo e) notificação inicial válida São considerados pressupostos negativos: a) a perempção b) a litispendência c) a coisa julgada Perempção: representa a perda do direito de demandar o réu sobre o mesmo objeto da ação No processo do trabalho, será sempre temporária, correspondente à perda, pelo prazo de 6 meses, do direito de reclamar perante a JT, nas hipóteses de o reclamante, após ter distribuído reclamação verbal, sem motivo de força maior, não se apresentar na secretaria da Vara, em 5 dias, para reduzi-la a termo (CLT, art. 731 c/c o art. 786), ou de dar causa, por duas vezes seguidas, ao arquivamento da reclamação trabalhista em virtude de ausência na primeira audiência trabalhista designada

1. Formação do processo trabalhista	B – Pressupostos processuais de desenvolvimento válido e regular	Litispendência: quando o demandante repetir a ação que está em curso (CPC, art. 337, § 3º) Coisa julgada: quando se repete ação que já foi decidida por decisão transitada em julgado (CPC, art. 337, § 4º)
2. Suspensão do processo trabalhista	Suspende-se o processo (CPC, art. 313): I – pela morte ou pela perda da capacidade processual de qualquer das partes, de seu representante legal ou de seu procurador II – pela convenção das partes III – pela arguição de impedimento ou de suspeição IV – pela admissão de incidente de resolução de demandas repetitivas V – quando a sentença de mérito: a) depender do julgamento de outra causa ou da declaração da existência ou inexistência de relação jurídica que constitua o objeto principal de outro processo pendente b) tiver de ser proferida somente após a verificação de determinado fato ou a produção de certa prova, requisitada a outro juízo VI – por motivo de força maior (...) VIII – nos demais casos (...) Durante a suspensão é vedado praticar qualquer ato processual, podendo o juiz, todavia, determinar a realização de atos urgentes a fim de evitar dano irreparável, salvo no caso de arguição de impedimento e de suspeição (CPC, art. 314).	
3. Extinção do processo trabalhista	A – Sem resolução do mérito	O juiz não resolverá o mérito quando (CPC, art. 485): I – indeferir a petição inicial II – o processo ficar parado durante mais de 1 (um) ano por negligência das partes III – por não promover os atos e as diligências que lhe incumbir, o autor abandonar a causa por mais de 30 (trinta) dias IV – verificar a ausência de pressupostos de constituição e de desenvolvimento válido e regular do processo V – reconhecer a existência de perempção, de litispendência ou de coisa julgada VI – verificar ausência de legitimidade ou de interesse processual VII – acolher a alegação de existência de convenção de arbitragem ou quando o juízo arbitral reconhecer sua competência VIII – homologar a desistência da ação IX – em caso de morte da parte, a ação for considerada intransmissível por disposição legal

3. Extinção do processo trabalhista	A – Sem resolução do mérito	X – nos demais casos prescritos O pronunciamento judicial que não resolve o mérito não obsta a que a parte proponha de novo a ação (CPC, art. 486)
	B – Com resolução do mérito	Na forma do art. 487 do CPC, haverá resolução do mérito (sem necessariamente extinguir o processo) quando o juiz: I – acolher ou rejeitar o pedido formulado na ação ou na reconvenção II – decidir, de ofício ou a requerimento, sobre a ocorrência de decadência ou prescrição III – homologar: a) reconhecimento da procedência do pedido formulado na ação ou na reconvenção b) a transação c) a renúncia à pretensão formulada na ação ou na reconvenção
	Prescrição e decadência	Prescrição: perda da exigibilidade ou da pretensão do direito (CC, art. 189) Decadência: caducidade, perda do direito propriamente dito A ação trabalhista, ainda que arquivada, interrompe a prescrição somente em relação aos pedidos idênticos (Súmula 268 do TST) Ocorre a prescrição intercorrente no processo do trabalho no prazo de dois anos (CLT, art. 11-A, introduzido pela Lei n. 13.467/2017) A declaração da prescrição intercorrente pode ser requerida ou declarada de ofício em qualquer grau de jurisdição (CLT, art. 11-A, § 2º, introduzido pela Lei n. 13.467/2017)

Capítulo II

DESPESAS PROCESSUAIS

1 ASSISTÊNCIA JUDICIÁRIA

Na Justiça do Trabalho, a assistência judiciária será prestada pelo sindicato profissional a que pertencer o trabalhador, ainda que não se seja associado (Lei n. 5.584/70, art. 14 c/c art. 18).

Quando não existir sindicato da categoria profissional, será atribuído aos defensores públicos o encargo.

Os benefícios da assistência judiciária compreendem todos os atos do processo até decisão final do litígio, em todas as instâncias (Lei n. 1.060/50, art. 9º).

A assistência judiciária é devida a todo aquele que perceber salário igual ou inferior ao dobro do salário mínimo legal, ficando assegurado igual benefício ao trabalhador de maior salário, uma vez provado que sua situação econômica não lhe permite demandar sem prejuízo do sustento próprio ou da família.

A partir de 26-6-2017, atendidos os requisitos da Lei n. 5.584/70 para a concessão da assistência judiciária, basta a declaração de hipossuficiência econômica, firmada pela parte ou por seu advogado, desde que munido de procuração com poderes específicos para esse fim (inteligência da Súmula 463, I, do TST).

Os benefícios da assistência judiciária compreendem todos os atos do processo até decisão final do litígio, em todas as instâncias (Lei n. 1.060/50, art. 9º).

De se ressaltar, apenas, que com a revogação expressa dos arts. 2º, 3º, 4º, 6º, 7º, 11,12 e 17 pelo CPC, o rol de isenções dos beneficiários da assistência judiciária gratuita foi significativamente reduzido, atualmente se equiparando a todo e qualquer beneficiário da justiça gratuita.

2 JUSTIÇA GRATUITA

Diferente da concessão da assistência judiciária, é facultado aos juízes, órgãos julgadores e presidentes dos Tribunais do Trabalho de qualquer instância conceder, a requerimento ou de ofício, o benefício da justiça gratuita (efeito da assistência judiciária que isenta o beneficiário das despesas processuais), inclusive quanto a traslados e instrumentos, àqueles que perceberem salário igual ou inferior a 40% (quarenta por cento) do limite máximo dos benefícios do Regime Geral de Previdência Social (CLT, art. 790, § 3º, com redação dada pela Lei n. 13.467/2017), independentemente de estarem assistidos por sindicato de classe.

Alvo de muita polêmica, o art. 790, § 4º (introduzido pela Lei n. 13.467/2017), dispõe que o benefício da justiça gratuita será concedido à parte que comprovar insuficiência de recursos para o pagamento das custas do processo, o que, em tese, afastaria a possibilidade de se conceder o benefício com fundamento na tradicional declaração pessoal de insuficiência econômica (popularmente chamada de "declaração de pobreza").

Entende atualmente a jurisprudência do C. TST:

O benefício da justiça gratuita pode ser requerido em qualquer tempo ou grau de jurisdição, desde que, na fase recursal, seja o requerimento formulado no prazo alusivo ao recurso (OJ 269, I, SDBI-1, do TST). Indeferido o requerimento de justiça gratuita formulado na fase recursal, cumpre ao relator fixar prazo para que o recorrente efetue o preparo (art. 99, § 7º, do CPC (OJ 269, II, SDBI-1, do TST).

No caso de pessoa jurídica, disciplina a Súmula 463, II, do TST, que não basta a mera declaração: é necessária a demonstração cabal de impossibilidade de a parte arcar com as despesas do processo.

3 CUSTAS PROCESSUAIS E EMOLUMENTOS

Na forma do art. 789, *caput*, da CLT (com redação dada pela Lei n. 13.467/2017), nos dissídios individuais e nos dissídios coletivos do trabalho, nas ações e procedimentos de competência da Justiça do Trabalho, bem como nas demandas propostas perante a Justiça Estadual, no exercício da jurisdição trabalhista, as custas relativas ao processo de conhecimento incidirão à base de 2% (dois por cento), observado o mínimo de R$ 10,64 e o máximo de quatros vezes o limite máximo dos benefícios do Regime Geral de Previdência Social e serão calculadas:

I – quando houver acordo ou condenação, sobre o respectivo valor;

II – quando houver extinção do processo, sem julgamento do mérito, ou julgado totalmente improcedente o pedido, sobre o valor da causa;

III – no caso de procedência do pedido formulado em ação declaratória e em ação constitutiva, sobre o valor da causa;

IV – quando o valor for indeterminado, sobre o que o juiz fixar.

Nas ações plúrimas, as custas incidem sobre o respectivo valor global (Súmula 36 do TST).

Não sendo líquida a condenação, o juiz arbitrará o valor e fixará o montante das custas processuais.

As custas serão pagas pelo vencido, após o trânsito em julgado da decisão. No caso de recurso, as custas serão pagas comprovado o recolhimento dentro do prazo recursal (CLT, art. 789, § 1º).

A parte vencedora na primeira instância, se vencida na segunda, está obrigada, independentemente de intimação, a pagar as custas fixadas na sentença originária, das quais ficará isenta a parte então vencida (Súmula 25, I, do TST).

No caso de inversão do ônus da sucumbência em segundo grau, sem acréscimo ou atualização do valor das custas e se estas já foram devidamente recolhidas, descabe um novo pagamento pela parte vencida, ao recorrer. Deverá ao final, se sucumbente, reembolsar a quantia (Súmula 25, II, do TST), denominada custas em reversão.

O reembolso das custas à parte vencedora faz-se necessário mesmo na hipótese em que a parte vencida for pessoa isenta do seu pagamento, nos termos do art. 790-A, parágrafo único, da CLT.

Tratando-se de empregado que não tenha obtido o benefício da justiça gratuita, ou isenção de custas, o sindicato que houver intervindo no processo responderá solidariamente pelo pagamento das custas devidas (CLT, art. 790, § 1º).

Sempre que houver acordo, se de outra forma não for convencionado, o pagamento das custas caberá em partes iguais aos litigantes.

Nos dissídios coletivos, as partes vencidas responderão solidariamente pelo pagamento das custas, calculadas sobre o valor arbitrado na decisão.

No processo de execução são devidas custas, sempre de responsabilidade do executado e pagas ao final, de conformidade com a seguinte tabela (CLT, art. 789-A):

I – autos de arrematação, de adjudicação e de remição: 5% sobre o respectivo valor, até o máximo de R$ 1.915,38;

II – atos dos oficiais de justiça, por diligência certificada:

a) em zona urbana: R$ 11,06;

b) em zona rural: R$ 22,13;

III – agravo de instrumento: R$ 44,26;

IV – agravo de petição: R$ 44,26;

V – embargos à execução, embargos de terceiro e embargos à arrematação: R$ 44,26;

VI – recurso de revista: R$ 55,35;

VII – impugnação à sentença de liquidação: R$ 55,35;

VIII – despesa de armazenagem em depósito judicial – por dia: 0,1% do valor da avaliação;

IX – cálculos de liquidação realizados pelo contador do juízo – sobre o valor liquidado: 0,5% até o limite de R$ 638,46.

Os emolumentos serão suportados pelo requerente, nos valores fixados na seguinte tabela (CLT, art. 789-B):

I – autenticação de traslado de peças mediante cópia reprográfica apresentada pelas partes – por folha: R$ 0,55;

II – fotocópia de peças – por folha: R$ 0,28;

III – autenticação de peças – por folha: R$ 0,55;

IV – cartas de sentença, de adjudicação, de remição e de arrematação – por folha: R$ 0,55;

V – certidões – por folha: R$ 5,53.

São isentos do pagamento de custas, além dos beneficiários de justiça gratuita (CLT, art. 790-A):

I – a União, os Estados, o Distrito Federal, os Municípios e respectivas autarquias e fundações públicas federais, estaduais ou municipais que não explorem atividade econômica;

II – o Ministério Público do Trabalho.

A isenção não alcança as entidades fiscalizadoras do exercício profissional nem exime as pessoas jurídicas de direito público da obrigação de reembolsar as despesas judiciais realizadas pela parte vencedora.

Os privilégios e isenções no foro da Justiça do Trabalho não abrangem as sociedades de economia mista, ainda que gozassem desses benefícios anteriormente ao Decreto-Lei n. 779, de 21-8-1969 (Súmula 170 do TST).

4 HONORÁRIOS

4.1. HONORÁRIOS PERICIAIS

A responsabilidade pelo pagamento dos honorários periciais é da parte sucumbente na pretensão objeto da perícia, ainda que beneficiária da justiça gratuita (CLT, art. 790-B, *caput*, com redação dada pela Lei n. 13.467/2017).

Objeto de ação direta de inconstitucionalidade (ADI 5766), proposta pelo Procurador-Geral da República, passou a dispor o art. 790-B, § 4º (introduzido pela Lei n. 13.467/2017), que somente no caso em que o beneficiário da justiça gratuita não tenha obtido créditos capazes de suportar a despesa com honorários periciais, ainda que em outro processo, a União responderá pelo encargo.

Ao indicar o valor dos honorários periciais, o juízo deverá respeitar o limite máximo estabelecido pelo CSJT (CLT, art. 790-B, § 1º, introduzido pela Lei n. 13.467/2017). Atualmente, no entanto, o CSJT apenas possui a Resolução n. 66/2010, específica para os casos de concessão à parte dos benefícios da justiça gratuita.

A União é responsável pelo pagamento dos honorários de perito quando a parte sucumbente no objeto da perícia for beneficiária da assistência judiciária gratuita, observado o procedimento disposto nos arts. 1º, 2º e 5º da Resolução n. 35/2007 do Conselho Superior da Justiça do Trabalho (CSJT) (Súmula 457 do TST). Destacando-se que a Resolução n. 35/2007 foi revogada pela aludida Resolução n. 66/2010.

O juízo pode deferir parcelamento dos honorários periciais (CLT, art. 790-B, § 2º, introduzido pela Lei n. 13.467/2017).

A indicação do perito assistente é faculdade da parte, a qual deve responder pelos respectivos honorários, ainda que vencedora no objeto da perícia (Súmula 341 do TST).

Depósito prévio

O juízo não poderá exigir adiantamento de valores para realização de perícias (CLT, art. 790-B, § 3º, introduzido pela Lei n. 13.467/2017).

Na mesma linha, a OJ 98, SBDI-2, do TST:

Será ilegal a exigência de depósito prévio para custeio dos honorários periciais, dada a incompatibilidade com o processo do trabalho, sendo cabível o mandado de segurança visando à realização da perícia, independentemente do depósito (OJ 98, SBDI-2, do TST).

4.2. HONORÁRIOS ADVOCATÍCIOS

Uma das maiores transformações da Lei n. 13.467/2017 envolve, sem dúvida alguma, o pagamento de honorários advocatícios no processo trabalhista.

Outrora prevalecendo, em absoluto, o entendimento sedimentado pelas Súmula 219, I (“*Na Justiça do Trabalho, a condenação ao pagamento dos honorários advocatícios não decorre pura e simplesmente da sucumbência, devendo a parte, concomitantemente: a) estar assistida por sindicato da categoria profissional; b) comprovar a percepção de salário inferior ao dobro do salário mínimo ou encontrar-se em situação econômica que não lhe permita demandar sem prejuízo do próprio sustento ou da respectiva família*”), e 329, do TST (“*Mesmo após a promulgação da CF/88, permanece válido o entendimento consubstanciado na Súmula 219 do Tribunal Superior do Trabalho*”), foram introduzidos os honorários de sucumbência para toda e qualquer ação em trâmite na Justiça do Trabalho.

Assim, ao advogado, ainda que atue em causa própria, serão devidos honorários de sucumbência, fixados entre o mínimo de 5% e o máximo de 15% (diferentemente do mínimo de 10% e máximo de 20%, estabelecidos no CPC) sobre o valor que resultar da liquidação da sentença, do proveito econômico obtido ou, não sendo possível mensurá-lo, sobre o valor atualizado da causa (CLT, art. 791-A, *caput*, introduzido pela Lei n. 13.467/2017).

Entretanto, nas causas em que for inestimável ou irrisório o proveito econômico ou, ainda, quando o valor da causa for muito baixo, o juiz fixará o valor dos honorários por apreciação equitativa (CPC, art. 85, § 8º).

Os honorários são devidos também nas ações contra a Fazenda Pública e nas ações em que a parte estiver assistida ou substituída pelo sindicato de sua categoria (CLT, art. 791-A, § 1º, introduzido pela Lei n. 13.467/2017). O citado dispositivo legal, salvo melhor juízo, extingue tacitamente os honorários assistenciais no âmbito da Justiça do Trabalho (Lei n. 5.584/1970, art. 16).

Ao fixar os honorários, o juízo observará (CLT, art. 791-A, § 2º, introduzido pela Lei n. 13.467/2017):

I – o grau de zelo do profissional;

II – o lugar de prestação do serviço;

III – a natureza e a importância da causa;

IV – o trabalho realizado pelo advogado e o tempo exigido para seu serviço.

São devidos honorários de sucumbência na reconvenção (CLT, art. 791-A, § 5º, introduzido pela Lei n. 13.467/2017). Contudo, na análise comparativa (e consequente interpretação sistemática) do referido art. 791-A, § 5º, da CLT com o art. 85, § 1º, do CPC ("*são devidos honorários advocatícios na reconvenção, no cumprimento de sentença, provisório ou definitivo, na execução resistida ou não, e nos recursos interpostos, cumulativamente*") resta claro que os honorários advocatícios na Justiça do Trabalho são arbitrados uma única vez em cada ação, notadamente, na fase de conhecimento.

Sucumbência recíproca

Na hipótese de procedência parcial, o juízo arbitrará honorários de sucumbência recíproca, vedada a compensação entre os honorários (CLT, art. 791-A, § 3º, introduzido pela Lei n. 13.467/2017).

Contudo, cabe a aplicação subsidiária do art. 86, parágrafo único, do CPC, no sentido que, se um litigante sucumbir em parte mínima do pedido, o outro responderá, por inteiro, pelas despesas e pelos honorários.

Vencido o beneficiário da justiça gratuita, desde que não tenha obtido em juízo, ainda que em outro processo, créditos capazes de suportar a despesa, as obrigações decorrentes de sua sucumbência ficarão sob condição suspensiva de exigibilidade e somente poderão ser executadas se, nos dois anos subsequentes ao trânsito em julgado da decisão que os certificou, o credor demonstrar que deixou de existir a situação de insuficiência de recursos que justificou a concessão de gratuidade, extinguindo-se, passado esse prazo, tais obrigações do beneficiário (CLT, art. 791-A, § 4º, introduzido pela Lei n. 13.467/2017).

Quadro sinótico – Despesas Processuais

A – Assistência judiciária (Lei n. 5.584/70)	Na JT, será prestada pelo sindicato profissional a que pertencer o trabalhador (Lei n. 5.584/70, art. 14) É devida a todo aquele que perceber salário igual ou inferior ao dobro do salário mínimo legal, ficando assegurado igual benefício ao trabalhador de maior salário, uma vez provado que sua situação econômica não lhe permite demandar, sem prejuízo do sustento próprio ou da família
B – Justiça gratuita	É facultado aos juízes, órgãos julgadores e presidentes dos Tribunais do Trabalho de qualquer instância conceder, a requerimento ou de ofício, o benefício da justiça gratuita (efeito da assistência judiciária que isenta o beneficiário das despesas processuais), inclusive quanto a traslados e instrumentos, àqueles que perceberem salário igual ou inferior a 40% do limite máximo dos benefícios do INSS (CLT, art. 790, § 3º, introduzido pela Lei n. 13.467/2017) O benefício da justiça gratuita pode ser requerido em qualquer tempo ou grau de jurisdição, desde que, na fase recursal, seja o requerimento formulado no prazo alusivo ao recurso (OJ 269, SBDI-1, do TST)
C – Custas processuais e emolumentos	As custas relativas ao processo de conhecimento incidirão à base de 2%, observado o mínimo de R$ 10,64, e o máximo de 4 vezes o limite máximo dos benefícios do INSS serão calculadas: I – quando houver acordo ou condenação, sobre o respectivo valor II – quando houver extinção do processo, sem julgamento do mérito, ou julgado totalmente improcedente o pedido, sobre o valor da causa III – no caso de procedência do pedido formulado em ação declaratória e em ação constitutiva, sobre o valor da causa IV – quando o valor for indeterminado, sobre o que o juiz fixar Serão pagas pelo vencido, após o trânsito em julgado da decisão No caso de recurso, serão pagas e comprovado o recolhimento dentro do prazo recursal (CLT, art. 789, § 1º) No processo de execução são devidas custas, sempre de responsabilidade do executado e pagas ao final, de conformidade com a tabela do art. 789-A da CLT Os emolumentos serão suportados pelo requerente, nos valores fixados na tabela do art. 789-B da CLT

C – Custas processuais e emolumentos	São isentos do pagamento de custas, além dos beneficiários de justiça gratuita (CLT, art. 790-A): I – a União, os Estados, o Distrito Federal, os Municípios e as respectivas autarquias e fundações públicas federais, estaduais ou municipais que não explorem atividade econômica II – o Ministério Público do Trabalho A isenção não alcança as entidades fiscalizadoras do exercício profissional, nem exime as pessoas jurídicas de direito público da obrigação de reembolsar as despesas judiciais realizadas pela parte vencedora
D – Honorários periciais	A responsabilidade pelo pagamento dos honorários periciais é da parte sucumbente na pretensão objeto da perícia, ainda que beneficiária de justiça gratuita (CLT, art. 790-B, *caput*, introduzido pela Lei n. 13.467/2017) O juízo não poderá exigir adiantamento de valores para realização de perícias (CLT, art. 790-B, § 3º, introduzido pela Lei n. 13.467/2017) A indicação do perito assistente é faculdade da parte, a qual deve responder pelos respectivos honorários, ainda que vencedora no objeto da perícia (Súmula 341 do TST)
E – Honorários advocatícios	Ao advogado, ainda que atue em causa própria, serão devidos honorários de sucumbência, fixados entre o mínimo de 5% e o máximo de 15% sobre o valor que resultar da liquidação da sentença, do proveito econômico obtido ou, não sendo possível mensurá-lo, sobre o valor atualizado da causa (CLT, art. 791-A, introduzido pela Lei n. 13.467/2017) Ao fixar os honorários, o juízo observará (CLT, art. 791-A, § 2º, introduzido pela Lei n. 13.467/2017): I – o grau de zelo do profissional II – o lugar de prestação do serviço III – a natureza e a importância da causa IV – o trabalho realizado pelo advogado e o tempo exigido para seu serviço Na hipótese de procedência parcial, o juízo arbitrará honorários de sucumbência recíproca, vedada a compensação entre os honorários (CLT, art. 791-A, § 3º, introduzido pela Lei n. 13.467/2017)

Capítulo III

DISSÍDIOS COLETIVOS

Os dissídios coletivos envolvem os interesses jurídicos de determinada categoria profissional ou econômica.

Tanto podem objetivar a criação, modificação ou extinção de condições de trabalho como podem conferir interpretação a uma norma coletiva ou declarar a abusividade de um movimento grevista.

1 ESPÉCIES DE DISSÍDIOS COLETIVOS

Com fundamento na doutrina, é possível classificar os dissídios coletivos em três espécies: de natureza econômica, de natureza jurídica e de greve (natureza mista).

1.1. DE NATUREZA ECONÔMICA

Embora sua denominação possa sugerir referência exclusiva às matérias de repercussão financeira, os dissídios coletivos de natureza econômica objetivam, de fato, a criação, a extinção ou a modificação, em geral, de normas ou condições de trabalho (cláusulas econômicas e sociais), por meio de uma sentença normativa constitutiva.

Comum acordo

Dispõe o art. 114, § 2º, da CF que, "recusando-se qualquer das partes à negociação coletiva ou à arbitragem, é facultado às mesmas, de comum acordo, ajuizar dissídio coletivo de natureza econômica, podendo a Justiça do Trabalho decidir o conflito, respeitadas as disposições mínimas legais de proteção ao trabalho, bem com as convencionadas anteriormente".

Dessa forma, o famigerado comum acordo como pressuposto ou condição para o ajuizamento do dissídio coletivo torna-se assunto muito polêmico no meio jurídico.

Para alguns juristas, a emenda que alterou a redação do art. 114 da CF é inconstitucional, uma vez que fere o princípio da inafastabilidade do acesso à justiça (CF, art. 5º, XXXV). No entanto, os dissídios coletivos de natureza econômica não visam reparar lesão a um direito subjetivo preexistente, mas sim inaugurar um direito novo (estabelecer novas condições de trabalho – *pro futuro*).

Outros defendem que o requisito visa privilegiar a autocomposição e até mesmo o exercício do direito de greve, hoje legitimado sempre que houver injusta recusa em anuir ao ajuizamento da ação coletiva.

O fato é que a jurisprudência dominante da Seção de Dissídios Coletivos (SDC) do Tribunal Superior do Trabalho (RO 5713-89.2009.5.01.0000) reconhece o comum acordo como pressuposto de desenvolvimento válido e regular do dissídio coletivo, sob pena de extinção do feito sem resolução do mérito (CPC, art. 485, IV). O mesmo entendimento jurisprudencial esclarece, ainda, que não há necessidade de petição conjunta das partes (expressando concordância com a propositura e apreciação da ação coletiva), desde que não reste manifesta uma oposição do adverso (antes do ajuizamento ou na primeira oportunidade de se falar no processo).

1.2. DE NATUREZA JURÍDICA

Os dissídios coletivos de natureza jurídica pretendem conferir interpretação judicial a uma norma coletiva controvertida, por meio de uma sentença normativa declaratória.

Não se presta o dissídio coletivo de natureza jurídica à interpretação de normas de caráter genérico, a teor do disposto no art. 313, II, do RITST (OJ 7, SDC, do TST).

O dissídio coletivo não é meio próprio para o Sindicato vir a obter o reconhecimento de que a categoria que representa é diferenciada, pois esta matéria – enquadramento sindical – envolve a interpretação de norma genérica, notadamente do art. 577 da CLT (OJ 9, SDC, do TST).

1.3. DE GREVE (NATUREZA MISTA)

Os dissídios coletivos de greve (natureza mista) apenas poderão ser ajuizados diante de uma paralisação do trabalho.

Sua natureza mista se deve à concomitância do cunho jurídico e econômico na mesma ação coletiva. A apreciação prévia da abusividade do movimento grevista (natureza jurídica) definirá o direito dos trabalhadores de receberem ou não pelos dias de paralisação, enquanto as reivindicações determinantes da greve (natureza econômica) serão reconhecidas ou não como novas condições de trabalho, mediante sentença normativa.

2 LEGITIMIDADE

A legitimidade para ajuizamento do dissídio coletivo constitui prerrogativa das entidades sindicais.

Mesmo após a Constituição Federal de 1988, que proibiu a intervenção do Poder Público na organização dos sindicatos, a comprovação da legitimidade *ad processum* da entidade sindical se faz por seu registro no órgão competente do Ministério do Trabalho (OJ 15, SDC, do TST).

Haverá, contudo, necessidade de correspondência entre as atividades exercidas pelos setores profissional e econômico, a fim de legitimar os envolvidos no conflito a ser solucionado pela via do dissídio coletivo (OJ 22, SDC, do TST).

A representação sindical abrange toda a categoria, não comportando separação fundada na maior ou menor dimensão de cada ramo ou empresa (OJ 23, SDC, do TST).

Em face de pessoa jurídica de direito público que mantenha empregados, cabe dissídio coletivo exclusivamente para apreciação de cláusulas de natureza social. Inteligência da Convenção n. 151 da Organização Internacional do Trabalho, ratificada pelo Decreto Legislativo n. 206/2010 (OJ 5, SDC, do TST).

Em razão da já citada vedação da interferência ou intervenção do Poder Público na organização sindical (CF, art. 8º, I), caberá aos sindicatos convocar, na forma dos seus respectivos estatutos (respeitadas as formalidades e *quorum* determinado), assembleia geral, que definirá as reivindicações da categoria e deliberará sobre o ajuizamento do dissídio coletivo:

A ata da assembleia de trabalhadores que legitima a atuação da entidade sindical respectiva em favor de seus interesses deve registrar, obrigatoriamente, a pauta reivindicatória, produto da vontade expressa da categoria (OJ 8, SDC, do TST).

É pressuposto indispensável à constituição válida e regular da ação coletiva a apresentação em forma clausulada e fundamentada das reivindicações da categoria, conforme orientação do item VI, letra *e*, da Instrução Normativa n. 4/93 (OJ 32, SDC, do TST).

O edital de convocação da categoria e a respectiva ata da AGT constituem peças essenciais à instauração do processo de dissídio coletivo (OJ 29, SDC, do TST).

Quando não houver sindicato representativo da categoria econômica ou profissional, a ação coletiva poderá ser proposta pelas federações correspondentes e, na falta destas, pelas confederações respectivas, no âmbito de sua representação.

O dissídio de greve também poderá ser instaurado a requerimento do Ministério Público do Trabalho, sempre que ocorrer suspensão do trabalho em atividade essencial, com possibilidade de lesão do interesse público (CF, art. 114, § 3º, c/c Lei n. 7.783/89, art. 8º). Vale ressaltar, entretanto, que os arts. 856 e 860, parágrafo único, da CLT foram derrogados no que tange à possibilidade de instauração da instância *ex officio* pelo próprio presidente do Tribunal.

A ação coletiva, em regra, será proposta em face de entidade sindical representativa de categoria, mas não há óbice legal ao ajuizamento de um dissídio coletivo em face de uma ou mais empresas (Banco do Brasil S/A, p. ex.), desde que haja autorização dos trabalhadores diretamente envolvidos no conflito.

A legitimidade da entidade sindical para a instauração da instância contra determinada empresa está condicionada à prévia autorização dos trabalhadores da suscitada diretamente envolvidos no conflito (OJ 19, SDC, do TST).

3 COMPETÊNCIA FUNCIONAL

O dissídio coletivo será instaurado diretamente no Tribunal, sendo competente o Tribunal Superior do Trabalho nas ações propostas por entidades sindicais cuja base territorial exceda a jurisdição de um Tribunal Regional e os Tribunais Regionais do Trabalho correspondentes, nas demais hipóteses.

4 A INSTÂNCIA COLETIVA

4.1. INSTAURAÇÃO

A instância será instaurada mediante petição escrita ao presidente do Tribunal (CLT, art. 856).

A petição será apresentada em tantas vias quantos forem os reclamados e deverá conter:

a) a designação e qualificação dos dissidentes e a natureza do estabelecimento ou do serviço;

b) os motivos do dissídio e as bases da conciliação.

São incompatíveis com a natureza e finalidade do dissídio coletivo as pretensões de provimento judicial de arresto, apreensão ou depósito (OJ 3, SDC, do TST).

4.2. CONCILIAÇÃO E JULGAMENTO

Recebida e protocolada a inicial, e estando na devida forma, o presidente do Tribunal designará a audiência de conciliação, dentro do prazo de 10 (dez) dias, determinando a notificação dos dissidentes (CLT, art. 860).

No caso de dissídio coletivo em face de empresa, será facultado ao empregador fazer-se representar na audiência pelo gerente, ou por qualquer preposto que tenha conhecimento do dissídio, e por cujas declarações será sempre responsável.

Na audiência designada, comparecendo ambas as partes ou seus representantes, o presidente do Tribunal as convidará para se pronunciarem sobre as bases da conciliação. Caso não sejam aceitas as bases propostas, o presidente submeterá aos interessados a solução que lhe pareça capaz de resolver o dissídio (CLT, art. 862).

Havendo acordo, o presidente o submeterá à homologação do Tribunal na primeira sessão. Não havendo, ou não comparecendo ambas as partes ou uma delas, o presidente submeterá o processo a julgamento, depois de realizadas as diligências que entender necessárias e ouvido o Ministério Público do Trabalho.

Sempre que, no decorrer do dissídio, houver ameaça de perturbação da ordem, o presidente requisitará à autoridade competente as providências que se tornarem necessárias.

5 A SENTENÇA NORMATIVA E SUA VIGÊNCIA

A materialização do criticado poder normativo do Judiciário consubstancia-se na prerrogativa de os Tribunais do Trabalho proferirem sentenças abstratas e impessoais acerca da criação, extinção e modificação de condições de trabalho, extensíveis a todos os membros de uma categoria ou integrantes de determinada profissão, independentemente de serem filiados às entidades sindicais litigantes e, principalmente, pelo escopo de disciplinar eventos futuros.

Ao julgar ou homologar ação coletiva ou acordo nela havido, o Tribunal Superior do Trabalho exerce o poder normativo constitucional, não podendo criar ou homologar condições de trabalho que o Supremo Tribunal Federal julgue iterativamente inconstitucionais (Súmula 190 do TST).

Na forma do art. 868, parágrafo único, da CLT, a sentença normativa não terá vigência superior a 4 (quatro) anos, sempre com início (CLT, art. 867, parágrafo único):

a) a partir da data do ajuizamento do dissídio coletivo quando inexistente acordo, convenção ou sentença normativa anterior;

b) a partir da data de sua publicação quando ajuizado dissídio coletivo após o término da vigência de normas coletivas existentes;

c) a partir do dia imediato ao término do acordo, convenção ou sentença normativa, quando o dissídio coletivo for ajuizado dentro dos últimos 60 (sessenta) dias do respectivo prazo de duração.

A fim de se permitir a ampla oportunidade de negociação, fica vedado o ajuizamento de dissídio coletivo, ainda que declarado o comum acordo das partes, antes de atingidos os sessenta últimos dias de vigência do acordo, convenção ou sentença normativa existentes (falta de interesse processual).

A sentença normativa vigora, desde seu termo inicial até que sentença normativa, convenção coletiva de trabalho ou acordo coletivo de trabalho superveniente produza sua revogação, expressa ou tácita, respeitado, porém, o prazo máximo legal de 4 (quatro) anos de vigência (Precedente Normativo 120 do TST).

Vale dizer, portanto, que as condições de trabalho alcançadas por forma de sentença normativa vigoram no prazo assinado, não integrando, de forma definitiva, os contratos individuais de trabalho.

Convém destacar que a sentença normativa apenas permite a formação da coisa julgada formal (*rebus sic stantibus*), visto que o direito material nela reconhecido comporta modificação mediante ação revisional.

6 RECURSOS

Da sentença normativa caberá recurso ordinário, sem efeito suspensivo.

Contudo, mediante decisão motivada em ação cautelar, poderá o presidente do Tribunal Superior do Trabalho conceder efeito suspensivo ao recurso interposto. O aludido efeito terá eficácia pelo prazo improrrogável de 120 (cento e vinte) dias contados da publicação de seu deferimento (Lei n. 7.701/88, art. 9º).

A cassação de efeito suspensivo concedido a recurso interposto de sentença normativa retroage à data do despacho que o deferiu (Súmula 279 do TST).

7 A EXTENSÃO DAS DECISÕES

Em caso de dissídio coletivo que tenha por motivo novas condições de trabalho e no qual figure como parte apenas uma fração de empregados de uma empresa, poderá o Tribunal competente, na própria decisão, estender tais condições de trabalho, se julgar justo e conveniente, aos demais empregados da empresa que forem da mesma profissão (CLT, art. 868, *caput*) ou a todos os empregados da mesma categoria profissional compreendida na jurisdição do Tribunal (CLT, art. 869).

A extensão das vantagens obtidas judicialmente pelo sindicato aos demais empregados da empresa (que inclusive encontra previsão no art. 10 da Lei n. 4.725/65) será efetuada *ex officio* no próprio processo do dissídio coletivo e na mesma sentença normativa, sem a necessidade de *quorum* deliberativo em assembleia (p. ex.: extensão aos empregados que não aderiram à greve, a melhoria nas condições de trabalho conquistada no dissídio coletivo respectivo).

Vale destacar, contudo, que o dissídio de natureza jurídica não será objeto de extensão nem serão os empregados de empresa pertencentes a categoria diferenciada por ele beneficiados.

No que tange à extensão a todos os empregados de uma mesma categoria profissional, além da necessidade de solicitação de a) um ou mais empregadores (ou de qualquer sindicato destes), ou b) um ou mais sindicatos de empregados ou do Ministério Público do Trabalho, será preciso a concordância de três quartos dos empregadores e três quartos dos empregados, ou os respectivos sindicatos (CLT, art. 870, *caput*). O Tribunal competente marcará prazo, não inferior a 30 (trinta) nem superior a 60 (sessenta) dias, a fim de que se manifestem os interessados. Após, será o processo submetido a julgamento.

É inviável aplicar condições constantes de acordo homologado nos autos de dissídio coletivo, extensivamente, às partes que não o subscreveram, exceto se observado o procedimento previsto nos arts. 868 e s. da CLT (OJ 2, SDC, do TST).

8 AÇÃO REVISIONAL

Decorrido mais de 1 (um) ano de sua vigência, caberá revisão das sentenças normativas que fixarem condições de trabalho, quando se tiverem modificado as circunstâncias que as ditaram, de modo que tais condições se hajam tornado injustas ou inaplicáveis (CLT, art. 873).

A revisão poderá ser promovida por iniciativa do próprio Tribunal prolator, do Ministério Público do Trabalho, das entidades sindicais ou de empregador ou empregadores interessados no cumprimento da decisão e será julgada, depois de ouvido o Ministério Público do Trabalho (com exceção das ações de sua iniciativa), pelo Tribunal que tiver proferido a sentença normativa respectiva.

9 AÇÃO DE CUMPRIMENTO

Quando os empregadores deixarem de satisfazer o pagamento de salários ou qualquer outro direito trabalhista, na conformidade da sentença normativa, convenção ou acordo coletivo, poderão os empregados ou seus sindicatos, independentemente de outorga de poderes de seus associados, juntando certidão de tal decisão, apresentar reclamação pelo rito ordinário ou sumaríssimo perante a Vara do Trabalho (1º grau de jurisdição), sendo vedado, porém, questionar sobre a matéria de fato e de direito já apreciada na decisão (CLT, art. 872, parágrafo único).

Dessa forma, a ação de cumprimento representa o meio adequado para tornar concretos os direitos abstratos outorgados por instrumentos normativos coletivos, quando não observados espontaneamente pelo empregador.

A sentença normativa poderá ser objeto de ação de cumprimento a partir do 20º (vigésimo) dia subsequente ao do julgamento, salvo se concedido efeito suspensivo pelo presidente do Tribunal Superior do Trabalho (Lei n. 7.701/88, art. 7º, § 6º).

É dispensável o trânsito em julgado da sentença normativa para a propositura da ação de cumprimento (Súmula 246 do TST).

A legitimidade do sindicato para propor ação de cumprimento estende-se também à observância de acordo ou de convenção coletivos (Súmula 286 do TST).

A coisa julgada produzida na ação de cumprimento é atípica, pois dependente de condição resolutiva, ou seja, da não modificação da decisão normativa por eventual recurso. Assim, modificada a sentença normativa pelo TST, com a consequente extinção do processo, sem julgamento do mérito, deve-se extinguir a execução em andamento, uma vez que a norma sobre a qual se apoiava o título exequendo deixou de existir no mundo jurídico (OJ 277, SBDI-1, do TST).

10 AÇÃO ANULATÓRIA

O Ministério Público do Trabalho detém legitimidade ativa para propor ação anulatória de cláusula de convenção coletiva ou acordo coletivo que viole as liberdades individuais ou coletivas ou os direitos individuais indisponíveis dos trabalhadores.

Contudo, os sindicatos subscritores dos correspondentes instrumentos coletivos deverão integrar a lide como litisconsortes passivos necessários (inteligência do art. 611-A, § 5º, introduzido pela Lei n. 13.467/2017).

A Seção de Dissídios Coletivos do Tribunal Superior do Trabalho firmou posicionamento no sentido de também reconhecer legitimidade ativa à entidade sindical signatária do acordo ou convenção coletiva quando arguir algum tipo de vício de vontade e ao sindicato não signatário que porventura tenha sua esfera de direitos atingida pela cláusula.

A aludida ação coletiva é de competência funcional dos Tribunais Regionais do Trabalho ou do Tribunal Superior do Trabalho, conforme a abrangência do instrumento atacado.

Na hipótese de procedência de ação anulatória de cláusula de convenção coletiva ou de acordo coletivo de trabalho, quando houver a cláusula compensatória, esta deverá ser igualmente anulada, sem repetição de indébito (CLT, art. 611-A, § 4º, introduzido pela Lei n. 13.467/2017).

Quadro sinótico – Dissídios Coletivos

<table>
<tr><td>Introdução</td><td colspan="2">Conceito: ação judicial que tutela os interesses jurídicos de determinada categoria
Objetivo: criar, modificar ou extinguir condições de trabalho, ou, ainda, conferir interpretação a uma norma coletiva controvertida</td></tr>
<tr><td rowspan="8">1. Espécies</td><td rowspan="4">A – De natureza econômica</td><td>Objetivam a criação, extinção ou modificação de normas ou de condições de trabalho em geral (cláusulas econômicas e sociais), por meio de sentença normativa constitutiva</td></tr>
<tr><td>Não visam a reparar lesão a um direito subjetivo preexistente, mas sim inaugurar um direito novo (estabelecer novas condições de trabalho – pro futuro)</td></tr>
<tr><td>Recusando-se qualquer das partes à negociação coletiva ou à arbitragem, é facultado às mesmas, de comum acordo, ajuizar dissídio coletivo de natureza econômica, podendo a JT decidir o conflito, respeitadas as disposições mínimas legais de proteção ao trabalho, bem como as convencionadas anteriormente</td></tr>
<tr><td>Jurisprudência: comum acordo – pressuposto processual de desenvolvimento válido e regular do dissídio coletivo, sob pena de extinção do feito sem resolução do mérito</td></tr>
<tr><td>B – De natureza jurídica</td><td>Objetivo: conferir interpretação judicial a uma norma coletiva controvertida, por meio de sentença normativa declaratória</td></tr>
<tr><td rowspan="2">C – De greve (natureza mista)</td><td>Previsão legal: art. 114, § 3º, da CF</td></tr>
<tr><td>Apenas poderão ser ajuizados diante de uma paralisação no trabalho</td></tr>
</table>

<table>
<tr><td>1. Espécies</td><td>C – De greve (natureza mista)</td><td colspan="2">Natureza mista: cunho jurídico e econômico na mesma ação coletiva
Natureza jurídica: apreciação prévia da abusividade do movimento grevista
Natureza econômica: reivindicações determinantes da greve</td></tr>
<tr><td rowspan="5">2. Legitimidade</td><td colspan="3">Prerrogativas das entidades sindicais</td></tr>
<tr><td>Comprovação da legitimidade</td><td colspan="2">Ad processum: por seu registro no órgão competente do MTE, mesmo após a promulgação da CF/88 (OJ 15, SDC, do TST)
Ad causam: necessidade de correspondência entre as atividades exercidas pelos setores profissional e econômico envolvidos no conflito para legitimidade</td></tr>
<tr><td colspan="3">Cabe à entidade sindical convocar, na forma de seu estatuto, assembleia geral, que definirá as reivindicações da categoria e deliberará sobre o ajuizamento do dissídio coletivo</td></tr>
<tr><td>Inexistência de sindicato representativo da categoria econômica ou profissional</td><td colspan="2">A representação poderá ser instaurada pelas federações correspondentes e, na falta destas, pelas confederações respectivas, no âmbito de sua representação</td></tr>
<tr><td>Dissídio de greve</td><td colspan="2">Também poderá ser instaurado a requerimento do MPT, sempre que ocorrer suspensão do trabalho em atividade essencial, com possibilidade de lesão ao interesse público (art. 114, § 3º, da CF c/c Lei n. 7.783/89, art. 8º)</td></tr>
<tr><td rowspan="2">3. Competência funcional</td><td colspan="3">Instaurado diretamente no Tribunal</td></tr>
<tr><td>Competente</td><td colspan="2">TST nas ações propostas por entidades sindicais cuja base territorial exceda a jurisdição de um Tribunal Regional e os TRTs para as demais hipóteses</td></tr>
<tr><td rowspan="2">4. Instância coletiva</td><td rowspan="2">A – Instauração</td><td colspan="2">Mediante petição escrita ao presidente do Tribunal (art. 856 da CLT)</td></tr>
<tr><td>Representação</td><td>Apresentada em tantas vias quantos forem os reclamados e conterá:
a) designação e qualificação dos reclamantes e dos reclamados e a natureza do estabelecimento ou do serviço
b) motivos do dissídio e as bases da conciliação</td></tr>
</table>

<table>
<tr><td>4. Instância coletiva</td><td>B – Conciliação e julgamento</td><td>Audiência de conciliação: designada pelo presidente do Tribunal dentro do prazo de 10 dias, após recebida e protocolada a inicial – estando na devida forma (art. 860 da CLT)

Dissídio coletivo em face da empresa: facultado ao empregador fazer representar-se pelo gerente ou qualquer preposto que tenha conhecimento do dissídio

Recusa das bases propostas na audiência de conciliação: presidente submeterá aos interessados a solução que lhe pareça capaz de resolver o dissídio (art. 862 da CLT)

Havendo acordo: o presidente submeterá à homologação do Tribunal</td></tr>
<tr><td rowspan="2">5. Sentença normativa e sua vigência</td><td colspan="2">Poder normativo: prerrogativa de os Tribunais do Trabalho proferirem sentenças abstratas e impessoais acerca da criação, extinção e modificação de condições de trabalho, extensíveis a todos os membros de uma categoria ou integrantes de determinada profissão, independentemente de serem filiados às entidades sindicais litigantes e, principalmente, pelo escopo de disciplinar eventos futuros
Sentença normativa: não terá vigência superior a 4 anos (art. 868, parágrafo único, da CLT)</td></tr>
<tr><td colspan="2">Pode ser objeto de ação revisional após o primeiro ano (art. 867, parágrafo único, da CLT)
Vedado ajuizamento de dissídio coletivo antes de atingidos os 60 últimos dias da vigência do acordo, convenção ou sentença normativa existentes</td></tr>
<tr><td>6. Recursos</td><td colspan="2">Caberá recurso ordinário, sem efeito suspensivo</td></tr>
<tr><td>7. Extensão das decisões</td><td colspan="2">Tribunal poderá estender condições de trabalho, se julgar justo e conveniente, aos demais empregados da empresa que forem da mesma profissão ou a todos os empregados da mesma categoria profissional compreendida na jurisdição do Tribunal (arts. 868, caput, e 869 da CLT) – em caso de dissídio coletivo que tenha por motivo novas condições de trabalho e que figure como parte apenas uma fração de empregados da empresa</td></tr>
<tr><td>8. Ação revisional</td><td>Revisão das sentenças normativas</td><td>Decorrido mais de 1 ano de sua vigência, quando se tiverem modificado as circunstâncias que as ditaram, tornando-se injustas ou inaplicáveis (art. 873 da CLT)

Poderá ser promovida por iniciativa do próprio Tribunal prolator, do MPT, das entidades sindicais ou de empregador ou empregadores interessados no cumprimento da decisão
Julgamento: pelo Tribunal que tiver proferido a decisão da respectiva sentença normativa</td></tr>
</table>

<table>
<tr><td rowspan="5">9. Ação de cumprimento</td><td>Objetivo</td><td>Meio adequado para tornar concretos os direitos abstratos outorgados por instrumentos normativos coletivos, quando não observados espontaneamente pelo empregador</td></tr>
<tr><td>Cabimento</td><td>Quando empregadores deixarem de satisfazer qualquer direito trabalhista em conformidade com a sentença normativa, acordo ou convenção coletiva</td></tr>
<tr><td>Legitimados</td><td>Empregados ou seus sindicatos, independentemente de outorga de poderes de seus associados (necessário juntar cópia da decisão)</td></tr>
<tr><td colspan="2">Indispensável trânsito em julgado da sentença normativa para a propositura da ação de cumprimento (Súmula 246 do TST)</td></tr>
<tr><td>Coisa julgada na ação de cumprimento</td><td>Atípica, pois dependente de condição resolutiva (não modificação da decisão normativa por eventual recurso)</td></tr>
<tr><td>10. Ação anulatória de cláusula de convenção ou acordo coletivo</td><td colspan="2">Legitimidade primária – MPT
Violação de liberdades individuais ou coletivas ou os direitos individuais indisponíveis dos trabalhadores
Competência funcional dos Tribunais Regionais do Trabalho ou do Tribunal Superior do Trabalho, conforme a abrangência do instrumento atacado</td></tr>
</table>

Capítulo IV

DISSÍDIOS INDIVIDUAIS

Com a nova competência estabelecida pela EC n. 45/2004, os dissídios individuais envolvem interesses jurídicos conflitantes entre trabalhadores e tomadores de serviço (especialmente, mas não exclusivamente, empregados e empregadores).

1 INQUÉRITO PARA APURAÇÃO DE FALTA GRAVE

A dispensa do trabalhador protegido por estabilidade definitiva (decenal) ou decorrente de mandato de dirigente sindical, bem como os empregados diretores de cooperativas e membros do Conselho Curador do FGTS e do Conselho Nacional de Previdência Social, apenas poderá ter como fundamento falta grave por ele praticada (art. 482 da CLT) e será sempre precedida do competente inquérito judicial apuratório (autorização judicial para a dispensa).

O dirigente sindical somente poderá ser dispensado por falta grave mediante a apuração em inquérito judicial, inteligência dos arts. 494 e 543, § 3º, da CLT (Súmula 379 do TST).

Para a instauração do inquérito para apuração de falta grave (IAFG), o empregador apresentará reclamação por escrito perante a Vara do Trabalho, no prazo decadencial de 30 (trinta) dias, contados da data da suspensão do empregado (CLT, art. 853).

Isso porque constitui direito líquido e certo do empregador a suspensão do empregado, ainda que detentor de estabilidade sindical, até a decisão final do inquérito em que se apure a falta grave a ele imputada, na forma do art. 494, *caput* e parágrafo único, da CLT (OJ 137, SBDI-2, do TST).

Em razão da peculiaridade do caso, o prazo de decadência do direito do empregador de ajuizar inquérito em face do empregado que incorre em abandono de emprego é contado a partir do momento em que o empregado pretendeu seu retorno ao serviço (Súmula 62 do TST).

O trabalhador-requerido será notificado a comparecer em audiência especificamente designada, ocasião em que poderão, tanto ele como o requerente, ouvir até 6 (seis) testemunhas acerca da falta grave supostamente praticada.

Se tiver havido prévio reconhecimento da estabilidade do empregado, o julgamento do inquérito pela Vara do Trabalho não prejudicará a execução para pagamento dos salários devidos ao empregado, até a data da instauração do mesmo inquérito (CLT, art. 855).

Contudo, julgado procedente o inquérito, será autorizada judicialmente a dispensa imediata do trabalhador, sem direito ao pagamento dos haveres trabalhistas eventualmente devidos a partir do ajuizamento da ação judicial.

2 RECLAMAÇÃO TRABALHISTA

A reclamação trabalhista é, sem dúvida alguma, o principal dissídio individual, representando a maioria absoluta dos processos distribuídos nas Varas do Trabalho de todo o País.

Diante de tal fato e em função de suas particularidades, será estudada de forma mais detalhada no próximo capítulo.

Quadro sinótico – Dissídios Individuais

Introdução	Representam ações judiciais que visam dirimir litígios entre trabalhadores e tomadores de serviços	
	Principal dissídio individual	Reclamação trabalhista
1. Inquérito para apuração de falta grave	Cabimento	Na dispensa do trabalhador protegido por estabilidade definitiva (decenal) ou decorrente de mandato classista que cometeu falta grave
	Instauração	Empregador apresentará reclamação por escrito perante a VT no prazo decadencial de 30 dias, contados da suspensão do empregado (art. 853 da CLT) Trabalhador-requerido: notificado a comparecer em audiência, podendo ouvir até 6 testemunhas (tanto ele como o requerente), acerca da falta grave supostamente praticada

1. Inquérito para apuração de falta grave	Inquérito procedente	Autorizada judicialmente a dispensa imediata do trabalhador, sem direito ao pagamento dos haveres trabalhistas eventualmente devidos a partir do ajuizamento da ação judicial
2. Reclamação trabalhista	Principal dissídio individual	

Capítulo V

RECLAMAÇÃO TRABALHISTA

A reclamação trabalhista, o mais importante dissídio individual trabalhista, será submetida ao procedimento ordinário ou sumaríssimo, contemplando as seguintes peculiaridades:

1 PROCEDIMENTO ORDINÁRIO

1.1. DISTRIBUIÇÃO

Nas localidades em que houver mais de uma Vara, a reclamação será, preliminarmente, sujeita à distribuição (CLT, art. 838).

Será alternada a distribuição entre os juízes, obedecendo a uma rigorosa igualdade.

Serão distribuídas por dependência as causas de qualquer natureza (CPC, art. 286):

a) quando se relacionarem, por conexão ou continência, com outra já ajuizada;

b) quando, tendo sido extinto o processo, sem julgamento de mérito, for reiterado o pedido, ainda que em litisconsórcio com outros autores ou que sejam parcialmente alterados os réus da demanda;

c) quando houver ajuizamento de ações nos termos do art. 55, § 3º (que geram risco de prolação de decisões conflitantes ou contraditórias caso decididos separadamente, mesmo sem conexão), ao juízo prevento.

Consoante já estudado, diferente do processo civil, que depende de citação válida (CPC, art. 240), a simples distribuição da reclamação trabalhista induz litispendência e faz litigiosa a coisa; e, ainda quando ordenada por juiz incompetente, constitui em mora o reclamado e interrompe a prescrição.

A reclamação verbal será distribuída antes de sua redução a termo (CLT, art. 786, *caput*). O reclamante deverá, salvo motivo de força maior, apresentar-se, no prazo de 5 (cinco) dias, na secretaria da Vara para reduzi-la a termo, sob pena de perempção.

1.2. PETIÇÃO INICIAL

A reclamação trabalhista poderá ser escrita ou verbal, apresentada pessoalmente pelos próprios empregados ou empregadores (*jus postulandi*) ou por intermédio de seus advogados (legitimidade ordinária).

Em função do instituto da substituição processual (legitimidade extraordinária), também os sindicatos e o Ministério Público do Trabalho poderão ajuizar ação trabalhista (tutelando, em nome próprio, direito dos integrantes da categoria).

Na forma do art. 840, § 1º, da CLT (com redação dada pela Lei n. 13.467/2017), sendo a reclamação escrita, deverá conter:

a) a designação do juízo;

b) a qualificação das partes;

c) a breve exposição dos fatos de que resulte o dissídio;

d) o pedido, que deverá ser certo, determinado e com indicação de seu valor (subentendendo-se a necessidade da indicação de um valor global à causa, em se tratando de múltiplos pedidos);

e) a data;

f) a assinatura do reclamante ou de seu representante.

Os pedidos que não forem apresentados de forma certa, determinada e com indicação do valor serão julgados extintos sem resolução do mérito (CLT, art. 840, § 3º, introduzido pela Lei n. 13.467/2017).

Se verbal, a reclamação será reduzida a termo, em duas vias datadas e assinadas pelo escrivão ou secretário (CLT, art. 840, § 2º, com redação dada pela Lei n. 13.467/2017).

1.2.1. INSTRUÇÃO DOCUMENTAL

Na atualidade, a reclamação escrita (ainda que decorrente da redução a termo de reclamação verbal) deverá ser ajuizada eletronicamente (PJe), mas desde logo acompanhada dos documentos em que se fundar (inteligência do art. 787 da CLT).

1.2.2. LITISCONSÓRCIO (CUMULAÇÃO SUBJETIVA)

Sendo várias as reclamações e havendo identidade de matéria, poderão ser acumuladas num só processo, se se tratar de empregados da mesma empresa ou estabelecimento (CLT, art. 842).

A expressão "identidade de matéria" pode ser interpretada em consonância com o art. 113 do CPC:

a) entre as causas houver comunhão de direitos ou de obrigações relativas à lide;

b) entre as causas houver conexão pelo pedido ou pela causa de pedir;

c) ocorrer afinidade de questões por um ponto comum de fato ou de direito.

O litisconsórcio poderá ser ativo ou passivo, facultativo ou obrigatório.

Por aplicação subsidiária do art. 113, §§ 1º e 2º, do CPC, o juiz poderá limitar o litisconsórcio facultativo quanto ao número de litigantes na fase de conhecimento quando este comprometer a rápida solução do litígio ou dificultar a defesa. O requerimento de limitação interrompe o prazo para manifestação ou resposta, que começará da intimação da decisão que o solucionar.

O litisconsórcio será necessário por disposição de lei ou quando, pela natureza da relação jurídica controvertida, a eficácia da sentença depender da citação de todos os que devam ser litisconsortes (CPC, art. 114).

Os litisconsortes serão considerados, em suas relações com a parte adversa, como litigantes distintos, exceto no litisconsórcio unitário, caso em que os atos e as omissões de um não prejudicarão os outros, mas os poderão beneficiar (CPC, art. 117).

Desconsideração da personalidade jurídica

Embora o art. 855-A, *caput*, da CLT (introduzido pela Lei n. 13.467/2017) disponha que se aplica ao processo do trabalho o incidente de desconsideração da personalidade jurídica prevista no CPC, e que o § 2º do aludido dispositivo legal preceitue que a instauração do incidente suspenderá o processo, sem prejuízo de concessão de tutela de urgência de natureza cautelar, o próprio art. 134, § 2º c/c § 3º, do

CPC estabelece que fica dispensada a instauração do incidente se a desconsideração da personalidade jurídica for requerida na petição inicial, hipótese em que será citado o sócio ou a pessoa jurídica, sem suspensão do processo.

1.2.3. CAUSA DE PEDIR

Consoante estudado, a causa de pedir da ação trabalhista se limita à breve exposição dos fatos de que resulte o dissídio.

Isso ocorre em razão do comando emergente do art. 791 da CLT, que confere às próprias partes capacidade postulatória (*jus postulandi*), não sendo coerente se exigir de um leigo a indicação do fundamento jurídico de sua pretensão.

Contudo, estando a parte assistida por advogado regularmente constituído, torna-se também imperativa a adequada indicação da fundamentação jurídica.

1.2.4. PEDIDOS

O pedido contido na inicial trabalhista deverá ser certo, determinado e com indicação de seu valor.

Na forma do art. 324, § 1º, II e III, do CPC, será lícito, contudo, formular pedido genérico quando não for possível determinar, desde logo, as consequências do ato ou do fato (ex. acidente do trabalho – condenação no pagamento de todo o tratamento de saúde) ou quando a determinação do objeto ou do valor da condenação depender de ato que deva ser praticado pelo reclamado (ex. PLR – percentual dos lucros – dependente de demonstrativo contábil não elaborado pela empresa).

Se o reclamante pedir que seja imposta ao reclamado a abstenção ou prática de algum ato, ou entregar coisa, poderá requerer cominação de pena pecuniária para o caso de descumprimento da sentença ou da decisão antecipatória de tutela (arts. 498 e 537 do CPC).

O pedido será alternativo quando, pela natureza da obrigação, o devedor puder cumprir a prestação de mais de um modo (CPC, art. 325, *caput*).

Quando, pela lei ou pelo contrato, a escolha couber ao reclamado, o juiz lhe assegurará o direito de cumprir a prestação de um ou de outro modo, ainda que o reclamante não tenha formulado pedido alternativo (CPC, art. 325, parágrafo único). É lícito formular mais de um pedido em ordem subsidiária a fim de que o juiz conheça do posterior, quando não acolher o anterior (CPC, art. 326).

Não há que confundir, contudo, pedidos subsidiários (em ordem sucessiva) com pedidos sucessivos, uma vez que estes revelam uma relação de prejudicialidade entre si, o que não ocorre naqueles (ex. reconhecimento de vínculo empregatício e pagamento de verbas rescisórias – a improcedência do primeiro prejudicará a apreciação do segundo).

Na ação que tiver por objeto cumprimento de obrigação em prestações sucessivas, essas serão consideradas incluídas no pedido, independentemente de declaração expressa do reclamante (de forma implícita), e serão incluídas na condenação, enquanto durar a obrigação, se o devedor, no curso do processo, deixar de pagá-las ou de consigná-las (CPC, art. 323).

Também serão considerados implícitos os pedidos de juros legais; correção monetária e despesas processuais.

É lícita a cumulação, em um único processo, contra o mesmo reclamado, de vários pedidos, ainda que entre eles não haja conexão (CPC, art. 327).

A rigor, a cada pedido corresponderia uma ação, ocorrendo, na prática, uma cumulação de ações, julgadas conjuntamente em um único processo.

São requisitos de admissibilidade da cumulação de pedidos:

I – que sejam compatíveis entre si (pois o juiz não poderá escolher um);

II – que seja competente para conhecer deles o mesmo juízo;

III – que seja adequado para todos os pedidos o tipo de procedimento.

Consoante já estudado, aplicando-se subsidiariamente e de forma literal o art. 329 do CPC ao processo do trabalho, somente antes da notificação inicial o reclamante poderia aditar ou alterar o pedido ou a causa de pedir independentemente de consentimento do reclamado.

Entretanto, necessário se faz adaptar o dispositivo processual comum ao procedimento processual trabalhista, no qual, em regra, não há despacho de citação e a designação de audiência (momento legalmente previsto para a apresentação da contestação) ocorre de forma imediata (muitas vezes até automática).

Assim, embora o Tribunal Superior do Trabalho possa firmar entendimento em sentido diverso, a interpretação mais adequada permite o aditamento ou alteração do pedido da causa de pedir, independentemente do consentimento do reclamado, até o momento da audiência designada, se não tiver sido apresentada defesa ou se essa fora inserida no sistema eletrônico (PJE) com sigilo. Não sendo a hipótese, apenas será possível o aditamento ou a alteração do pedido ou da causa de pedir com o consentimento do réu, assegurada sempre a ampla defesa, mediante a concessão de prazo para manifestação (exercício do contraditório) e a faculdade do réu requerer nova audiência ou produção de prova documental suplementar.

1.2.5. VALOR DA CAUSA

A toda causa será atribuído um valor certo, ainda que não tenha conteúdo econômico imediatamente aferível (CPC, art. 291).

Por aplicação subsidiária e adaptada do art. 292 do CPC, o valor da causa constará da petição inicial e será:

a) na reclamação trabalhista, a soma monetariamente corrigida do principal, dos juros de mora vencidos e de outras penalidades, se houver, até a data de propositura da ação;

b) na ação indenizatória, inclusive a fundada em dano moral, o valor pretendido;

c) havendo cumulação de pedidos, a quantia correspondente à soma dos valores de todos eles;

d) sendo alternativos os pedidos, o de maior valor;

e) se houver também pedido subsidiário, o valor do pedido principal.

Quando se pedirem prestações vencidas e vincendas, considerar-se-á o valor de umas e outras.

O valor das prestações vincendas será igual a uma prestação anual se a obrigação for por tempo indeterminado, ou por tempo superior a 1 (um) ano; se por tempo inferior, será igual à soma das prestações.

O juiz corrigirá, de ofício e por arbitramento, o valor da causa quando verificar que não corresponde ao conteúdo patrimonial em discussão ou ao proveito econômico perseguido pelo autor.

Alçada

A alçada (limite da jurisdição exclusiva das Varas do Trabalho) será fixada pelo valor dado à causa na data de seu ajuizamento, desde que não impugnado pela parte contrária, sendo inalterável no curso do processo (Súmula 71 do TST).

Salvo se versar sobre matéria constitucional, nenhum recurso caberá das sentenças proferidas nos dissídios da alçada de até 2 (dois) salários mínimos (inteligência do art. 2º, § 4º, da Lei n. 5.584/70).

O art. 2º, § 4º, da Lei n. 5.584, de 26-6-1970, foi recepcionado pela CF/88, sendo lícita a fixação do valor da alçada com base no salário mínimo (Súmula 356 do TST).

1.3. INDEFERIMENTO DA PETIÇÃO INICIAL

Salvo nas hipóteses do art. 330 do CPC/2015 (art. 295 do CPC/73), o indeferimento da petição inicial, por encontrar-se esta desacompanhada de documento indispensável à propositura da ação ou não preencher outro requisito legal, somente será cabível se, após intimada para suprir a irregularidade em 15 (quinze) dias, mediante indicação precisa do que deve ser corrigido ou completado, a parte não o fizer (Súmula 263 do TST).

A petição inicial será sumariamente indeferida, portanto (CPC, art. 330):

I – quando for inepta;

II – quando a parte for manifestamente ilegítima;

III – quando o reclamante carecer de interesse processual;

IV – quando o juiz verificar, desde logo, a decadência ou a prescrição;

V – quando o tipo de procedimento, escolhido pelo reclamante, não corresponder à natureza da causa (ex.: sumaríssimo para demanda em face da Administração Pública direta), ou ao valor da ação; caso em que só não será indeferida, se puder adaptar-se ao tipo de procedimento legal.

Considera-se inepta a petição inicial quando:

a) lhe faltar pedido ou causa de pedir;

b) da narração dos fatos não decorrer logicamente a conclusão;

c) o pedido for juridicamente impossível;

d) contiver pedidos incompatíveis entre si.

Por aplicação subsidiária e adaptada do art. 331 do CPC, uma vez indeferida a petição inicial, o reclamante poderá recorrer, facultado ao juiz, no prazo de 5 (cinco) dias, retratar-se.

1.4. A TUTELA PROVISÓRIA

A tutela provisória pode fundamentar-se em urgência ou evidência (CPC, art. 294).

A tutela provisória de urgência, cautelar ou antecipada, pode ser concedida em caráter antecedente ou incidental.

A tutela provisória conserva sua eficácia na pendência do processo, mas pode, a qualquer tempo, ser revogada ou modificada (CPC, art. 296).

Salvo decisão judicial em contrário, a tutela provisória conservará a eficácia durante o período de suspensão do processo.

O juiz poderá determinar as medidas que considerar adequadas para efetivação da tutela provisória (CPC, art. 297). A efetivação observará as normas referentes à execução provisória da sentença, no que couber.

Na decisão que conceder, negar, modificar ou revogar a tutela provisória, o juiz motivará seu convencimento de modo claro e preciso (CPC, art. 298).

A tutela provisória será requerida ao juízo da causa e, quando antecedente, ao juízo competente para conhecer do pedido principal (CPC, art. 299).

No caso de a tutela ser concedida antes da sentença, cabe a impetração do mandado de segurança, em face da inexistência de recurso próprio. Contudo, a superveniência da sentença, nos autos originários, faz perder o objeto do mandado de segurança que impugnava a concessão da tutela antecipada (Súmula 414, II e III, do TST).

1.4.1. TUTELA DE URGÊNCIA

A tutela de urgência será concedida quando houver elementos que evidenciem a probabilidade do direito e o perigo de dano ou o risco ao resultado útil do processo (CPC, art. 300).

A tutela de urgência pode ser concedida liminarmente ou após justificação prévia.

A tutela de urgência de natureza antecipada não será concedida quando houver perigo de irreversibilidade dos efeitos da decisão. Já a de natureza cautelar pode ser efetivada mediante arresto, sequestro, arrolamento de bens, registro de protesto contra alienação de bem e qualquer outra medida idônea para asseguração do direito (CPC, art. 301).

Por ser incompatível com os princípios informadores do processo do trabalho, resta inaplicável o art. 302 do CPC, que preceitua que, independentemente da reparação por dano processual, a parte responde pelo prejuízo que a efetivação da tutela de urgência causar à parte adversa, se: a) a sentença lhe for desfavorável; b) ocorrer a cessação da eficácia da medida em qualquer hipótese legal; e c) o juiz acolher a alegação de decadência ou prescrição da pretensão do autor.

1.4.1.1. *Tutela antecipada em caráter antecedente*

Nos casos em que a urgência for contemporânea à propositura da ação, a petição inicial pode limitar-se ao requerimento da tutela antecipada e à indicação do pedido de tutela final, com a exposição da lide, do direito que se busca realizar e do perigo de dano ou do risco ao resultado útil do processo (CPC, art. 303).

Concedida a tutela antecipada: a) o reclamante deve aditar a petição inicial, com a complementação de sua argumentação, a juntada de novos documentos e a confirmação do pedido de tutela final, em 15 (quinze) dias ou em outro prazo maior que o juiz fixar; e b) o reclamado será citado e intimado para audiência trabalhista.

Não sendo realizado o aditamento, o processo será extinto sem resolução do mérito.

Na petição inicial, o autor terá de indicar o valor da causa, que deve levar em consideração o pedido de tutela final.

Caso entenda que não há elementos para a concessão de tutela antecipada, o juízo determinará a emenda da petição inicial em até 5 (cinco) dias, sob pena de ser indeferida e de o processo ser extinto sem resolução de mérito.

A tutela antecipada conservará seus efeitos enquanto não revista, reformada ou invalidada por decisão de mérito.

A decisão que concede a tutela não fará coisa julgada, mas a estabilidade dos respectivos efeitos só será afastada por decisão que a revir, reformar ou invalidar, proferida em ação ajuizada por uma das partes.

1.4.1.2. *Tutela cautelar em caráter antecedente*

A petição inicial da ação que visa à prestação de tutela cautelar em caráter antecedente indicará a lide e seu fundamento, a exposição sumária do direito que se objetiva assegurar e o perigo de dano ou o risco ao resultado útil do processo (CPC, art. 305).

O reclamado será citado para, no prazo de 5 (cinco) dias, contestar o pedido e indicar as provas que pretende produzir (CPC, art. 306).

Não sendo contestado o pedido, os fatos alegados pelo reclamante presumir-se-ão aceitos pelo réu como ocorridos, caso em que o juiz decidirá dentro de 5 (cinco) dias (CPC, art. 307).

Contestado o pedido no prazo legal, observar-se-á o procedimento comum.

Efetivada a tutela cautelar, o pedido principal terá de ser formulado pelo reclamante no prazo de 30 (trinta) dias, caso em que será apresentado nos mesmos autos em que deduzido o pedido de tutela cautelar (CPC, art. 308).

O pedido principal pode ser formulado conjuntamente com o pedido de tutela cautelar e a causa de pedir poderá ser aditada no momento da formulação do pedido principal.

Apresentado o pedido principal, as partes serão intimadas para audiência, sem necessidade de nova citação do reclamado.

Cessa a eficácia da tutela concedida em caráter antecedente se (CPC, art. 309):

I – o autor não deduzir o pedido principal no prazo legal;

II – não for efetivada dentro de 30 (trinta) dias;

III – o juiz julgar improcedente o pedido principal formulado pelo reclamante ou extinguir o processo sem resolução de mérito.

Se por qualquer motivo cessar a eficácia da tutela cautelar, é vedado à parte renovar o pedido, salvo sob novo fundamento.

O indeferimento da tutela cautelar não obsta a que a parte formule o pedido principal, nem influi no julgamento desse, salvo se o motivo do indeferimento for o reconhecimento de decadência ou de prescrição (CPC, art. 310).

1.4.2. TUTELA DE EVIDÊNCIA

A tutela de evidência será concedida, independentemente da demonstração de perigo de dano ou de risco ao resultado útil do processo quando (CPC, art. 311):

I – ficar caracterizado o abuso de direito de defesa ou manifesto propósito protelatório da parte;

II – as alegações de fato puderem ser comprovadas apenas documentalmente e houver tese firmada em julgamento de casos repetitivos ou em súmula vinculante;

III – (não se aplica à JT);

IV – a petição inicial for instruída com prova documental suficiente dos fatos constitutivos do direito do reclamante, a que o reclamado não oponha prova capaz de gerar dúvida razoável.

1.5. CASOS IDÊNTICOS

Por aplicação subsidiária e adaptada do art. 332 do CPC, nos termos da IN 39/2016 do TST, nas causas que dispensem a fase instrutória, o juiz, independentemente da notificação inicial do réu, julgará liminarmente improcedente o pedido que contrariar:

I – enunciado de súmula do Supremo Tribunal Federal ou do Tribunal Superior do Trabalho (CPC, art. 927, V);

II – acórdão proferido pelo Supremo Tribunal Federal ou pelo Tribunal Superior do Trabalho em julgamento de recursos repetitivos (CLT, art. 896-B; CPC, art. 1.046, § 4º);

III – entendimento firmado em incidente de resolução de demandas repetitivas ou de assunção de competência;

IV – enunciado de súmula de Tribunal Regional do Trabalho sobre direito local, convenção coletiva de trabalho, sentença normativa ou regulamento empresarial de observância obrigatória em área territorial que não exceda à jurisdição do respectivo Tribunal (CLT, art. 896, *b*, *a contrario sensu*).

O juiz também poderá julgar liminarmente improcedente o pedido se verificar, desde logo, a ocorrência de decadência.

Serão, portanto, requisitos para a aplicação subsidiária do art. 332 do CPC:

a) julgamento de total improcedência aos pedidos (pois, caso contrário, haveria ofensa à ampla defesa e contraditório);

b) causas que dispensem a fase instrutória (visto que a necessidade de produção de qualquer prova exigiria a formação da relação jurídico-processual);

c) contrariedade a entendimentos sumulados de jurisprudência uniforme ou firmados em julgamento de recursos repetitivos ou assunção de competência (não mais sendo suficiente que o juízo tenha proferido sentença em outros casos idênticos).

Como no processo trabalhista a notificação inicial postal independe de determinação do juiz, a hipótese ocorrerá, basicamente, quando o reclamado estiver em local incerto e não sabido, fazendo-se necessária a citação por edital.

Se o reclamante recorrer, é facultado ao juiz decidir, no prazo de 5 (cinco) dias, não manter a sentença e determinar o prosseguimento da ação (juízo de retratação).

Caso seja mantida a sentença, será ordenada a notificação inicial do reclamado para responder ao recurso.

Na hipótese de provimento do recurso ordinário, o Tribunal declarará nula a sentença proferida, devolvendo os autos à Vara de origem para notificação inicial do demandado e regular tramitação do feito.

1.6. NOTIFICAÇÃO INICIAL

Distribuída eletronicamente a ação trabalhista, o diretor de Secretaria remeterá ao reclamado a chave de acesso à petição e aos documentos eletrônicos, notificando-o, ao mesmo tempo, para comparecer à audiência de julgamento, que será a primeira desimpedida, depois de 5 (cinco) dias (CLT, art. 841, *caput*), que, após o advento da Lei n. 13.467/2017, serão contados em dias úteis.

Consoante dispõe o Decreto-Lei n. 779/69, o intervalo necessário entre o recebimento da notificação inicial e a data da audiência trabalhista envolvendo os órgãos públicos (incluindo autarquias e fundações) é de 20 (vinte) dias úteis, ou seja, quatro vezes maior que os 5 (cinco) dias úteis regulares.

Como já estudado, a notificação inicial será feita, em regra, mediante correspondência registrada e, caso não haja atendimento pelo serviço postal, via oficial de justiça. Se o reclamado criar embaraços ao seu recebimento, ou não for encontrado, far-se-á a notificação por edital, inserto no jornal oficial ou no que publicar o expediente forense, ou, na falta, afixado na sede da Vara.

Presume-se recebida a notificação 48 (quarenta e oito) horas depois de sua postagem. O seu não recebimento ou a entrega após o decurso desse prazo constituem ônus de prova do destinatário (Súmula 16 do TST).

O reclamante, por sua vez, será notificado no próprio ato de apresentação da reclamação eletrônica ou via PJe.

1.7. AUDIÊNCIA TRABALHISTA

As audiências trabalhistas serão públicas e realizar-se-ão em dias úteis previamente fixados, entre 8 (oito) e 18 (dezoito) horas, não podendo ultrapassar 5 (cinco) horas seguidas, salvo quando houver matéria urgente (CLT, art. 813).

Em casos especiais, poderá ser designado outro local para a realização das audiências, mediante edital afixado na sede do Juízo ou Tribunal, com a antecedência mínima de 24 (vinte e quatro) horas.

O juiz manterá a ordem nas audiências, podendo mandar retirar do recinto os presentes que a perturbarem (CLT, art. 816).

O registro das audiências será feito em livro próprio, constando de cada registro os processos apreciados e a respectiva solução, bem como as ocorrências eventuais.

Como corolário do princípio da concentração, a audiência trabalhista será contínua, ou seja, una. Entretanto, se não for possível, por motivo de força maior, concluí-la no mesmo dia, o juiz marcará a sua continuação para a primeira data desimpedida, independentemente de nova notificação (CLT, art. 848).

A audiência nunca deixará de ser una, mas pode ser fracionada no tempo. Atualmente, em função do excesso de processos em pauta, a audiência trabalhista costuma ser fracionada uma única vez, contemplando uma audiência inaugural conciliatória e instrutória, designando-se uma nova data para o julgamento do feito. Havendo, contudo, necessidade ou motivo relevante para um duplo fracionamento, teremos uma audiência conciliatória, a seguinte de instrução e a derradeira de julgamento.

1.7.1. O COMPARECIMENTO OBRIGATÓRIO DAS PARTES

Na audiência trabalhista deverão estar presentes pessoalmente o reclamante e o reclamado, independentemente do comparecimento de seus advogados, salvo nos casos de reclamatórias plúrimas ou ações de cumprimento, quando os empregados poderão fazer-se representar pelo sindicato de sua categoria (CLT, art. 843).

É facultado ao empregador fazer-se substituir pelo gerente, ou qualquer outro preposto que tenha conhecimento do fato, e cujas declarações obrigarão o proponente.

Pela aplicação da lei processual no tempo (direito intertemporal), em relação às ações trabalhistas propostas até 10-11-2017, exceto quanto à reclamação de empregado doméstico, ou contra micro ou pequeno empresário, o preposto deve ser necessariamente empregado do reclamado (inteligência do art. 843, § 1º, da CLT e do art. 54 da Lei Complementar n. 123, de 14-12-2006). Entretanto, nas ações ajuizadas a partir da vigência da Lei n. 13.467/2017, em 11-11-2017, o preposto não mais precisa ser empregado da parte reclamada (art. 843, § 3º, da CLT).

Se, por doença ou qualquer outro motivo ponderoso, devidamente comprovado, não for possível ao reclamante comparecer pessoalmente, poderá fazer-se representar por outro empregado que pertença à mesma profissão ou pelo seu sindicato (com objetivo único de evitar o arquivamento, sendo necessária a redesignação da audiência).

1.7.2. AS CONSEQUÊNCIAS DA AUSÊNCIA DAS PARTES

À hora marcada, o juiz declarará aberta a audiência, sendo feita a chamada das partes, testemunhas e demais pessoas que devam comparecer.

Se, até 15 (quinze) minutos após a hora marcada, o juiz não houver comparecido, os presentes poderão retirar-se, devendo o ocorrido constar do livro de registro das audiências. Vale destacar, contudo, que inexiste previsão legal tolerando atraso no horário de comparecimento da parte na audiência (OJ 245, SBDI-1, do TST).

O não comparecimento do reclamante à audiência importa o arquivamento da reclamação, e o não comparecimento do reclamado importa revelia, além de confissão (ficta), quanto à matéria de fato (CLT, art. 844, *caput*).

Ocorrendo motivo relevante, no entanto, poderá o juiz suspender o julgamento, designando nova audiência (CLT, art. 844, § 1º, com redação dada pela Lei n. 13.467/2017).

Na hipótese de ausência do reclamante, este será condenado ao pagamento das custas, ainda que beneficiário da justiça gratuita, salvo se comprovar, no prazo de 15 dias, que a ausência ocorreu por motivo legalmente justificável (CLT, art. 844, § 2º, introduzido pela Lei n. 13.467/2017). O pagamento das aludidas custas é condição para a propositura de nova demanda (CLT, art. 844, § 3º, introduzido pela Lei n. 13.467/2017).

A partir de análise conjunta do *caput* com os novos parágrafos do art. 844 da CLT, é razoável entender que a comprovação da ocorrência de um motivo legalmente justificável representa motivo relevante que autoriza a suspensão do feito, designando-se uma nova audiência.

Nesse esquadro, o Juízo pode: a) desde logo, promover o arquivamento (modalidade de extinção do feito sem resolução do mérito), arbitrando custas e intimando o reclamante (através do patrono presente, eventualmente) para que comprove em 15 dias a justificativa legal da ausência, o que lhe desonera do encargo, ou b) intimar o reclamante (através do patrono presente, eventualmente) para que comprove em 15 dias a justificativa legal da ausência, o que acarretará, em sendo acolhida, a designação de uma nova audiência, e, em sendo rejeitada, o arbitramento das custas em seu desfavor.

Com o advento da Lei n. 13.467/2017, ainda que ausente o reclamado, presente o advogado na audiência, serão aceitos a contestação e os documentos eventualmente apresentados (CLT, art. 844, § 5º).

Nessa linha, e considerada a aplicação da lei processual no tempo (direito intertemporal), nas ações ajuizadas até 10-11-2017, "a reclamada, ausente à audiência em que deveria apresentar defesa, é revel ainda que presente seu advogado munido de procuração, pode ser ilidida a revelia, mediante a apresentação de atestado médico, que deverá declarar, expressamente, a impossibilidade de locomoção do empregador ou do seu preposto no dia da audiência" (redação original da Súmula 122 do TST). Contudo, nas ações ajuizadas a partir da vigência da Lei n. 13.467/2017 (11-11-2017), ainda que ausente o reclamado, presente o advogado à audiência, serão aceitos a contestação e os documentos eventualmente apresentados, sem que tal afaste a revelia.

A pessoa jurídica de direito público também se sujeita à revelia prevista no art. 844 da CLT (OJ 152, SBDI-1, do TST).

Em suma, a revelia consiste no estado de quem não comparece a juízo para contestar os fatos afirmados pelo demandante, implicando a aceitação judicial de tais fatos como verdadeiros.

Contudo, a partir da vigência da Lei n. 13.467/2017 (11-11-2017), a revelia não irá gerar confissão quanto à matéria de fato se: a) havendo pluralidade de reclamados, algum deles contestar a ação; b) o litígio versar sobre direitos indisponíveis; c) a petição inicial não estiver acompanhada de instrumento que a lei considere indispensável à prova do ato; e d) as alegações de fato formuladas pelo reclamante forem inverossímeis ou estiverem em contradição com prova constante dos autos (CLT, art. 844, § 4º, introduzido pela Lei n. 13.467/2017).

Ainda que ocorra revelia, o reclamante não poderá alterar o pedido ou a causa de pedir, nem demandar declaração incidente, salvo se for promovida uma nova notificação inicial e redesignada a audiência trabalhista.

Aberta a instrução, o revel poderá participar da colheita das provas: a) pericial, pela indicação de assistente técnico ou formulação de quesitos; ou b) testemunhal, mediante contradita e reperguntas dirigidas às testemunhas levadas pelo autor ou convocadas pelo juízo, visto que não lhe será permitido apresentar testemunhas.

Importante salientar que a ausência do reclamante, quando adiada a instrução após contestada a ação em audiência, não importa arquivamento do processo (Súmula 9 do TST). Na verdade, aplicar-se-á a confissão à parte (reclamante, inclusive) que, expressamente intimada com aquela cominação, não comparecer à audiência em prosseguimento, na qual deveria depor (Súmula 74, I, do TST).

1.7.3. PRIMEIRA TENTATIVA CONCILIATÓRIA

Aberta a audiência, o juiz proporá a conciliação, empregando sempre os seus bons ofícios e persuasão (CLT, art. 846, *caput*, c/c art. 764, § 1º).

Se houver acordo lavrar-se-á termo, assinado pelo magistrado e pelos litigantes, consignando-se o prazo e as demais condições para seu cumprimento.

Entre as condições poderá ser estabelecida a de ficar a parte que não cumprir o acordo obrigada a satisfazer integralmente o pedido ou pagar uma indenização convencionada, sem prejuízo do cumprimento do acordo (CLT, art. 846, § 2º).Torna-se claro que o legislador pretendeu conferir maior garantia ao cumprimento da transação celebrada judicialmente, de tal sorte que, além da tradicional cláusula penal (indenização convencionada, sem prejuízo da satisfação do acordo), permitiu a obrigação, pelo inadimplente, de satisfazer integralmente o pedido.

Assim, embora possamos identificar resistência na aplicação do dispositivo por parte de alguns magistrados, o acordo trabalhista poderá convencionar o pagamento de determinada quantia até uma data prefixada ou obrigar o reclamado a pagar integralmente os direitos reivindicados na inicial pelo reclamante.

Vale destacar, entretanto, que, nas hipóteses de cláusula penal (multa), o valor estipulado, ainda que com incidência diária, não poderá ser superior à obrigação principal corrigida, em virtude da aplicação do art. 412 do CC de 2002 (OJ 54, SBDI-1, do TST).

Lembrando sempre que a homologação de acordo constitui faculdade (não obrigação) do juiz (inteligência da Súmula 418 do TST).

O termo de conciliação que for lavrado valerá como decisão irrecorrível, salvo para a Previdência Social, quanto às contribuições que lhe forem devidas (CLT, art. 831, parágrafo único).

Assim sendo, o termo conciliatório transita em julgado na data da sua homologação judicial (Súmula 100, V, do TST).

E somente por ação rescisória será impugnável o termo de conciliação previsto no parágrafo único do art. 831 da CLT (Súmula 259 do TST).

Contribuição previdenciária

As decisões homologatórias deverão sempre indicar a natureza jurídica das parcelas constantes do acordo homologado, inclusive o limite de responsabilidade de cada parte pelo recolhimento da contribuição previdenciária, se for o caso (CLT, art. 832, § 2º).

Nos acordos homologados em juízo em que não haja o reconhecimento de vínculo empregatício, será devido o recolhimento da contribuição previdenciária, mediante a alíquota de 20% (vinte por cento) a cargo do tomador de serviços e de 11% (onze por cento) por parte do prestador de serviços, na qualidade de contribuinte individual, sobre o valor total do acordo, respeitado o teto de contribuição. Inteligência do § 4º do art. 30 e do inciso III do art. 22, todos da Lei n. 8.212, de 24-7-1991 (OJ 398, SBDI-I, do TST).

A União será intimada das decisões homologatórias de acordos que contenham parcela indenizatória, na forma do art. 20 da Lei n. 11.033/2004, facultada a interposição de recurso relativo aos tributos que lhe forem devidos, mediante impugnação da discriminação da natureza jurídica dada às verbas trabalhistas (CLT, art. 832, §§ 4º e 5º).

O Ministério da Fazenda poderá, mediante ato fundamentado, dispensar a manifestação da União nas decisões homologatórias de acordos em que o montante da parcela indenizatória envolvida ocasionar perda de escala decorrente da atuação do órgão jurídico.

1.7.4. A MULTA DO ART. 467 DA CLT

Em caso de rescisão do contrato de trabalho, havendo controvérsia sobre o montante das verbas rescisórias, o empregador é obrigado a pagar ao trabalhador, à data do comparecimento à Justiça do Trabalho, a parte incontroversa dessas verbas, sob pena de pagá-las acrescidas de 50% (cinquenta por cento) (CLT, art. 467).

A referida multa não será aplicada à União, aos Estados, ao Distrito Federal, aos Municípios e às suas autarquias e fundações públicas.

A partir da Lei n. 10.272, de 5-9-2001, havendo rescisão do contrato de trabalho e sendo revel e confesso quanto à matéria de fato, deve ser o empregador condenado ao pagamento das verbas rescisórias, não quitadas na primeira audiência, com acréscimo de 50% (cinquenta por cento) (Súmula 69 do TST).

1.8. A RESPOSTA DO RECLAMADO

Não havendo acordo, o reclamado terá 20 (vinte) minutos para aduzir sua defesa (CLT, art. 847, *caput*), podendo, contudo, a parte apresentar defesa escrita pelo sistema de processo judicial eletrônico até a audiência (CLT, art. 847, parágrafo único, introduzido pela Lei n. 13.467/2017).

Oferecida a contestação, ainda que eletronicamente (nesse caso, sem sigilo, por interpretação lógica), o reclamante não poderá, sem o consentimento do reclamado, desistir da ação (CLT, art. 841, § 3º, introduzido pela Lei n. 13.467/2017).

1.8.1. CONTESTAÇÃO

Por aplicação subsidiária e adaptada do art. 336 do CPC, incumbe ao reclamado alegar, na contestação, toda a matéria de defesa, expondo as razões de fato e de direito com que impugna o pedido do reclamante e especificando as provas que pretende produzir.

Antes de discutir o mérito, compete ao reclamado (na chamada defesa processual) alegar (CPC, art. 337):

a) inexistência ou nulidade de notificação inicial;

b) incompetência absoluta (não se incluindo a incompetência relativa, em função da necessidade de peça autônoma, consoante deduzido do art. 799 da CLT);

c) inépcia da petição inicial;

d) perempção;

e) litispendência;

f) coisa julgada;

g) conexão;

h) incapacidade da parte, defeito de representação ou falta de autorização;

i) ausência de legitimidade ou de interesse processual; e

j) indevida concessão do benefício de gratuidade de justiça.

O reclamado poderá apresentar fatos impeditivos, modificativos ou extintivos do direito do reclamante (também chamada defesa indireta de mérito) ou impugnação dos seus fatos constitutivos (denominada defesa direta de mérito), objetivando sempre uma tutela de natureza declaratória negativa.

Como já estudado anteriormente, cabe ao reclamado manifestar-se precisamente sobre todos os fatos narrados na petição inicial (impugnação especificada – inteligência do art. 341 do CPC), sob pena de sofrer os efeitos da incontrovérsia do que não for impugnado. A contestação por negativa geral somente terá cabimento quando envolver defensor público, advogado dativo e curador especial (art. 341, parágrafo único, do CPC). A compensação (ou a retenção) somente poderá ser arguida como matéria de defesa em contestação (CLT, art. 767, c/c Súmula 48 do TST) e está restrita a dívidas de natureza trabalhista (Súmula 18 do TST).

O oferecimento da contestação implica a preclusão consumativa de todos os argumentos defensivos não alegados.

Depois da contestação, somente será lícito deduzir novas alegações quando (CPC, art. 342):

I – relativas a direito ou a fato superveniente;

II – competir ao juiz conhecer delas de ofício;

III – por expressa autorização legal, puderem ser formuladas em qualquer tempo e grau de jurisdição.

1.8.2. RECONVENÇÃO

No prazo de resposta, é lícito ao réu propor reconvenção para manifestar pretensão própria, conexa com a ação principal ou com o fundamento da defesa (CPC, art. 343).

Contudo, não será possível ao reclamado reconvir quando o reclamante estiver demandando em nome de outrem (substituição processual).

Oferecida a reconvenção, será concedido ao reclamante reconvindo prazo para contestá-la, redesignando-se a audiência trabalhista.

A desistência da ação ou a ocorrência de causa extintiva que impeça o exame de seu mérito não obsta ao prosseguimento do processo quanto à reconvenção (CPC, art. 343, § 2º).

1.8.3. INTERVENÇÃO DE TERCEIROS

No processo civil serão admitidas como formas de intervenção de terceiros: a assistência, a oposição, a nomeação à autoria, a denunciação da lide e o chamamento ao processo. Contudo, no processo do trabalho, pela própria natureza dos litígios, as hipóteses estarão limitadas à assistência, à denunciação da lide e ao chamamento ao processo, que serão estudados a seguir, mediante aplicação subsidiária e adaptada do Código de Processo Civil.

Assistência

Pendendo causa entre duas ou mais pessoas, o terceiro juridicamente interessado em que a sentença seja favorável a uma delas poderá intervir no processo para assisti-la (CPC, art. 119).

A assistência poderá ser simples ou litisconsorcial.

A intervenção assistencial, simples ou adesiva, só é admissível se demonstrado o interesse jurídico e não o meramente econômico (Súmula 82 do TST).

Não haverá interesse jurídico quando se quer simplesmente evitar a insolvência do demandado. O terceiro deve temer uma consequente condenação judicial no futuro, caso o assistido venha a perder o processo. A assistência tem lugar em qualquer dos tipos de procedimento e em todos os graus de jurisdição, mas o assistente receberá o processo no estado em que se encontra.

Não havendo impugnação dentro de 5 (cinco) dias, o pedido do assistente será deferido. Se qualquer das partes alegar, no entanto, que falece ao assistente interesse jurídico para intervir a bem do assistido, o juiz:

I – determinará, sem suspensão do processo, o desentranhamento da petição e da impugnação, a fim de serem autuadas em apenso;

II – autorizará a produção de provas;

III – decidirá, dentro de 5 (cinco) dias, o incidente.

O assistente atuará como auxiliar da parte principal, exercerá os mesmos poderes e sujeitar-se-á aos mesmos ônus processuais que o assistido (CPC, art. 121). Assim, se o assistido ficar vencido, o assistente será condenado nas custas em proporção à atividade que houver exercido no processo (CPC, art. 94).

Sendo revel ou, de qualquer outro modo, omisso o assistido, o assistente será considerado seu substituto processual.

A assistência simples não obsta a que a parte principal reconheça a procedência do pedido, desista da ação ou transija sobre direitos controvertidos (CPC, art. 122).

Considera-se litisconsorte da parte principal o assistente sempre que a sentença influir na relação jurídica entre ele e o adversário do assistido (CPC, art. 124).

A assistência litisconsorcial equivale a um litisconsórcio passivo ulterior e terá como exemplo mais significativo a intervenção processual do titular do direito material nos casos de substituição processual (ex. o próprio trabalhador quando o sindicato atuar mediante substituição processual – legitimidade extraordinária).

Transitada em julgado a sentença no processo em que interveio o assistente, este não poderá, em processo posterior, discutir a justiça da decisão, salvo se alegar e provar que (CPC, art. 123):

I – pelo estado em que recebera o processo, ou pelas declarações e atos do assistido, fora impedido de produzir provas suscetíveis de influir na sentença;

II – desconhecia a existência de alegações ou de provas de que o assistido, por dolo ou culpa, não se valeu.

Denunciação da lide

Durante muitos anos a denunciação da lide (que possui natureza jurídica de ação incidental) não foi admitida no processo do trabalho, com base na OJ 227 da SBDI-1 do TST ("*Denunciação da lide. Processo do Trabalho. Incompatibilidade*"), cancelada em 22-11-2005.

Atualmente, a aludida intervenção de terceiro será cabível àquele que estiver obrigado, pela lei ou contrato (em decorrência de relação do trabalho), a indenizar, por meio de ação regressiva (cuja competência também seja da Justiça do Trabalho), o prejuízo do que perder a demanda (inteligência do art. 125, II, do CPC) ou na hipótese de *factum principis* (CLT, art. 486), em razão da responsabilidade do governo em pagar indenização pela extinção do vínculo empregatício decorrente de paralisação temporária ou definitiva do trabalho, motivada por ato de autoridade municipal, estadual ou federal, ou pela promulgação de lei ou resolução que impossibilite a continuação da atividade

A notificação do denunciado será requerida no momento da defesa e, uma vez ordenada, ficará suspenso o processo.

Feita a denunciação pelo reclamado (CPC, art. 128):

I – se o denunciado contestar o pedido, o processo prosseguirá tendo, na ação principal, em litisconsórcio, denunciante e denunciado;

II – se o denunciado for revel, o denunciante pode deixar de prosseguir com sua defesa, eventualmente oferecida, e abster-se de recorrer, restringindo sua atuação à ação regressiva;

III – se o denunciado confessar os fatos alegados pelo reclamante na ação principal, o denunciante poderá prosseguir com sua defesa ou, aderindo a tal reconhecimento, pedir apenas a procedência da ação de regresso.

A ação principal sempre manterá com a denunciação da lide uma relação de prejudicialidade. Dessa forma, se o denunciante for vencido na ação principal, o juiz passará ao julgamento da denunciação da lide (CPC, art. 129). Se, em contrapartida, o denunciante for vencedor, a ação de denunciação não terá o seu pedido examinado, sem prejuízo da condenação do denunciante ao pagamento das verbas de sucumbência em favor do denunciado.

Chamamento ao processo

Será admissível o chamamento ao processo de todos os devedores solidários, quando o reclamante exigir de um ou de alguns deles, parcial ou totalmente, a dívida comum (CPC, art. 130, III).

À luz do que dispõe o art. 9º da CLT c/c art. 942, parágrafo único, do CC, os coautores responderão solidariamente com os autores na ocorrência de práticas fraudulentas e atos ilícitos (inclusive na terceirização), comportando a utilização do chamamento ao processo.

Para que o juiz declare, na mesma sentença, as responsabilidades dos obrigados, o reclamado requererá, no momento da defesa, a notificação inicial dos chamados.

A sentença que julgar procedente a ação, condenando os devedores, valerá como título executivo em favor do que satisfizer a dívida, para exigi-la, por inteiro, do devedor principal, ou de cada um dos codevedores a sua quota, na proporção que lhes tocar.

1.8.4. EXCEÇÃO

A partir de uma interpretação sistemática do art. 799 da CLT, nas causas sujeitas à jurisdição da Justiça do Trabalho, poderão ser opostas, com suspensão do feito, as exceções de incompetência relativas, suspeição ou impedimento.

Exceção de incompetência relativa

Será considerada relativa a incompetência territorial, extraída do disposto no art. 651 da CLT.

Com o advento da Lei n. 13.467/2017, a exceção de incompetência territorial será apresentada no prazo de cinco dias a contar do recebimento da notificação (sob pena de preclusão, deduz-se), antes da audiência e em peça que sinalize a existência desta exceção (inteligência do novo art. 800, *caput*, da CLT).

Protocolada a petição, será suspenso o processo e não se realizará a audiência principal dos autos até que se decida a exceção (inteligência do art. 800, § 1º, da CLT).

Os autos serão imediatamente conclusos ao juiz, que intimará o reclamante e, se existentes, os litisconsortes, para manifestação no prazo comum de cinco dias (CLT, art. 800, § 2º)

Se entender necessária a produção de prova oral, o juízo designará audiência, garantindo o direito de o excipiente (que opôs da exceção) e de suas testemunhas serem ouvidos, por carta precatória, no juízo que este houver indicado como competente (CLT, art. 800, § 3º).

Decidida a exceção de incompetência territorial, o processo retomará seu curso, com a designação da audiência principal, a apresentação de defesa e a instrução processual perante o juízo competente (CLT, art. 800, § 4º).

Importante destacar, no entanto, que prorrogar-se-á a competência se o reclamado não opuser exceção declinatória (indicando o juízo para o qual se declina), nos casos e prazos legais – *perpetuatio jurisdictionis* (CPC, art. 65).

Em contrapartida, as incompetências materiais (extraídas dos imperativos do art. 114 da CF) ou funcionais (originárias ou hierárquicas), consideradas absolutas, deverão ser declaradas *ex officio* e comportam alegação em qualquer tempo (inclusive como preliminar de contestação) e grau de jurisdição, impossibilitando a prorrogação de competência.

Convém destacar, por oportuno, que reconhecida a incompetência material ou funcional, os atos decisórios (de provimento) e os que deles dependam serão considerados nulos, remetendo se os autos ao órgão do Poder Judiciário competente. Nessa linha, os atos instrutórios e de desenvolvimento, mesmo que praticados por juiz absolutamente incompetente, poderão ser aproveitados.

Exceção de suspeição ou impedimento

Consoante dispõe o art. 801 da CLT, o juiz é obrigado a dar-se por suspeito, e pode ser recusado, por algum dos seguintes motivos, em relação à pessoa dos litigantes:

a) inimizade pessoal;

b) amizade íntima;

c) parentesco por consanguinidade ou afinidade até o terceiro grau civil;

d) interesse particular na causa.

O mesmo artigo legal destaca, em seu parágrafo único, que, se o recusante houver praticado algum ato pelo qual haja consentido na pessoa do juiz, não mais poderá alegar exceção de suspeição, salvo sobrevindo novo motivo. E ainda que a suspeição não será admitida, se do processo constar que o recusante deixou de alegá-la anteriormente, quando já a conhecia, ou que, depois de conhecida, aceitou o juiz recusado ou, finalmente, se procurou de propósito o motivo de que ela se originou.

O magistrado poderá também se declarar suspeito por motivo íntimo, sem necessidade de declarar suas razões (CPC, art. 145, § 1º).

A doutrina consagra a aplicação subsidiária e adaptada do Código de Processo Civil ao processo do trabalho, no que tange às causas de impedimento do magistrado.

Assim, fica defeso ao juiz exercer as suas funções no processo (CPC, art. 144):

I – em que interveio como mandatário da parte, oficiou como perito, funcionou como membro do Ministério Público ou prestou depoimento como testemunha;

II – de que conheceu em outro grau de jurisdição, tendo proferido decisão;

III – quando nele estiver postulando, como defensor público, advogado ou membro do Ministério Público, seu cônjuge ou companheiro, ou qualquer parente, consanguíneo ou afim, em linha reta ou colateral, até o terceiro grau, inclusive;

IV – quando for parte no processo ele próprio, seu cônjuge ou companheiro, ou parente, consanguíneo ou afim, em linha reta ou colateral, até o terceiro grau, inclusive;

V – quando for sócio ou membro de direção ou de administração de pessoa jurídica parte no processo.

Na hipótese relacionada ao patrono da parte, o impedimento somente se verificará quando o defensor público, o advogado ou o membro do Ministério Público já integrava o processo antes do início da atividade judicante do juiz.

Quando dois ou mais juízes forem parentes, consanguíneos ou afins, em linha reta ou colateral, até o terceiro grau, inclusive, o primeiro que conhecer do processo impede que o outro nele atue, caso em que o segundo se escusará, remetendo o processo ao seu substituto legal (CPC, art. 147).

Também se aplicam os motivos de suspeição e impedimento ao membro do Ministério Público e aos auxiliares da justiça (CPC, art. 148).

As exceções de suspeição ou impedimento deverão ser oferecidas pelo excipiente em petição autônoma.

No processo do trabalho, a aludida exceção apenas poderá ser oposta na audiência inaugural, após a conciliação, no prazo de resposta do reclamado.

O juiz ou Tribunal designará audiência, dentro de 48 (quarenta e oito) horas, para instrução e julgamento (CLT, art. 802, *caput*).

Acolhida a exceção de suspeição ou impedimento, será convocado substituto legal na mesma audiência ou na seguinte. Em se tratando de juiz de direito no exercício da jurisdição trabalhista, será este substituído na forma da organização judiciária local.

Efeitos da decisão

Das decisões sobre exceções de incompetência relativa, suspeição ou impedimento, salvo se terminativas do feito, não caberá recurso, podendo, no entanto, as partes alegá-las novamente no recurso que couber da decisão final (CLT, art. 799, § 2º).

A única ressalva está sedimentada em entendimento sumular, contemplando a decisão que acolhe exceção de incompetência territorial, com a remessa dos autos para Tribunal Regional distinto daquele a que se vincula o juízo excepcionado (Súmula 214, *c*, do TST), combatível por recurso ordinário.

1.8.5. IMPUGNAÇÃO DO VALOR DA CAUSA

Disciplina o art. 2º, § 1º, da Lei n. 5.584/70 que, em audiência, ao aduzir razões finais, poderá qualquer das partes impugnar o valor dado à causa (espécie de exceção ao valor da causa).

Com o advento da Lei n. 9.957/2000, que introduziu o procedimento sumaríssimo com rito instrutório próprio, o momento processual lógico para impugnação ao valor da causa passou a ser o prazo de resposta do reclamado, sob pena de preclusão.

Em contrapartida, uma vez oferecida a impugnação, o autor da ação será instado a se manifestar imediatamente, proferindo o juiz sua decisão.

1.9. SANEAMENTO DO PROCESSO

Diferente do processo civil, no processo do trabalho não há prazo legal previsto para réplica (manifestação sobre documentos etc.), nem despacho saneador formal. Contudo, antes de passar à instrução processual, em observância ao princípio da celeridade, o magistrado deverá observar se o processo não comporta extinção, nas hipóteses previstas nos arts. 485 e 487, II a V, ou o julgamento antecipado, na forma do art. 355 do CPC.

Assim, o juiz julgará antecipadamente o pedido, proferindo sentença com resolução de mérito, quando:

I – não houver necessidade de produção de outras provas em audiência;

II – o reclamado for revel, presumindo-se verdadeiras as alegações de fato formuladas pelo autor e não houver requerimento de prova.

Não sendo o caso, fixará os pontos controvertidos e dará início à fase instrutória da audiência.

1.10. JULGAMENTO ANTECIPADO DO MÉRITO

Por aplicação subsidiária do CPC, nos termos da IN 39/2016 do TST, o juiz decidirá parcialmente o mérito quando um ou mais dos pedidos formulados ou parcela deles (CPC, art. 356):

I – mostrar-se incontroverso;

II – estiver em condições de imediato julgamento.

A decisão que julgar parcialmente o mérito poderá reconhecer a existência de obrigação líquida ou ilíquida.

A parte poderá liquidar ou executar, desde logo, a obrigação reconhecida na decisão que julgar parcialmente o mérito, independentemente de caução, ainda que haja recurso contra esse interposto. Havendo trânsito em julgado da decisão, a execução se tornará definitiva.

A liquidação e a execução da decisão que julgar parcialmente o mérito poderão ser processadas em autos suplementares, a requerimento da parte ou a critério do juiz.

1.11. *AMICUS CURIAE*

Considerando a relevância da matéria, a especificidade do tema objeto da demanda ou a repercussão social da controvérsia, o juiz poderá, por decisão irrecorrível, de ofício ou a requerimento das partes ou de quem pretenda manifestar-se, solicitar ou admitir a participação de pessoa natural ou jurídica, órgão ou entidade especializada, com representatividade adequada, no prazo de 15 (quinze) dias de sua intimação.

A intervenção não implica alteração de competência nem autoriza a interposição de recursos. Caberá ao juiz, na decisão que solicitar ou admitir a intervenção, definir os poderes do *amicus curiae*.

1.12. A PROVA NO PROCESSO DO TRABALHO

A produção da prova no processo trabalhista será sempre pautada no princípio da busca da verdade real.

Ainda que o comando legal esteja inserido no contexto do procedimento sumaríssimo (CLT, art. 852-D), o juiz do trabalho dirigirá qualquer processo com liberdade para determinar as provas a serem produzidas, considerando o ônus probatório de cada litigante, podendo limitar ou excluir as que considerar excessivas, impertinentes ou protelatórias, bem como para apreciá-las e dar especial valor às regras de experiência comum ou técnica.

O juiz aplicará as regras de experiência comum subministradas pela observação do que ordinariamente acontece e, ainda, as regras da experiência técnica, ressalvado, quanto a estas, o exame pericial (CPC, art. 375).

A parte que alegar direito municipal, estadual, estrangeiro ou consuetudinário provar-lhe-á o teor e a vigência, se assim o determinar o juiz (CPC, art. 376). Trata-se de uma exceção ao princípio da *iuria novit curia* (segundo o qual o juiz conhece do direito).

Ninguém se exime do dever de colaborar com o Poder Judiciário para o descobrimento da verdade (CPC, art. 378).

1.12.1 OS MEIOS DE PROVA

As partes têm o direito de empregar todos os meios legais, bem como os moralmente legítimos, para provar a verdade dos fatos em que se funda o pedido ou a defesa e influir eficazmente na convicção do juiz (inteligência do art. 369 do CPC).

São considerados meios legais de prova: a) a prova documental; b) a prova testemunhal; c) a prova pericial; e d) a inspeção judicial.

Alguns fatos em que se funda a reclamatória ou defesa independem de provas. São eles (CPC, art. 374):

I – notórios;

II – afirmados por uma parte e confessados pela parte contrária;

III – admitidos no processo como incontroversos;

IV – em cujo favor milita presunção legal de existência ou veracidade.

Fatos notórios

Notórios são os fatos evidentes, ou seja, de conhecimento público (ex.: o trânsito caótico e a violência nas grandes capitais).

Confissão

Haverá confissão quando a parte admitir a verdade de um fato, contrário ao seu interesse e favorável ao do adversário (inteligência do art. 389 do CPC). A admissão da verdade poderá ser real (rainha das provas) ou ficta.

A confissão será real quando os fatos forem espontaneamente admitidos pela própria parte (confissão espontânea) ou quando declarados em interrogatório determinado pelo juízo (confissão provocada). As declarações do confitente não prejudicam os litisconsortes.

Não valerá como confissão a admissão, em juízo, de fatos relativos a direitos indisponíveis (CPC, art. 392) ou àqueles referentes a ato jurídico que exija documento público como de sua substância (inteligência do art. 406 do CPC).

Será ficta quando a parte se ausentar da audiência em que deveria depor ou se recusar a prestar depoimento acerca de fatos relativos ao direito em litígio.

A confissão é irrevogável, mas pode ser anulada se decorreu de erro de fato ou de coação (CPC, art. 393).

Por ser, em regra, indivisível, não pode a parte, que quiser invocar como prova, aceitar a confissão no tópico que a beneficiar e rejeitá-la no que lhe for desfavorável. Contudo, poderá ser cindida quando o confitente a ela aduzir fatos novos, capazes de constituir fundamento de defesa de direito material ou de reconvenção (CPC, art. 395).

A parte confessa fica vedada de produzir prova posterior. Contudo, a vedação não afetará o exercício, pelo magistrado, do poder/dever de conduzir o processo (inteligência da Súmula 74, III, do TST).

A confissão ficta frui de veracidade relativa e deverá ser confrontada com o conjunto probatório pré-constituído (prova documental e, eventualmente, prova pericial).

A prova pré-constituída nos autos pode ser levada em conta para confronto com a confissão ficta (arts. 442 e 443 do CPC/2015; art. 400, I, do CPC/73), não implicando cerceamento de defesa o indeferimento de provas posteriores (Súmula 74, II, do TST).

Fatos incontroversos

Incontroversos são os fatos que não comportam dúvida, posto que admitidos por ambas as partes ou alegados por uma e aceitos pela outra.

Entretanto, o fato admitido por um litisconsorte e impugnado por outro revela-se controverso.

O pagamento de adicional de periculosidade efetuado por mera liberalidade da empresa, ainda que de forma proporcional ao tempo de exposição ao risco ou em percentual inferior ao máximo legalmente previsto, dispensa a realização da prova técnica exigida pelo art. 195 da CLT, pois torna incontroversa a existência do trabalho em condições perigosas (OJ 406 da SBDI-1 do TST).

Presunção

A presunção se consubstancia na suposição da existência e veracidade de um fato ou da validade de um documento. Ela poderá estar baseada na lei, em experiências anteriores ou nos usos e costumes.

Não se confunda, contudo, presunção com indícios, visto que estes apenas representam sinais indicativos da existência ou da veracidade de um fato, mas sem força dedutiva lógica suficiente para supô-lo.

A presunção absoluta não admite prova em contrário, sendo denominada *jure et de jure*.

Por outro lado, a presunção relativa pode ser elidida por prova em contrário, sendo intitulada *juris tantum*.

A presunção de veracidade da jornada de trabalho, ainda que prevista em instrumento normativo, pode ser elidida por prova em contrário (Súmula 338, II, do TST).

Por aplicação do art. 341 do CPC, caberá ao reclamado manifestar-se precisamente sobre os fatos narrados na petição inicial (princípio da impugnação especificada). Caso contrário, presumir-se-ão verdadeiros os fatos não impugnados, salvo se:

I – não for admissível, a seu respeito, a confissão;

II – a petição inicial não estiver acompanhada do instrumento público que a lei considerar da substância do ato;

III – estiver em contradição com a defesa, considerada em seu conjunto.

Ainda no âmbito processual, presume-se recebida a notificação 48 (quarenta e oito) horas depois de sua postagem. O seu não recebimento ou a entrega após o decurso desse prazo constituem ônus de prova do destinatário (Súmula 16 do TST).

O art. 74, § 2º, da CLT, por sua vez, disciplina que nos estabelecimentos com mais de dez trabalhadores será obrigatória a anotação da hora de entrada e saída, em registro manual, mecânico ou eletrônico, devendo haver, inclusive, pré-assinalação do período de repouso (previsão estimada do início e do término do intervalo intrajornada). Destarte, a não apresentação injustificada dos controles de frequência (cartões de ponto) para as empresas que contem com mais de dez funcionários gera presunção relativa de veracidade da jornada de trabalho informada pelo trabalhador e da ausência de fruição regular do intervalo para refeição e descanso.

É ônus do empregador que conta com mais de 10 (dez) empregados o registro da jornada de trabalho na forma do art. 74, § 2º, da CLT. A não apresentação injustificada dos controles de frequência gera presunção relativa de veracidade da jornada de trabalho, a qual pode ser elidida por prova em contrário (Súmula 338, I, do TST).

O direito material também revela alguns fatos que comportam presunção.

O art. 29 da CLT exige do empregador, ao admitir um empregado, as anotações relativas à data de admissão, remuneração e demais condições especiais na CTPS do trabalhador. Assim, as anotações apostas em carteira profissional geram presunção relativa.

As anotações apostas pelo empregador na carteira profissional do empregado não geram presunção *juris et de jure*, mas apenas *juris tantum* (Súmula 12 do TST).

Na mesma esteira, o art. 62, I, da CLT exige que os empregados exercentes de atividade externa incompatível de fixação de horário de trabalho tenham tal condição anotada em CTPS e no livro de registro dos empregados (art. 41 da CLT). Dessa forma, a ausência das correspondentes anotações na carteira profissional gera a presunção relativa de compatibilidade da atividade externa com a fixação de horário de trabalho e, por conseguinte, a possibilidade de sobrejornada (horas extraordinárias).

Seguindo a linha, o art. 469, § 1º, da CLT restringe a possibilidade de transferência unilateral do trabalhador à hipótese de real necessidade do serviço, presumindo-se abusiva diante da ausência de comprovação.

Presume-se abusiva a transferência de que trata o § 1º do art. 469 da CLT, sem comprovação da necessidade do serviço (Súmula 43 do TST).

Por fim, é de destacar a Súmula 212 do TST, segundo a qual o ônus de provar o término do contrato de trabalho, quando negados a prestação de serviço e o despedimento, é do empregador, pois o princípio da continuidade da relação de emprego constitui presunção favorável ao empregado.

1.12.2. A PROVA DOCUMENTAL

Além da representação material escrita tradicional, o conceito de documento também abrange as reproduções mecânicas: fotográficas, cinematográficas, fonográficas e de outras espécies (inteligência do art. 422 do CPC).

Diante da dificuldade do trabalhador em obter cópia ou uma das vias dos instrumentos que assina durante o vínculo empregatício, a prova documental enfrenta maiores desafios na Justiça Especializada.

No tocante à polêmica envolvendo a licitude da gravação telefônica (ou mesmo do ambiente de trabalho), assim a jurisprudência se pronuncia:

"Na esteira do entendimento firmado pelo Supremo Tribunal Federal, esta Corte tem se posicionado no sentido de que é lícita a gravação de conversa telefônica por um dos interlocutores quando não existir causa legal de sigilo ou de reserva da conversação" (TST-RR 132200-98.2007.5.17.0010).

"Como gravação meramente clandestina, que se não confunde com a interceptação, objeto de vedação constitucional, é lícita a prova consistente no teor de gravação telefônica realizada por um dos interlocutores, sem conhecimento do outro, se não há causa específica de sigilo nem de reserva da conversação, sobretudo quando se predestine a fazer prova, em juízo ou inquérito, a favor de quem a gravou" (STF-RE 402.717/PR).

Como já estudado, a reclamação trabalhista escrita deverá, desde logo, ser instruída com os documentos em que se fundar (CLT, art. 787). A defesa, por sua vez, deverá conter os documentos comprobatórios dos fatos impeditivos, extintivos ou modificativos do direito do reclamante (CLT, art. 845).

Os citados dispositivos legais do diploma consolidado se coadunam com o art. 434 do CPC, segundo o qual compete à parte instruir a petição inicial (art. 320), ou a resposta (art. 335), com os documentos destinados a provar-lhe as alegações.

Vale destacar, no entanto, que será lícito às partes, em qualquer tempo, juntar aos autos documentos novos, quando destinados a fazer prova de fatos ocorridos depois dos articulados, ou para contrapô-los aos que foram produzidos nos autos (CPC, art. 435).

Não se consideram documentos novos, no entanto, as cópias de sentença ou acórdãos que sirvam apenas para comprovar testes de direito, até porque documentos provam fatos e não teses jurídicas.

Relembrando, o documento redigido em língua estrangeira somente poderá ser juntado aos autos quando acompanhado de versão em língua portuguesa tramitada por via diplomática ou pela autoridade central, ou firmada por tradutor juramentado (CPC, art. 192).

A autenticidade dos documentos

O documento em cópia oferecido como prova poderá ser declarado autêntico pelo próprio advogado, sob sua responsabilidade pessoal (CLT, art. 830, *caput*).

Impugnada a autenticidade da reprodução, a parte que a produziu será intimada para apresentar cópias devidamente autenticadas ou o original, cabendo ao serventuário competente proceder à conferência e certificar a conformidade entre esses documentos (CLT, art. 830, parágrafo único).

O instrumento normativo em cópia não autenticada possui valor probante, desde que não haja impugnação ao seu conteúdo, eis que se trata de documento comum às partes (OJ 36, SBDI-1, do TST).

De conformidade com o art. 425 do CPC, também fazem a mesma prova que os originais: a) os extratos digitais de bancos de dados, públicos e privados, desde que atestado pelo seu emitente, sob as penas da lei, que as informações conferem com o que consta na origem; b) as reproduções digitalizadas de qualquer documento, público ou particular, quando juntados aos autos pelos órgãos da Justiça e seus auxiliares, pelo Ministério Público e seus auxiliares, pelas procuradorias, pelas repartições públicas em geral e por advogados públicos ou privados, ressalvada a alegação motivada e fundamentada de adulteração antes ou durante o processo de digitalização.

Os originais dos citados documentos digitalizados deverão ser preservados pelo seu detentor até o final do prazo para interposição de ação rescisória.

Tratando-se de cópia digital de título executivo extrajudicial ou outro documento relevante à instrução do processo, o juiz poderá determinar o seu depósito em secretaria.

A falsidade documental

A falsidade documental consiste (CPC, art. 427, parágrafo único) em:

I – formar documento não verdadeiro;

II – alterar documento verdadeiro.

Cessa a fé do documento particular quando: a) for impugnada sua autenticidade e enquanto não se comprovar sua veracidade; ou b) assinado em branco, for impugnado seu conteúdo, por preenchimento abusivo (CPC, art. 428).

Dar-se-á abuso quando aquele que recebeu documento assinado, com texto não escrito no todo ou em parte, formá-lo ou completá-lo por si ou por meio de outrem, violando o pacto feito com o signatário.

A falsidade deve ser suscitada na contestação, na réplica ou no prazo de 15 (quinze) dias, contado a partir da intimação da juntada do documento aos autos.

A parte arguirá a falsidade expondo os motivos em que funda a sua pretensão e os meios com que provará o alegado.

Depois de ouvida a outra parte no prazo de 15 (quinze) dias, será realizado o exame pericial.

Todavia, não se procederá à perícia se a parte que produziu o documento concordar em retirá-lo. Incumbe o ônus da prova quando (CPC, art. 429):

I – se tratar de falsidade de documento ou preenchimento abusivo, à parte que a arguir;

II – se tratar de impugnação da autenticidade, à parte que produziu o documento.

A declaração sobre a falsidade do documento, quando suscitada como questão principal, constará da parte dispositiva da sentença e sobre ela incidirá também a autoridade da coisa julgada (CPC, art. 433).

A requisição de documentos

O magistrado requisitará às repartições públicas, em qualquer tempo ou grau de jurisdição, as certidões necessárias à prova das alegações das partes (CPC, art. 438, I).

Exibição de documentos

Por aplicação subsidiária e adaptada dos arts. 396 e seguintes do CPC, o juiz poderá ordenar que a parte exiba documento que se ache em seu poder.

O pedido formulado pelo interessado conterá (CPC, art. 397):

a) a individuação, tão completa quanto possível, do documento;

b) a finalidade da prova, indicando os fatos que se relacionam com o documento;

c) as circunstâncias em que se funda o requerente para afirmar que o documento existe e se acha em poder da parte contrária.

Se o requerido, quando intimado, afirmar que não possui o documento, o magistrado permitirá que o requerente prove, por qualquer meio, que a declaração não corresponde à verdade.

O juiz não admitirá a recusa (CPC, art. 399):

I – se o requerido tiver obrigação legal de exibir;

II – se o requerido aludiu ao documento, no processo, com o intuito de constituir prova;

III – se o documento, por seu conteúdo, for comum às partes.

Ao decidir o pedido, o magistrado admitirá como verdadeiros os fatos que, por meio do documento, a parte pretendia provar (CPC, art. 400):

a) se o requerido não efetuar a exibição nem fizer qualquer declaração no prazo legal concedido;

b) se a recusa for havida por ilegítima.

A indispensabilidade da prova documental

Exigem prova documental, devendo ser comprovada a inexistência ou impossibilidade de sua produção:

a) o pagamento de salários (CLT, art. 464);

b) o pedido de demissão ou termo de quitação das verbas rescisórias de empregados com mais de 1 (um) ano de serviço até 10-11-2017 (vigência da Lei n. 13.467/2017, que revogou o art. 477, § 1º, da CLT);

c) o controle de horário de trabalho nas empresas com mais de 10 (dez) funcionários (CLT, art. 74, § 2º).

1.12.3. A PROVA TESTEMUNHAL

A prova testemunhal será admissível com maior amplitude no processo trabalhista. Contudo, é cediço que a memória de um ser humano está sujeita a muitas interferências, possibilitando falsas percepções (diante de forte carga emocional) ou distorções da realidade (pelo decurso excessivo do tempo), o que também será ponderado na avaliação da referida prova.

A parte poderá, inclusive, provar por intermédio de testemunhas:

a) a divergência entre a vontade real e a vontade declarada nos contratos simulados;

b) os vícios de consentimento contidos em qualquer documento relativo ao contrato de trabalho.

No entanto, deverá ser indeferida a prova testemunhal diante de fatos (CPC, art. 443):

I – já provados por documento ou confissão da parte;

II – que só por documento ou por exame pericial puderem ser provados.

Quando a lei exigir instrumento público como da substância do ato, nenhuma prova, por mais especial que seja, poderá suprir-lhe a falta (CPC, art. 406).

No que tange às pessoas, dispõe o art. 829 da CLT que a testemunha que for parente até o terceiro grau civil, amigo íntimo ou inimigo de qualquer das partes, não prestará compromisso, e seu depoimento valerá como simples informação.

Contudo, não parece ter o diploma consolidado estabelecido uma relação taxativa de impedidos e suspeitos para depor.

Por aplicação subsidiária e adaptada do Código de Processo Civil, também deverá ser considerado impedido: aquele que for parte na causa (CPC, art. 447, § 2º, II) e suspeito: aquele que tiver interesse no litígio (CPC, art. 447, § 3º, IV).

Convém destacar, entretanto, que não torna suspeita a testemunha o simples fato de estar litigando ou de ter litigado contra o mesmo empregador (Súmula 357 do TST).

Além dos impedidos e suspeitos, há que se incluir, como regra geral, na proibição legal de testemunhar os incapazes.

Serão considerados incapazes, para fins processuais (CPC, art. 447, § 1º):

I – o interdito por enfermidade ou deficiência mental;

II – o que, acometido por enfermidade ou retardamento mental, ao tempo em que ocorreram os fatos, não podia discerni-los; ou, ao tempo em que deve depor, não estiver habilitado a transmitir as percepções;

III – o que tiver menos de 14 anos (idade mínima para o trabalho do aprendiz);

IV – o cego e o surdo, quando a ciência do fato depender dos sentidos que lhes faltam.

Em inteligência ao citado art. 829 da CLT, mesmo diante da impugnação da testemunha impedida ou suspeita (por meio de contradita), poderá o magistrado, reputando necessária a oitiva para o julgamento do mérito, dispensar o compromisso daquela e admitir seu depoimento como simples informação.

Segundo jurisprudência vanguardista, o mesmo entendimento vem prevalecendo em relação ao incapaz menor de 14 (catorze) anos, desde que sua incapacidade se revele meramente jurídica.

Consoante demonstrado, com exceção feita aos impedidos, suspeitos ou incapazes, qualquer pessoa poderá contribuir para a produção da prova testemunhal, prestando depoimento com o compromisso de dizer apenas a verdade, sob as penas da lei.

Nessa linha, o juiz da causa, quando convidado como testemunha, poderá (CPC, art. 452 – aplicado de forma adaptada):

a) declarar-se-á impedido, se tiver conhecimento de fatos que possam influir na decisão, caso em que será vedado à parte desistir de seu depoimento;

b) se nada souber, apenas recusar o convite.

As testemunhas não poderão sofrer qualquer desconto pelas faltas ao serviço, ocasionadas pelo seu comparecimento para depor (CLT, art. 822).

1.12.4. A PROVA PERICIAL

A prova pericial consiste em exame (análise de pessoa para extrair uma informação desejada), vistoria (observação de bem para constatar eventuais danos) ou avaliação (atribuição de valor a um bem).

Somente quando a prova do fato o exigir (pois está acima do conhecimento de uma pessoa comum), ou for legalmente imposta, será deferida prova técnica, incumbindo ao juiz, desde logo, fixar prazo, o objeto da perícia e nomear perito (médico ou engenheiro do trabalho), entre os profissionais legalmente habilitados e os órgãos técnicos ou científicos devidamente inscritos em cadastro mantido pelo tribunal ao qual o juiz está vinculado (CLT, art. 852-H, § 4º, c/c CPC, art. 156, § 1º).

Nessa linha, a prova pericial será indeferida quando (art. 464, § 1º, do CPC):

I – a prova do fato não depender do conhecimento especial do técnico;

II – for desnecessária em vista de outras provas produzidas;

III – a verificação for impraticável (por impossibilidade física, uma vez que a pessoa, coisa ou lugar não mais existe).

Arguida em juízo insalubridade ou periculosidade, seja por empregado, seja por sindicato em favor de grupo de associados, o juiz designará perito habilitado e, onde não houver, requisitará perícia ao órgão competente do Ministério do Trabalho (art. 195, § 2º, da CLT).

O art. 195 da CLT não faz qualquer distinção entre o médico e o engenheiro para efeito da caracterização e classificação da insalubridade e periculosidade, bastando para a elaboração do laudo seja o profissional devidamente qualificado (OJ 165, SBDI-1, do TST).

Como visto, no processo do trabalho, à luz do art. 195 da CLT, a caracterização e a classificação da insalubridade e da periculosidade far-se-ão mediante perícia a cargo de médico ou engenheiro do trabalho, razão pela qual, uma vez arguida em juízo, o juiz necessariamente deverá designar perito habilitado, não se admitindo a confissão na matéria diante de eventual revelia do reclamado.

O ofício do *expert* é, portanto, esclarecer o magistrado acerca das questões técnicas ou científicas de maior complexidade, o que se fará mediante entrega de um laudo, no prazo fixado, podendo também ser ouvido pessoalmente.

Assim, a parte que desejar esclarecimentos diretamente do perito requererá ao juiz que mande intimá-lo a comparecer à audiência trabalhista.

Permitir-se-á a cada parte a indicação de um assistente técnico, cujo laudo terá de ser apresentado no mesmo prazo assinado para o perito, sob pena de ser desentranhado dos autos (Lei n. 5.584/70, art. 3º, parágrafo único).

A indicação do perito assistente é faculdade da parte, a qual deve responder pelos respectivos honorários, ainda que vencedora no objeto da perícia (Súmula 341 do TST).

A parte poderá, ainda, dentro do lapso temporal definido pelo magistrado, apresentar quesitos (regulares e suplementares) ao perito (inteligência do art. 465, § 1º, I e II, c/c art. 469 do CPC).

Competirá ao juiz (CPC, art. 470):

a) indeferir quesitos impertinentes;

b) formular os que entender necessários ao esclarecimento da causa.

O perito cumprirá escrupulosamente o encargo que lhe foi cometido, independentemente de termo de compromisso. Quando, por dolo ou culpa, prestar informações inverídicas, responderá pelos prejuízos que causar à parte e ficará inabilitado para atuar em outras perícias no prazo de 2 (dois) a 5 (cinco) anos, independentemente das demais sanções previstas em lei, devendo o juiz comunicar o fato ao respectivo órgão de classe para adoção das medidas que entender cabíveis (CPC, art. 158).

O *expert* poderá escusar-se ou ser recusado por impedimento ou suspeição (CPC, art. 148, II). Ao aceitar a escusa ou julgar procedente a impugnação, o juiz nomeará novo perito (CPC, art. 467).

Poderá, ainda, ser substituído quando (CPC, art. 468):

I – carecer de conhecimento técnico ou científico;

II – sem motivo legítimo, deixar de cumprir o encargo no prazo que lhe foi assinado.

Os assistentes técnicos serão de confiança da parte, não sujeitos a impedimento ou suspeição.

Para o desempenho de sua função, podem o perito e os assistentes técnicos valer-se de todos os meios necessários, ouvindo testemunhas, obtendo informações, solicitando documentos que estejam em poder de parte ou em repartições públicas, bem como instruir o laudo com planilhas, mapas, plantas, desenhos, fotografias ou outros elementos necessários ao esclarecimento do objeto da perícia (CPC, art. 476, § 3º).

As partes terão ciência da data e do local designados pelo juiz ou indicados pelo perito para ter início a produção da prova (CPC, art. 474).

Tratando-se de perícia complexa, que abranja mais de uma área de conhecimento especializado, o juiz poderá nomear mais de um perito e a parte indicar mais de um assistente técnico (CPC, art. 475).

Quando o exame tiver por objeto a autenticidade ou a falsidade de documento, ou for de natureza médico-legal, o perito será escolhido, de preferência, entre os técnicos dos estabelecimentos oficiais especializados, a cujos diretores o juiz autorizará a remessa dos autos, bem como do material sujeito a exame (CPC, art. 478).

Se o objeto do exame for a autenticidade da letra e firma (grafotécnico), o perito poderá requisitar, para efeito de comparação, documentos existentes em repartições públicas e, na falta destes, poderá requerer ao juiz que a pessoa a quem se atribuir a autoria do documento lance em folha de papel, por cópia, ou sob ditado, dizeres diferentes, para fins de comparação.

Não compete ao perito emitir juízo quanto à pretensão deduzida no processo, quer examinando teses jurídicas, quer opinando acerca de quem tenha razão. Portanto, o laudo pericial deve se ater apenas ao exame, vistoria ou avaliação realizados sobre o objeto requerido.

No entanto, importante salientar que o juiz representa o *peritus peritorum* (o perito dos peritos), razão pela qual apreciará a prova pericial, indicando na sentença os motivos que o levaram a considerar ou deixar de considerar as conclusões do laudo, levando em conta o método utilizado pelo perito (CPC, art. 479).

1.12.5. A INSPEÇÃO JUDICIAL

O magistrado, de ofício ou a requerimento da parte, pode, em qualquer fase do processo, inspecionar pessoas ou coisas, a fim de esclarecer sobre fato que interesse à decisão da causa (CPC, art. 481).

O juiz irá ao local onde se encontre a pessoa ou coisa quando (art. 483 do CPC):

I – julgar necessário para a melhor verificação ou interpretação dos fatos que deva observar;

II – a coisa não puder ser apresentada em juízo, sem consideráveis despesas ou graves dificuldades;

III – determinar a reconstituição dos fatos (possível, em tese, na seara trabalhista, na apuração de ilícitos graves e de grande repercussão).

As partes têm sempre direito a assistir à inspeção, prestando esclarecimentos e fazendo observações que reputem de interesse para a causa.

Concluída a diligência, o magistrado mandará lavrar auto circunstanciado, mencionando nele tudo quanto for útil ao julgamento da causa, inclusive desenhos, gráficos ou fotografias (CPC, art. 484).

1.12.6. O ÔNUS DA PROVA

Não sendo possível se concluir pela verdade real, decidir-se-á pelo ônus da prova.

Segundo o art. 818, *caput* da CLT (com redação dada pela Lei n. 13.467/2017), "o ônus da prova incumbe:

I – ao reclamante, quanto ao fato constitutivo do seu direito;

II – ao reclamado, quanto à existência de fato impeditivo, modificativo ou extintivo do direito do reclamante".

Os fatos constitutivos identificam a ocorrência das hipóteses; o implemento das condições ou o preenchimento dos requisitos previstos legalmente para a aquisição de um direito. São exemplos de fatos constitutivos a existência da relação trabalhista e o trabalho em jornada extra, dentre outros.

Os fatos impeditivos impossibilitam a constituição do direito do autor em razão de ausência de fundamento legal para aquele caso concreto. São exemplos de fatos impeditivos as férias proporcionais na justa causa e as horas extras para domésticos e gerentes, dentre outros.

Os fatos modificativos contrariam a narrativa fática exposta pelo reclamante, acarretando, eventualmente, a constituição de direito diverso daquele pretendido pelo trabalhador. São exemplos de fatos modificativos a prestação de serviços autônomos e a utilização de EPI, dentre outros.

Os fatos extintivos reconhecem o direito do autor, mas opõem motivo que encerra sua exigência. São exemplos de fatos extintivos o pagamento, o término do contrato de trabalho e a prescrição, dentre outros.

É do empregador o ônus da prova do fato impeditivo, modificativo ou extintivo da equiparação salarial (Súmula 6, VIII, do TST).

No processo do trabalho será nula a convenção que distribui de maneira diversa o ônus da prova, independentemente das hipóteses previstas no art. 373, § 3º, do CPC, salvo se para beneficiar o trabalhador.

A inversão do ônus da prova (carga dinâmica da prova)

A inversão do ônus probatório foi prevista inicialmente no art. 6º, VIII, do CDC – Lei n. 8.078/90, que se aplica analogicamente ao processo do trabalho, quando, a critério do juiz, segundo as regras ordinárias de experiência, ficar demonstrada a verossimilhança da alegação ou a hipossuficiência de quem estiver encarregado de produzir a prova.

Com o advento da Lei n. 13.467/2017, nos casos previstos em lei ou diante de peculiaridades da causa relacionadas à impossibilidade ou à excessiva dificuldade de cumprir o encargo ou à maior facilidade de obtenção da prova do fato contrário, poderá o juízo atribuir o ônus da prova de modo diverso, desde que o faça por decisão fundamentada, caso em que deverá dar à parte a oportunidade de se desincumbir do ônus que lhe foi atribuído (CLT, art. 818, § 1º).

A decisão deverá ser proferida antes da abertura da instrução e, a requerimento da parte, implicará o adiamento da audiência e possibilitará provar os fatos por qualquer meio em direito admitido (CLT, art. 818, § 2º). Essa decisão, no entanto, não pode gerar situação em que a desincumbência do encargo pela parte seja impossível ou excessivamente difícil (CLT, art. 818, § 3º).

O caso mais emblemático, sem dúvida alguma, está descrito na Súmula 338, III, do TST, *in verbis*:

> Os cartões de ponto que demonstram horários de entrada e saída uniformes são inválidos como meio de prova, invertendo-se o ônus da prova, relativo às horas extras, que passa a ser do empregador, prevalecendo a jornada da inicial se dele não se desincumbir.

De ressaltar, apenas, que a inversão do ônus da prova decorrente da excessiva dificuldade do trabalhador em produzi-la deriva do princípio processual da aptidão para a prova, aplicado também no processo civil (art. 373, § 1º, do CPC).

1.12.7. VALORAÇÃO E EXTENSÃO DA PROVA

A valoração da prova no processo trabalhista observará os princípios do livre convencimento motivado e da persuasão racional (que se contrapõe ao sistema da tarifação da prova).

Na forma do art. 371 do CPC, o juiz apreciará a prova constante dos autos, independentemente do sujeito que a tiver promovido, e indicará na decisão as razões da formação de seu convencimento.

Ao mesmo tempo, não estará limitado ao tempo por ela abrangido, desde que se convença de que o procedimento questionado superou aquele período (OJ 233, SBDI-I, do TST).

Diante da necessidade de estrita coerência entre os elementos dos autos e a decisão judicial, o magistrado não poderá julgar com base em conhecimento pessoal que tenha dos fatos. A ciência privada aos acontecimentos permite ao juiz que seja eventualmente ouvido como testemunha, mas obstará que continue a condução daquele processo e nele profira decisão.

1.12.8. A PROVA EMPRESTADA

Em vista dos princípios da economia processual e da celeridade, e diante da admissão de todos os meios de prova moralmente legítimos, a jurisprudência trabalhista vem reconhecendo a validade da prova emprestada nas hipóteses de contemporaneidade com a época de prestação dos serviços reclamada e de contraditório da parte contrária na relação processual em que foi produzida a prova, garantindo assim o acesso à tutela jurisdicional e a ampla defesa.

Reforça a tese o art. 372 do CPC:

"Art. 372. O juiz poderá admitir a utilização de prova produzida em outro processo, atribuindo lhe o valor que considerar adequado, observado o contraditório".

A perícia técnica emprestada se fará presente em casos como o de desativação do local de trabalho, com supedâneo na OJ 278, SBDI-1, do TST:

A realização de perícia é obrigatória para a verificação de insalubridade. Quando não for possível sua realização, como no caso de fechamento da empresa, poderá o julgador utilizar-se de outros meios de prova.

Não há razoabilidade em se ignorar a realidade dos fatos e se prender a uma questão meramente formal, para assim deixar de efetivar um direito material ligado à saúde do trabalhador.

1.13. A INSTRUÇÃO NA AUDIÊNCIA TRABALHISTA

1.13.1. O INTERROGATÓRIO DAS PARTES

Assim, terminada a defesa, seguir-se-á a instrução do processo, podendo o juiz, *ex officio*, interrogar os litigantes (CLT, art. 848).

Em verdade, o interrogatório das partes não se destina a obter prova, mas sim dispensá-la, diante da confissão quanto aos fatos controvertidos, ou meramente para esclarecê-los.

Embora encontre resistência em parte da doutrina e da jurisprudência, prevalece o entendimento de que, no processo do trabalho, constitui uma prerrogativa exclusiva do magistrado.

Nesse aspecto, portanto, muito diferente do processo civil, em que a parte pode requerer o depoimento pessoal da outra, a fim de interrogá-la, quando o juiz não o determinar de ofício (CPC, art. 385).

Por aplicação subsidiária e adaptada do Código de Processo Civil, se a parte notificada não comparecer, ou, comparecendo, se recusar a depor, o juiz lhe aplicará a pena de confissão.

Quando a parte, sem motivo justificado, deixar de responder ao que lhe for perguntado, ou empregar evasivas, o juiz, apreciando as demais circunstâncias e os elementos de prova, declarará, na sentença, se houve recusa de depor (CPC, art. 386).

A parte responderá pessoalmente sobre os fatos articulados, não podendo servir-se de escritos anteriormente preparados, permitindo-lhe o juiz, todavia, a consulta a notas breves, desde que objetivem completar esclarecimentos (CPC, art. 387).

Não será, contudo, obrigada a depor de fatos (CPC, art. 388):

I – criminosos ou torpes, que lhe forem imputados;

II – a cujo respeito, por estado ou profissão, deva guardar sigilo.

É vedado a quem ainda não depôs assistir ao interrogatório da outra parte (inteligência do art. 385, § 2º, do CPC).

Findo o interrogatório das partes, poderá qualquer dos litigantes retirar-se, prosseguindo a instrução com o seu representante.

Serão, a seguir, ouvidas as testemunhas e os peritos do juízo, se houver (inteligência do art. 848, § 2º, da CLT).

Com o advento da Lei n. 5.584/70, em seu art. 3º, não são mais admitidos técnicos ou peritos particulares.

1.13.2. OS DEPOIMENTOS TESTEMUNHAIS E PERICIAIS

Dispõe o art. 845 da CLT que o reclamante e o reclamado comparecerão à audiência acompanhados das suas testemunhas, apresentando, nessa ocasião, as demais provas.

Ao contrário do processo civil, que exige o depósito antecipado de rol em cartório (CPC, art. 450), as testemunhas comparecerão à audiência trabalhista independentemente de notificação ou intimação (CLT, art. 825), sendo dispensado o prévio arrolamento, salvo no caso de funcionário público ou militar, cuja requisição deverá ser realizada perante o chefe da repartição ou ao comando do corpo que servir.

As testemunhas que não comparecerem serão intimadas, *ex officio* ou a requerimento da parte, ficando sujeitas a condução coercitiva, caso, sem motivo justificado, não atendam à intimação.

Quando a parte ou a testemunha, por enfermidade ou por outro motivo relevante, estiver impossibilitada de comparecer, mas não de prestar depoimento, o juiz designará, conforme as circunstâncias, dia, hora e lugar para inquiri-la (CPC, art. 449, parágrafo único).

No processo do trabalho cada uma das partes não poderá indicar, no total, mais de 3 (três) testemunhas, salvo quando se tratar de inquérito para apuração de falta grave, caso em que esse número poderá ser elevado a 6 (seis).

O magistrado deverá zelar pela unidade da prova testemunhal, de modo que uma eventual necessidade de redesignação da audiência trabalhista (em virtude de ausência, insuficiência de tempo ou qualquer outro fator) não provoque a cisão dos depoimentos testemunhais no conjunto probatório.

Toda testemunha, antes de prestar o compromisso legal, será qualificada, indicando nome, nacionalidade, profissão, idade, residência, e, quando empregada, tempo de serviço prestado ao empregador, ficando sujeita, em caso de falsidade, às leis penais (CLT, art. 828).

O compromisso legal consiste em dizer somente a verdade do que souber ou lhe for perguntado (CPC, art. 458). O juiz advertirá a testemunha que incorre em sanção penal quem faz afirmação falsa, cala ou oculta a verdade.

Além das implicações penais, com o advento da Lei n. 13.467/2017, aplica-se a multa por litigância de má-fé (nos moldes do art. 793-C da CLT, ou seja, de 1 a 10% do valor corrigido da causa) à testemunha que intencionalmente alterar a verdade dos fatos ou omitir fatos essenciais ao julgamento da causa (CLT, art. 793-D, *caput*).

É lícito à parte contraditar a testemunha, arguindo-lhe a incapacidade, o impedimento ou a suspeição, bem como, caso a testemunha negue os fatos que lhe são imputados, provar a contradita com documentos ou com testemunhas, até 3 (três), apresentadas no ato e inquiridas em separado (CPC, art. 457, § 1º).

Acolhida a contradita, a testemunha será dispensada, podendo a parte indicar outra em substituição. Contudo, reputando o juiz do trabalho necessária a oitiva para julgamento do mérito, a testemunha impedida ou suspeita, em especial o parente até o terceiro grau civil, o amigo íntimo ou o inimigo de qualquer das partes, não prestará compromisso, e seu depoimento valerá como simples informação (CLT, art. 829).

O magistrado ouvirá as testemunhas isolada e sucessivamente; primeiro as do reclamante e depois as do reclamado, de modo que uma não seja ouvida pelas outras que ainda tenham de depor no processo (inteligência do art. 824 da CLT c/c art. 456 do CPC).

A testemunha não será obrigada a prestar depoimento sobre fatos (CPC, art. 448):

a) que lhe acarretem grave dano, bem como ao seu cônjuge ou companheiro e aos seus parentes consanguíneos ou afins, em linha reta, ou na colateral, até o terceiro grau;

b) a cujo respeito, por estado ou profissão, deva guardar sigilo.

O juiz poderá ordenar, de ofício ou a requerimento da parte (CPC, art. 461):

I – a inquirição de testemunhas referidas nas declarações da parte ou das testemunhas;

II – a acareação (depoimento face a face) de duas ou mais testemunhas ou de alguma delas com a parte, quando, sobre fato determinado, que possa influir na decisão da causa, divergirem as suas declarações.

Como já antecipado, o magistrado poderá, de ofício ou a requerimento de qualquer das partes, intimar para comparecimento em audiência e nela arguir os peritos nomeados pelo juízo (perícia insalubridade/periculosidade; médica ou contábil).

1.13.3. DISPOSIÇÕES GERAIS

O depoimento das partes e testemunhas que não souberem falar a língua nacional, surdo-mudo ou mudo que não saiba escrever, será feito por meio de intérprete nomeado pelo juiz (CLT, art. 819).

As partes e testemunhas serão inquiridas pelo juiz, podendo ser reinquiridas, por seu intermédio, a requerimento das partes, seus representantes ou advogados (CLT, art. 820). Não se aplica, portanto, o disposto no art. 459 do CPC (que permite às partes a formulação de perguntas diretamente à testemunha).

O juiz poderá inquirir a testemunha tanto antes quanto depois da inquirição feita pelas partes.

As partes devem tratar as testemunhas com urbanidade, não lhes fazendo perguntas ou considerações impertinentes, capciosas ou vexatórias.

As perguntas que o juiz indeferir serão obrigatoriamente transcritas na ata de audiência, bem como eventual protesto correspondente, a fim de evitar preclusão.

1.14. RAZÕES FINAIS

Terminada a instrução, poderão as partes aduzir razões finais, em prazo não excedente de dez minutos para cada uma (CLT, art. 850, primeira parte).

É comum as partes apresentarem razões finais remissivas, ou seja, apenas fazendo remissão (referência) ao que já foi aduzido nos autos, meramente para dar cumprimento à formalidade legal.

1.15. RENOVAÇÃO DA PROPOSTA CONCILIATÓRIA

Decorrido o prazo de razões finais, o juiz renovará a proposta de conciliação, e, não se realizando esta, será proferida a decisão.

1.16. JULGAMENTO

Os trâmites de instrução e julgamento da reclamação serão resumidos em ata, de que constará, na íntegra, a sentença trabalhista.

Nos processos de exclusiva alçada das Varas (em que o valor da causa não ultrapassa dois salários mínimos), será dispensável, a juízo do magistrado, o resumo dos depoimentos, devendo constar da ata a conclusão do Tribunal quanto à matéria de fato.

A ata será juntada ao processo, assinada pelo juiz, no prazo improrrogável de 48 (quarenta e oito) horas, contado da audiência de julgamento (CLT, art. 851, § 2º).

1.16.1. PUBLICAÇÃO E NOTIFICAÇÃO

Ressalvados os casos expressamente previstos na Consolidação das Leis do Trabalho, a publicação das decisões e sua notificação aos litigantes, ou seus patronos, consideram-se realizadas nas próprias audiências em que elas forem proferidas (CLT, art. 834 c/c art. 852).

No caso de revelia, a notificação far-se-á, primeiramente, por registro postal. Se o revel não for encontrado, far-se-á a notificação por edital, inserto no jornal oficial ou no que publicar o expediente forense, ou, na falta, afixado na sede da Vara do Trabalho.

Além da obrigatoriedade de se notificar a União nas decisões homologatórias de acordo que contenham parcela indenizatória, por meio de uma interpretação sistemática e atual do art. 832, § 3º, c/c o § 5º, torna-se também imperativa sua intimação diante de decisões cognitivas que contemplem a indicação da natureza jurídica (especialmente quando indenizatória) das parcelas constantes da condenação e o limite de responsabilidade de cada parte pelo recolhimento da contribuição previdenciária, permitindo ao Poder Público eventual interposição de recurso.

Consoante disposto no art. 833 da CLT c/c o art. 494 do CPC, publicada a sentença, o juiz só poderá alterá-la:

I – para lhe corrigir, de ofício ou a requerimento da parte, inexatidões materiais (exs.: nome das partes; dispositivo legal; falha na digitação), ou lhe retificar erros de cálculo;

II – por meio de embargos de declaração.

1.17. A SENTENÇA TRABALHISTA

Relembrando, sentença é o pronunciamento por meio do qual o juiz, com fundamento nos arts. 485 e 487 do CPC, põe fim à fase cognitiva do procedimento comum, bem como extingue a execução (CPC, art. 203, § 1º).

Embora a CLT possua um disciplinamento próprio (art. 832), o art. 3º, IX, da Instrução Normativa n. 39/2016 do TST preceitua que, em face de omissão e compatibilidade, o art. 489 do CPC será aplicado ao processo do trabalho.

Assim, adotando-se o diploma processual civil de forma supletiva à Consolidação das Leis do Trabalho, temos que serão elementos essenciais à sentença trabalhista: o relatório (que conterá os nomes das partes, a identificação do caso, com a suma do pedido e da contestação, e o registro das principais ocorrências havidas no andamento do processo); os fundamentos (em que o juiz apreciará as provas e analisará as questões de fato e de direito – CF, art. 93, IX); e o dispositivo (em que resolverá as questões principais que as partes lhe submeterem, com as respectivas conclusões).

Nos fundamentos, o juiz examinará primeiramente as exceções opostas; seguidas das matérias preliminares de cunho processual (CPC, art. 337). Ao adentrar no mérito, o juiz indicará os fatos que ficaram comprovados, as razões de seu convencimento e a norma jurídica abstrata aplicável.

"O juiz apreciará a prova constante dos autos, independentemente do sujeito que a tiver promovido, e indicará na decisão as razões da formação de seu convencimento" (CPC, art. 371).

Não se considera fundamentada qualquer decisão judicial que:

I – se limitar à indicação, à reprodução ou à paráfrase de ato normativo, sem explicar sua relação com a causa ou a questão decidida;

II – empregar conceitos jurídicos indeterminados, sem explicar o motivo concreto de sua incidência no caso;

III – invocar motivos que se prestariam a justificar qualquer decisão;

IV – não enfrentar todos os argumentos deduzidos no processo capazes de, em tese, infirmar a conclusão adotada pelo julgado.

Contudo, a decisão que deixar de apreciar questões cujo exame haja ficado prejudicado em razão da análise anterior de questão subordinante será considerada fundamentada.

O juiz não ficará o obrigado a enfrentar os fundamentos jurídicos invocados pela parte, quando já tenham sido examinados na formação dos precedentes obrigatórios ou nos fundamentos determinantes de enunciado de súmula;

V – se limitar a invocar precedente ou enunciado de súmula, sem identificar seus fundamentos determinantes nem demonstrar que o caso sob julgamento se ajusta àqueles fundamentos;

VI – deixar de seguir enunciado de súmula, jurisprudência ou precedente invocado pela parte, sem demonstrar a existência de distinção no caso em julgamento ou a superação do entendimento.

Considera-se "precedente" apenas:

a) acórdão proferido pelo STF ou pelo TST em julgamento de recursos repetitivos (CLT, art. 896-B; CPC, art. 1.046, § 4º);

b) entendimento firmado em incidente de resolução de demandas repetitivas ou de assunção de competência;

c) decisão do STF em controle concentrado de constitucionalidade;

d) tese jurídica prevalecente em TRT e não conflitante com súmula ou orientação jurisprudencial do TST (CLT, art. 896, § 6º);

e) decisão do plenário, do órgão especial ou de seção especializada competente para uniformizar a jurisprudência do tribunal a que o juiz estiver vinculado ou do TST.

Serão aplicáveis unicamente os precedentes que contenham explícita referência aos fundamentos determinantes da decisão (*ratio decidendi*).

A decisão que aplica a tese jurídica firmada em precedente não precisa enfrentar os fundamentos já analisados na decisão paradigma, sendo suficiente a correlação fática e jurídica entre o caso concreto e aquele apreciado no incidente de solução concentrada.

É ônus da parte identificar os fundamentos determinantes ou demonstrar a existência de distinção no caso em julgamento ou a superação do entendimento, sempre que invocar precedente ou enunciado de súmula.

Se o pedido deduzido na inicial tiver fundamento em duas causas de pedir, não poderá ser julgado improcedente sem que o juiz tenha apreciado ambas. Contudo, poderá julgá-lo procedente com base em apenas uma.

Seguindo a mesma lógica, o magistrado não poderá julgar procedente um pedido sem afastar todos os fundamentos da defesa apresentados, mas poderá reconhecer a improcedência com fundamento em apenas um.

As autoridades administrativas e a Justiça do Trabalho, na falta de disposições legais ou contratuais, decidirão, conforme o caso, pela jurisprudência, por analogia, por equidade e outros princípios e normas gerais de direito, principalmente do direito do trabalho, e ainda, de acordo com os usos e costumes, o direito comparado, mas sempre de maneira que nenhum interesse de classe ou particular prevaleça sobre o interesse público (CLT, art. 8º, *caput*).

Se, depois da propositura da ação, algum fato constitutivo, modificativo ou extintivo do direito influir no julgamento do mérito, caberá ao juiz tomá-lo em consideração, de ofício ou a requerimento da parte, no momento de proferir a decisão (CPC, art. 493).

O art. 493 do CPC/2015 (art. 462 do CPC/73), que admite a invocação de fato constitutivo, modificativo ou extintivo do direito, superveniente à propositura da ação, é aplicável de ofício aos processos em curso em qualquer instância trabalhista. Cumpre ao juiz ou tribunal ouvir as partes sobre o fato novo antes de decidir (Súmula 394 do TST).

Quando a decisão concluir pela procedência do pedido, determinará o prazo e as condições para o seu cumprimento.

No caso de colisão de normas, o juiz deve justificar o objeto e os critérios gerais da ponderação efetuada, enunciando as razões que autorizam a interferência na norma afastada e as premissas fáticas que fundamentam a conclusão.

A sentença deverá ser certa, ainda que resolva relação jurídica condicional (CPC, art. 492, parágrafo único).

No tocante à liquidez, podemos concluir, a partir da manutenção do veto ao § 2º do art. 852-I da CLT (Lei n. 9.957/2000) pelo Congresso Nacional, inexistir vontade legislativa na obrigatoriedade de prolação de sentença líquida nos pedidos certos:

"O § 2º do art. 852-I não admite sentença condenatória por quantia ilíquida, o que poderá, na prática, atrasar a prolação das sentenças, já que se impõe ao juiz a obrigação de elaborar cálculos, o que nem sempre é simples de se realizar em audiência. Seria prudente vetar o dispositivo em relevo, já que a liquidação por simples cálculos se dará na fase de execução da sentença, que, aliás, poderá sofrer modificações na fase recursal" (Mensagem de Veto n. 75).

Nas ações de indenização por ato ilícito, entretanto, o valor estipulado na inicial como estimativa da indenização pleiteada não constitui certeza do *quantum* a ressarcir, uma vez que a obrigação do réu, causador do dano, é de valor abstrato, dependente de estimativas e de arbitramento judicial. Ademais, embora o autor tenha formulado o pedido de condenação em quantia certa, não se convencendo o juiz, pode apenas reconhecer o direito e remeter para a fase de liquidação a apuração dos danos.

A sentença deverá ser interpretada a partir da conjugação de todos os seus elementos e em conformidade com o princípio da boa-fé.

1.17.1. A SUCUMBÊNCIA

A decisão mencionará sempre custas e eventuais honorários (advocatícios ou periciais) que devam ser pagos pela parte sucumbente.

Conforme já estudado, em relação às ações ajuizadas na Justiça do Trabalho até 10-11-2017, *a condenação ao pagamento dos honorários advocatícios não decorre pura e simplesmente da sucumbência, devendo a parte, concomitantemente: a) estar assistida por sindicato da categoria profissional; b) comprovar a percepção de salário inferior ao dobro do salário mínimo ou encontrar-se em situação econômica que não lhe permita demandar sem prejuízo do próprio sustento ou da respectiva família (art. 14, § 1º, da Lei n. 5.584/70)* (redação original da Súmula 219 do TST).

Ainda com relação às ações pretéritas: a) *é cabível a condenação ao pagamento de honorários advocatícios em ação rescisória no processo trabalhista;* b) *são devidos os honorários advocatícios nas causas em que o ente sindical figure como substituto processual e nas lides que não derivem da relação de emprego;* c) *na ação rescisória e nas lides que não derivem de relação de emprego, a responsabilidade pelo pagamento dos honorários de sucumbência submete-se à disciplina do Código de Processo Civil (arts. 85, 86, 87 e 90);* d) *em caso de assistência judiciária sindical ou de substituição processual sindical, excetuados os processos em que a Fazenda Pública for parte, os honorários advocatícios são devidos entre o mínimo de 10 (dez) e o máximo de 20% (vinte por cento) sobre o valor da condenação, do proveito econômico obtido ou, não sendo possível mensurá-lo, sobre o valor atualizado da causa* (CPC, art. 85, § 2º); e e) *nas causas em que a Fazenda Pública for parte, aplicar-se-ão os percentuais específicos de honorários advocatícios contemplados no Código de Processo Civil.*

No caso de ações ajuizadas na Justiça do Trabalho a partir de 11-11-2017 (independentemente se pertinentes a uma relação de emprego ou não; se de natureza rescisória; se figuram como parte ente sindical ou Fazenda Pública), aplica-se o princípio da sucumbência em relação aos honorários advocatícios, nos termos do art. 791-A da CLT, acrescido pelo art. 1º da Lei n. 13.467/2017.

Em regra, não haverá condenação em custas de forma proporcional, visto que o processo do trabalho (mesmo após a vigência da Lei n. 13.467/2017) não adotou a sucumbência parcial para as relações empregatícias, sendo as custas devidas integralmente pela parte vencida na causa, nos termos do art. 789, § 1º, da CLT.

No entanto, será aplicável a sucumbência recíproca, relativamente às custas, nas lides que não decorram de uma relação de emprego (inteligência dos arts. 3º, § 3º, e 5º da IN n. 27/2005 do TST).

1.17.2. A HIPOTECA JUDICIÁRIA

A sentença que condenar o reclamado ao pagamento de prestação consistente em dinheiro e a que determinar a conversão em prestação de fazer, de não fazer ou de dar coisa em prestação pecuniária valerão como título constitutivo de hipoteca judiciária (CPC, art. 495).

A aludida decisão produzirá a hipoteca judiciária:

I – embora a condenação seja genérica;

II – ainda que o reclamante possa promover a execução provisória da sentença ou esteja pendente arresto sobre bem do devedor.

A hipoteca judiciária poderá ser realizada mediante apresentação de cópia da sentença perante o cartório de registro imobiliário, independentemente de ordem judicial, de declaração expressa do juiz ou de demonstração de urgência.

No prazo de 15 (quinze) dias da data da realização da hipoteca, a parte informá-lá-á ao juízo da causa, que determinará a intimação da outra parte para que tome ciência do ato.

A hipoteca judiciária, uma vez constituída, implicará, para o credor hipotecário, o direito de preferência, quanto ao pagamento, em relação a outros credores, observada a prioridade no registro.

1.17.3. CONDENAÇÃO EM OBRIGAÇÃO DE PAGAR

Nas decisões condenatórias em obrigação de pagar, deverá o juiz determinar precisamente os haveres trabalhistas deferidos, identificando o período de apuração (em vista de eventual prescrição parcial); a fração correspondente aos proporcionais e os reflexos econômicos porventura incidentes em verbas contratuais e rescisórias, discriminando-as (p. ex., repercussões em férias, décimo terceiro salário, DSR).

Competirá ainda ao juiz definir a natureza jurídica das parcelas constantes da condenação, bem como o limite de responsabilidade de cada parte pelo recolhimento da contribuição previdenciária, se for o caso (inteligência do art. 832, § 3º, da CLT).

1.17.4. CONDENAÇÃO EM OBRIGAÇÃO DE FAZER

Nos moldes do art. 497 do CPC, aplicado subsidiariamente e de forma adaptada ao processo do trabalho, na reclamação trabalhista que tenha por objeto a prestação de fazer ou não fazer, o juiz, se procedente o pedido, concederá a tutela específica ou determinará providências que assegurem a obtenção de tutela pelo resultado prático equivalente ao do adimplemento.

Para a efetivação da tutela específica ou a obtenção de tutela pelo resultado prático equivalente, poderá o juiz, de ofício ou a requerimento, determinar as medidas necessárias à satisfação do exequente (CPC, art. 536), como a imposição de multa por tempo de atraso, busca e apreensão, remoção de pessoas e coisas, desfazimento de obras e impedimento de atividade nociva, se necessário com requisição de força policial.

Conforme observado, o magistrado poderá, na própria sentença, impor multa diária ao reclamado, independentemente de pedido do reclamante, desde que seja suficiente e compatível com a obrigação e que se determine prazo razoável para cumprimento do preceito (CPC, art. 537). Contudo, ser-lhe-á permitido sempre modificar o valor ou a periodicidade da multa, caso verifique que se tornou insuficiente ou excessiva.

A obrigação somente será convertida em perdas e danos se o autor o requerer ou se impossível a tutela específica ou a obtenção de tutela pelo resultado prático equivalente (CPC, art. 499).

A indenização por perdas e danos dar-se-á sem prejuízo da multa fixada periodicamente para compelir o reclamado ao cumprimento específico da obrigação (CPC, art. 500).

Para a concessão da tutela específica destinada a inibir a prática, a reiteração ou a continuação de um ilícito, ou a sua remoção, é irrelevante a demonstração da ocorrência de dano ou da existência de culpa ou dolo.

1.17.5. CONDENAÇÃO EM OBRIGAÇÃO DE ENTREGA DE COISA

Por aplicação subsidiária e adaptada do art. 498 do CPC, na reclamação que tenha por objeto a entrega de coisa, o juiz, ao conceder a tutela específica, fixará o prazo para o cumprimento da obrigação.

Da mesma forma que na condenação em obrigação de fazer, poderá o juiz, na própria sentença, impor multa diária ao reclamado, independentemente de pedido do reclamante, desde que seja suficiente e compatível com a obrigação e que se determine prazo razoável para cumprimento do preceito (CPC, art. 537).

Deverá constar da decisão judicial a previsão de conversão da obrigação em indenização no valor da coisa (sem prejuízo da multa imposta judicialmente), quando a entrega não se efetivar ou for constatado que o bem se deteriorou.

Não cumprida a obrigação de entregar coisa no prazo estabelecido na sentença, será expedido mandado de busca e apreensão ou de imissão na posse em favor do credor, conforme se tratar de coisa móvel ou imóvel (CPC, art. 538).

1.17.6. TUTELA PROVISÓRIA CONCEDIDA NA SENTENÇA

A tutela provisória concedida na sentença não comporta impugnação pela via do mandado de segurança, por ser impugnável mediante recurso ordinário. É admissível a obtenção de efeito suspensivo ao recurso ordinário mediante requerimento dirigido ao tribunal, ao relator ou ao presidente ou ao vice-presidente do tribunal recorrido, por aplicação subsidiária do art. 1.019, § 5º, do CPC (Súmula 414, I, do TST).

Nessa linha, a mera interposição de recurso não suspenderá os efeitos da tutela provisória concedida.

1.17.7. JULGAMENTO *EXTRA PETITA* OU *ULTRA PETITA*

Como corolário do princípio da adstrição ou congruência, o juiz decidirá o mérito nos limites propostos pelas partes, sendo-lhe vedado conhecer de questões não suscitadas a cujo respeito a lei exige iniciativa da parte (CPC, art. 141).

Dessa forma, fica vedado ao juiz proferir decisão de natureza diversa da pedida, bem como condenar a parte em quantidade superior ou em objeto diverso do que lhe foi demandado (CPC, art. 492, *caput*).

Não haverá, contudo, nulidade por julgamento *extra petita* da decisão que deferir salário quando o pedido for de reintegração, dados os termos do art. 496 da CLT (Súmula 396, II, do TST).

Assim, quando a reintegração do empregado estável for desaconselhável, dado o grau de incompatibilidade resultante do dissídio, especialmente quando for o empregador pessoa física, o Tribunal do Trabalho poderá converter aquela obrigação em indenização por rescisão do contrato por prazo indeterminado, paga em dobro (CLT, art. 496 c/c art. 497).

Na mesma linha, como já estudado, a verificação mediante perícia de prestação de serviços em condições nocivas, considerado agente insalubre diverso do apontado na inicial, não prejudica o pedido de adicional de insalubridade (Súmula 293 do TST).

Convém destacar que o julgamento também poderá ser considerado *citra petita*, quando deixar de apreciar a totalidade dos pedidos formulados ou a integralidade das alegações e defesas apresentadas, comportando a oposição de embargos de declaração.

1.17.8. DECISÕES VINCULANTES DO STF

Com o advento do art. 103-A da CF (introduzido pela EC n. 45/2004), o art. 28, parágrafo único, da Lei n. 9.868/99 e o art. 10, § 3º, da Lei n. 9.882/99, as sentenças trabalhistas deverão observar e se compatibilizar com as súmulas e decisões declaratórias de constitucionalidade, inconstitucionalidade ou descumprimento de preceito fundamental de efeito vinculante, exaradas pelo Supremo Tribunal Federal (controle concentrado e abstrato):

"O Supremo Tribunal Federal poderá, de ofício ou por provocação, mediante decisão de dois terços dos seus membros, após reiteradas decisões sobre matéria constitucional, aprovar súmula que, a partir de sua publicação na imprensa oficial, terá efeito vinculante em relação aos demais órgãos do Poder Judiciário e à administração pública direta e indireta, nas esferas federal, estadual e municipal, bem como proceder à sua revisão ou cancelamento, na forma estabelecida em lei" (CF, art. 103-A, *caput*).

"A declaração de constitucionalidade ou de inconstitucionalidade, inclusive a interpretação conforme a Constituição e a declaração parcial de inconstitucionalidade sem redução de texto, têm eficácia contra todos e efeito vinculante em relação aos órgãos do Poder Judiciário e à Administração Pública federal, estadual e municipal" (Lei n. 9.868/99, art. 28, parágrafo único).

"Na arguição de descumprimento de preceito fundamental, a decisão terá eficácia contra todos e efeito vinculante relativamente aos demais órgãos do Poder Público" (Lei n. 9.882/99, art. 10, § 3º).

1.17.9. COMBATE À SIMULAÇÃO

Convencendo-se, pelas circunstâncias da causa, de que o reclamante e o reclamado se serviram do processo para praticar ato simulado ou conseguir fim vedado por lei, o juiz proferirá sentença que impeça os objetivos das partes, aplicando, de ofício, as penalidades de litigância de má-fé (CPC, art. 142).

1.18. FORMAÇÃO DA COISA JULGADA

A coisa julgada poderá ser formal ou material.

Dar-se-á a coisa julgada formal quando o processo não mais comporte qualquer forma de recurso (preclusão máxima), encerrando a fase cognitiva.

No entanto, se a sentença transitada em julgado resolver o mérito, além da coisa julgada formal, haverá a formação da coisa julgada material.

Dessa forma, denomina-se coisa julgada material a autoridade que torna imutável e indiscutível a decisão de mérito não mais sujeita a recurso (CPC, art. 502).

A sentença que julgar total ou parcialmente o mérito tem força de lei nos limites da questão principal expressamente decidida (CPC, art. 503). Em regra, fará coisa julgada às partes entre as quais é dada, não prejudicando terceiros (CPC, art. 506).

Não fazem coisa julgada (CPC, art. 504):

I – os motivos, ainda que importantes para determinar o alcance da parte dispositiva da sentença;

II – a verdade dos fatos, estabelecida como fundamento da sentença.

Transitada em julgado a decisão de mérito, considerar-se-ão deduzidas e repelidas todas as alegações e as defesas que a parte poderia opor tanto ao acolhimento quanto à rejeição do pedido – eficácia preclusiva da coisa julgada (CPC, art. 508).

O acordo celebrado – homologado judicialmente – em que o empregado dá plena e ampla quitação, sem qualquer ressalva, alcança não só o objeto da inicial, como também todas as demais parcelas referentes ao extinto contrato de trabalho, violando a coisa julgada, a propositura de nova reclamação trabalhista (OJ 132, SBDI-2, do TST).

Dispõe o art. 836 da CLT que é vedado aos órgãos da Justiça do Trabalho conhecer de questões já decididas (preclusão *pro judicato*), excetuados os casos de ação rescisória.

Contudo, o art. 505 do CPC comporta aplicação subsidiária no processo do trabalho, permitindo-se um novo exame das aludidas questões também nas seguintes hipóteses:

I – se, tratando-se de relação jurídica de trato continuado, sobreveio modificação no estado de fato ou de direito; caso em que poderá a parte pedir a revisão do que foi estatuído na sentença (chamada de coisa julgada *rebus sic stantibus*);

II – nos demais casos prescritos em lei (como, por exemplo, na *querella nulitatis insanabilis* – ausência de notificação inicial).

2 PROCEDIMENTO SUMARÍSSIMO

O procedimento sumaríssimo foi introduzido no processo do trabalho pelo advento da Lei n. 9.957, de 12-1-2000, que incluiu os arts. 852-A a 852-I na CLT.

Assim, será inaplicável o rito sumaríssimo aos processos iniciados antes da vigência da Lei n. 9.957/2000 (OJ 260, I, SDI-1, do TST).

Segundo o diploma consolidado alterado, os dissídios individuais cujo valor não exceda a 40 (quarenta) vezes o salário mínimo vigente na data do ajuizamento da reclamação ficam submetidos ao procedimento sumaríssimo (CLT, art. 852-A).

Estarão excluídas do procedimento sumaríssimo as demandas em que seja parte a Administração Pública direta, autárquica e fundacional.

Importante destacar que a estrita observância das hipóteses legais na adoção de determinado procedimento é matéria de ordem pública (e não faculdade do autor da demanda), competindo ao magistrado determinar *ex officio* a correção que porventura se fizer necessária.

2.1. PETIÇÃO INICIAL

À luz do art. 852-B da CLT, nas reclamações enquadradas no procedimento sumaríssimo:

I – o pedido deverá ser certo ou determinado e indicará o valor correspondente;

II – não se fará citação por edital, incumbindo ao autor a correta indicação do nome e endereço do reclamado;

III – a apreciação da reclamação deverá ocorrer no prazo máximo de 15 (quinze) dias do seu ajuizamento, podendo constar de pauta especial, se necessário, de acordo com o movimento judiciário da Vara do Trabalho.

A doutrina defende que a indicação do valor correspondente, exigida no inciso I, apenas se coaduna com um pedido certo e determinado, não sendo possível a alternativa ("ou").

O não atendimento, pelo reclamante, do disposto nos citados incisos I ou II importará no arquivamento da reclamação e condenação ao pagamento de custas sobre o valor da causa.

As partes e os advogados comunicarão ao juízo as mudanças de endereço ocorridas no curso do processo, reputando-se eficazes as intimações enviadas ao local anteriormente indicado, na ausência de comunicação.

2.2. AUDIÊNCIA

As demandas sujeitas ao procedimento sumaríssimo serão instruídas e julgadas em audiência única, sob a direção de juiz titular ou substituto, que poderá ser convocado para atuar simultaneamente com o titular (CLT, art. 852-C).

Aberta a sessão, o juiz esclarecerá as partes presentes sobre as vantagens da conciliação e usará os meios adequados de persuasão para a solução conciliatória do litígio, em qualquer fase da audiência (CLT, art. 852-E).

Na ata de audiência serão registrados resumidamente os atos essenciais, as afirmações fundamentais das partes e as informações úteis à solução da causa trazidas pela prova testemunhal (CLT, art. 852-F).

Serão decididos, de plano, todos os incidentes e exceções que possam interferir no prosseguimento da audiência e do processo. As demais questões serão decididas na sentença (CLT, art. 852-G).

A sumariedade é incompatível com os institutos da reconvenção e da intervenção de terceiros, ressalvando-se apenas a assistência.

Todas as provas serão produzidas na audiência de instrução e julgamento, ainda que não requeridas previamente (CLT, art. 852-H).

Sobre os documentos apresentados por uma das partes manifestar-se-á imediatamente a parte contrária, sem interrupção da audiência, salvo absoluta impossibilidade, a critério do juiz.

As testemunhas, até o máximo de 2 (duas) para cada parte, comparecerão à audiência de instrução e julgamento independentemente de intimação.

Somente será deferida intimação de testemunha que, comprovadamente convidada, deixar de comparecer. Não comparecendo a testemunha intimada, o juiz poderá determinar sua imediata condução coercitiva.

Apenas quando a prova do fato o exigir, ou for legalmente imposta, será deferida prova técnica, incumbindo ao juiz, desde logo, fixar o prazo, o objeto da perícia e nomear perito.

As partes serão intimadas a manifestar-se sobre o laudo, no prazo comum de 5 (cinco) dias.

Interrompida a audiência, o seu prosseguimento e a solução do processo dar-se-ão no prazo máximo de 30 (trinta) dias, salvo motivo relevante justificado nos autos pelo juiz da causa.

2.3. SENTENÇA

No procedimento sumaríssimo, a sentença mencionará os elementos de convicção do juízo, com resumo dos fatos relevantes ocorridos em audiência, dispensado o relatório (CLT, art. 852-I).

O juízo adotará em cada caso a decisão que reputar mais justa e equânime, atendendo aos fins sociais da lei e às exigências do bem comum.

As partes serão intimadas da sentença na própria audiência em que prolatada.

Quadro sinótico – Reclamação Trabalhista

Introdução	Procedimentos: ordinário ou sumaríssimo	
1. Procedimento ordinário	Distribuição	Localidades em que houver mais de uma Vara (art. 838 da CLT)
		Torna prevento o juízo, induz litispendência e faz litigiosa a coisa; quando ordenada por juiz incompetente, constitui em mora o reclamado e interrompe a prescrição

<table>
<tr><td rowspan="7">1. Procedimento ordinário</td><td rowspan="2">Distribuição</td><td>Distribuição por dependência (art. 253)</td><td>a) causas que se relacionarem, por conexão e continência, com outra já ajuizada
b) quando, tendo sido extinto o processo, sem julgamento de mérito, for reiterado o pedido, ainda que em litisconsórcio com outros autores ou que sejam parcialmente alterados os réus da demanda
c) quando houver ajuizamento de ações idênticas, ao juízo prevento</td></tr>
<tr><td>Reclamação verbal</td><td>Distribuída antes de sua redução a termo (art. 789, caput, da CLT)
Reclamante deverá apresentar-se na secretaria da Vara em 5 dias para reduzi-lo a termo, sob pena de perempção</td></tr>
<tr><td rowspan="5">Petição inicial</td><td colspan="2">Escrita ou verbal
Legitimidade:
a) ordinária: apresentada pelos próprios empregados ou empregadores (ius postulandi) ou por meio de seus advogados
b) extraordinária: sindicatos e MPT
Escrita:
I – Conteúdo (art. 840, § 1º, da CLT, com redação dada pela Lei n. 13.467/2017):
a) a designação do juízo
b) a qualificação das partes
c) a breve exposição dos fatos de que resulte o dissídio
d) o pedido, que deverá ser certo, determinado e com indicação de seu valor
e) a data
f) a assinatura do reclamante ou de seu representante
Verbal: reduzida a termo, em duas vias datadas e assinadas pelo diretor da Secretaria da Vara do Trabalho</td></tr>
<tr><td>1) Instrução documental</td><td>Reclamação escrita ajuizada eletronicamente, acompanhada dos documentos em que se fundar (inteligência do art. 787 da CLT)</td></tr>
<tr><td rowspan="2">2) Litisconsórcio</td><td>Várias reclamações e com identidade de matéria poderão ser acumuladas em um só processo, se se tratar de empregados da mesma empresa ou estabelecimento (art. 842 da CLT)</td></tr>
<tr><td>Ativo ou passivo, facultativo ou obrigatório
Obrigatório (necessário): quando, por disposição de lei ou pela natureza da relação jurídica, o juiz tiver de decidir a lide de modo uniforme para todas as partes</td></tr>
</table>

<table>
<tr><td rowspan="9">1. Procedimento ordinário</td><td rowspan="9">Petição inicial</td><td>2) Litisconsórcio</td><td>Litisconsortes considerados, em suas relações com a parte adversa, como litigantes distintos, exceto no litisconsórcio unitário, caso em que os atos e as omissões de um não prejudicarão os outros, mas os poderão beneficiar (CPC, art. 117)</td></tr>
<tr><td>3) Causa de pedir</td><td>Breve exposição dos fatos de que resulte o dissídio. Jus postulandi – desnecessária a indicação do fundamento jurídico de sua pretensão</td></tr>
<tr><td rowspan="6">4) Pedidos</td><td>Certo, determinado e com indicação de seu valor
Pedido genérico: lícito quando não for possível determinar, de modo definitivo, as consequências do ato ilícito ou quando a determinação do valor da condenação depender de ato que deva ser praticado pelo reclamado (art. 324, § 1º, II e III, do CPC)</td></tr>
<tr><td>Pedido alternativo: quando, pela natureza da obrigação, o devedor puder cumprir a prestação de mais de um modo (art. 325, caput, do CPC)</td></tr>
<tr><td>Mais de um pedido em ordem subsidiária (art. 326 do CPC): é lícito formular</td></tr>
<tr><td>Prestações periódicas: estarão incluídas no pedido, independentemente de declaração expressa do reclamante</td></tr>
<tr><td>Cumulação de pedidos em um único processo contra o mesmo reclamado: permitida ainda que entre eles não haja conexão (art. 327 do CPC)
Requisitos de admissibilidade da cumulação:
a) pedidos compatíveis entre si
b) que seja competente para conhecer deles o mesmo juízo
c) que seja adequado para todos os pedidos o tipo de procedimento</td></tr>
<tr><td>Previsão legal: art. 291 do CPC (aplicação subsidiária)
Constará sempre da petição inicial e será:
a) na reclamação trabalhista, a soma monetariamente corrigida do principal, dos juros de mora vencidos e de outras penalidades, se houver, até a data de propositura da ação
b) na ação indenizatória, inclusive a fundada em dano moral, o valor pretendido</td></tr>
</table>

<table>
<tr><td rowspan="6">1. Procedimento ordinário</td><td>Petição inicial</td><td>5) Valor da causa</td><td colspan="2">c) havendo cumulação de pedidos, a quantia correspondente à soma dos valores de todos eles
d) sendo alternativos os pedidos, o de maior valor
e) se houver também pedido subsidiário, o valor do pedido principal</td></tr>
<tr><td rowspan="3">Indeferimento da petição inicial</td><td colspan="3">Por encontrar-se esta desacompanhada de documento indispensável à propositura da ação ou não preencher outro requisito legal: somente será cabível se, após intimada para suprir a irregularidade em 15 (quinze) dias, mediante indicação precisa do que deve ser corrigido ou completado, a parte não o fizer (Súmula 263 do TST)</td></tr>
<tr><td colspan="3">Indeferimento sumário quando (art. 330 do CPC):
a) for inepta
b) a parte for manifestamente ilegítima
c) o reclamante carecer de interesse processual
d) o juiz verificar, desde logo, a decadência ou prescrição
e) o tipo de procedimento escolhido pelo reclamante não corresponder à natureza da causa ou ao valor da ação</td></tr>
<tr><td colspan="3">Inépcia da inicial quando:
a) faltar pedido ou causa de pedir
b) da narração dos fatos não decorrer logicamente a conclusão
c) o pedido for juridicamente impossível
d) houver pedidos incompatíveis entre si</td></tr>
<tr><td rowspan="2">Tutela provisória</td><td colspan="3">Urgência ou evidência (CPC, art. 294)
Urgência: cautelar ou antecipada, pode ser concedida em caráter antecedente ou incidental.
Conserva sua eficácia na pendência do processo, mas pode, a qualquer tempo, ser revogada ou modificada (CPC, art. 296)
O juiz poderá determinar as medidas que considerar adequadas para efetivação da tutela provisória (CPC, art. 297)
No caso ser concedida antes da sentença, cabe a impetração do mandado de segurança, em face da inexistência de recurso próprio</td></tr>
<tr><td>Tutela de urgência</td><td>Concedida quando houver elementos que evidenciem a probabilidade do direito e o perigo de dano ou o risco ao resultado útil do processo (CPC, art. 300)
Não será concedida quando houver perigo de irreversibilidade dos efeitos da decisão</td><td>Tutela antecipada em caráter antecedente
Urgência contemporânea à propositura da ação: petição inicial pode limitar-se ao requerimento da tutela antecipada e à indicação do pedido de tutela final, com a exposição da lide, do direito que se busca realizar e do perigo de dano ou do risco ao resultado útil do processo (CPC, art. 303)</td></tr>
</table>

1. Procedimento ordinário	Tutela provisória	Tutela de urgência	A tutela de urgência de natureza cautelar pode ser efetivada mediante arresto, sequestro, arrolamento de bens, registro de protesto contra alienação de bem e qualquer outra medida idônea para asseguração do direito (CPC, art. 301)	A tutela antecipada conservará seus efeitos enquanto não revista, reformada ou invalidada por decisão de mérito
				Tutela cautelar em caráter antecedente Petição inicial: indicará a lide e seu fundamento, a exposição sumária do direito que se objetiva assegurar e o perigo de dano ou o risco ao resultado útil do processo (CPC, art. 305) Efetivada a tutela cautelar, o pedido principal terá de ser formulado pelo reclamante no prazo de 30 (trinta) dias, caso em que será apresentado nos mesmos autos em que deduzido o pedido de tutela cautelar (CPC, art. 308) Cessa a eficácia da tutela concedida em caráter antecedente se (CPC, art. 309): I – o autor não deduzir o pedido principal no prazo legal II – não for efetivada dentro de 30 (trinta) dias III – o juiz julgar improcedente o pedido principal formulado pelo reclamante ou extinguir o processo sem resolução de mérito Se por qualquer motivo cessar a eficácia da tutela cautelar, é vedado à parte renovar o pedido, salvo sob novo fundamento O indeferimento da tutela cautelar não obsta a que a parte formule o pedido principal, nem influi no julgamento deste, salvo se o motivo do indeferimento for o reconhecimento de decadência ou de prescrição (CPC, art. 310)

1. Procedimento ordinário	Tutela provisória	Tutela de evidência	Será concedida, independentemente da demonstração de perigo de dano ou de risco ao resultado útil do processo quando (CPC, art. 311): a) ficar caracterizado o abuso de direito de defesa ou manifesto propósito protelatório da parte b) as alegações de fato puderem ser comprovadas apenas documentalmente e houver tese firmada em julgamento de casos repetitivos ou em súmula vinculante c) a petição inicial for instruída com prova documental suficiente dos fatos constitutivos do direito do reclamante, a que o reclamado não oponha prova capaz de gerar dúvida razoável
	Casos idênticos (CPC, art. 332)	Requisitos: a) julgamento de total improcedência aos pedidos (pois, caso contrário, haveria ofensa à ampla defesa e contraditório) b) causas que dispensem a fase instrutória c) contrariedade a entendimentos sumulados de jurisprudência uniforme ou firmados em julgamento de recursos repetitivos ou assunção de competência (não mais sendo suficiente que o juízo tenha proferido sentença em outros casos idênticos) Juiz também poderá julgar liminarmente improcedente o pedido se verificar, desde logo, a ocorrência de decadência	
	Notificação inicial	Distribuída eletronicamente a ação trabalhista, o Diretor da Secretaria, remeterá, ao reclamado, a chave de acesso à petição e aos documentos eletrônicos, notificando-o da audiência.	
		O intervalo entre o recebimento da notificação inicial e a data da audiência trabalhista, envolvendo órgãos públicos, é de 20 dias (Decreto-Lei n. 779/69)	
		Regra geral: feita por correspondência registrada Reclamado cria embaraços para recebimento: feita por edital, inserido no jornal oficial ou no que publicar expediente forense, ou, na falta, afixado na sede da Vara	
		Reclamante	Notificado no próprio ato de apresentação da reclamação eletrônica ou via PJe
		Presunção de recebimento	Em 48 horas após sua postagem. O não recebimento após o decurso desse prazo constitui ônus de prova do destinatário (Súmula 16 do TST)
	Audiência trabalhista	Pública: realizada em dias úteis previamente fixados, entre 8 e 18 horas, não podendo ultrapassar 5 horas seguidas, salvo quando houver matéria urgente (art. 813 da CLT)	

<table>
<tr><td rowspan="9">1. Procedimento ordinário</td><td rowspan="9">Audiência trabalhista</td><td colspan="2">Registro das audiências: feito em livro próprio, constando de cada registro os processos apreciados e a respectiva solução, bem como as ocorrências eventuais</td></tr>
<tr><td colspan="2">Será contínua/una. Se não for possível concluí-la no mesmo dia, por motivo de força maior, o juiz marcará a sua continuação para a primeira data desimpedida, independentemente de nova notificação (art. 848 da CLT)</td></tr>
<tr><td rowspan="3">1) Comparecimento obrigatório das partes</td><td>Deverão estar presentes pessoalmente o reclamante e o reclamado, independentemente do comparecimento de seus advogados (exceto reclamatórias plúrimas ou ações de cumprimento) – art. 843 da CLT</td></tr>
<tr><td>Empregador: facultado fazer-se substituir pelo gerente ou qualquer outro preposto que tenha conhecimento do fato e cujas declarações obrigam o proponente</td></tr>
<tr><td>Reclamante: se não for possível o comparecimento, por motivo comprovado, o mesmo poderá fazer-se representar por outro empregado que pertença à mesma profissão ou pelo seu sindicato
O preposto não precisa ser empregado da parte reclamada</td></tr>
<tr><td rowspan="4">2) Consequências da ausência das partes</td><td>Juiz não comparece em até 15 minutos: presentes poderão retirar-se, sendo o ocorrido registrado no livro de registro de audiências (OJ 245, SBDI-1, do TST)</td></tr>
<tr><td>Reclamante não aparece: arquivamento da reclamação
Obs.: ausência, quando adiada a instrução após contestada a ação em audiência, não importa arquivamento do processo (Súmula 9 do TST)
Pena de confissão à parte que, expressamente intimada, não comparece à audiência em prosseguimento (Súmula 74, I, do TST)</td></tr>
<tr><td>Reclamado não aparece: revelia, além de confissão quanto à matéria de fato
Presente o advogado na audiência, serão aceitos a contestação e os documentos eventualmente apresentados</td></tr>
<tr><td>Pessoa jurídica de direito público: sujeita-se também à revelia</td></tr>
</table>

1. Procedimento ordinário	Audiência trabalhista	3) Primeira tentativa conciliatória	Aberta a audiência, o juiz proporá a conciliação (art. 846, *caput*, c/c art. 764, § 1º, da CLT)	
			Ocorrendo acordo: lavra-se termo, valendo como decisão irrecorrível, salvo para a Previdência Social, quanto às contribuições que lhe forem devidas (art. 831, parágrafo único, da CLT)	
			Termo conciliatório: transita em julgado na data da sua homologação judicial (Súmula 100, V, do TST)	
			Impugnação do termo de conciliação: somente por ação rescisória (Súmula 259 do TST)	
		4) Multa do art. 467 da CLT	Havendo controvérsia no montante das verbas rescisórias, o empregador é obrigado a pagar ao trabalhador a parte incontroversa, na data do comparecimento na JT, sob pena de pagá-las acrescidas de 50% (art. 467 da CLT) Não aplicada à União, Estados, DF, Municípios e suas autarquias e fundações públicas	
	Resposta do reclamado	Não ocorrendo acordo	Reclamado terá 20 minutos para aduzir sua defesa (art. 847, *caput*, da CLT), podendo, contudo, a parte apresentar defesa escrita pelo sistema de processo judicial eletrônico até a audiência Oferecida a contestação, ainda que eletronicamente (nesse caso, sem sigilo, por interpretação lógica), o reclamante não poderá, sem o consentimento do reclamado, desistir da ação (CLT, art. 841, § 3º, introduzido pela Lei n. 13.467/2017).	
		1) Contestação	Incumbe ao reclamado alegar, na contestação, toda a matéria de defesa, expondo as razões de fato e de direito com que impugna o pedido do reclamante e especificando as provas que pretende produzir (CPC, art. 336)	
			Compensação: somente arguida como matéria de defesa em contestação e restrita a dívidas de natureza trabalhista	
			Reclamado alega antes da discussão do mérito	a) inexistência ou nulidade de notificação inicial b) incompetência absoluta c) inépcia da petição inicial d) perempção e) litispendência f) coisa julgada g) conexão

1. Procedimento ordinário	Resposta do reclamado	1) Contestação	Reclamado alega antes da discussão do mérito	h) incapacidade da parte, defeito de representação ou falta de autorização i) ausência de legitimidade ou de interesse processual j) indevida concessão do benefício de gratuidade de justiça
		2) Reconvenção	No prazo de resposta, é lícito ao réu propor reconvenção para pretensão própria, conexa com a ação principal ou com o fundamento da defesa (CPC, art. 343)	
			Não será possível quando o reclamante estiver demandando em nome de outrem (substituição processual)	
		3) Intervenção de terceiros	Admitidos: a) assistência b) denunciação da lide c) chamamento ao processo	
			I – Assistência	Pendendo causa entre duas ou mais pessoas, o terceiro juridicamente interessado em que a sentença seja favorável a uma delas poderá intervir no processo para assisti-la (art. 119 do CPC)
				Cabível em qualquer dos tipos de procedimento e em todos os graus de jurisdição, mas o assistente recebe o processo no estado em que se encontra
				Prazo para impugnação: 5 dias
				Assistente atuará como auxiliar da parte principal, exercerá os mesmos poderes e sujeitar-se-á aos mesmos ônus processuais que o assistido (art. 121 do CPC)

1. Procedimento ordinário	Resposta do reclamado	3) Intervenção de terceiros	I – Assistência	Cabível em qualquer dos tipos de procedimento e em todos os graus de jurisdição, mas o assistente recebe o processo no estado em que se encontra
				Prazo para impugnação: 5 dias
				Assistente atuará como auxiliar da parte principal, exercerá os mesmos poderes e sujeitar-se-á aos mesmos ônus processuais que o assistido (art. 121 do CPC)
				Assistido revel: assistente será considerada seu substituto processual
			II – Denunciação da lide	Cabível àquele que estiver obrigado, pela lei ou contrato (em decorrência à relação de trabalho), a indenizar, através de ação regressiva (cuja competência também seja da Justiça do Trabalho), o prejuízo do que perder a demanda (art. 125, II, do CPC) ou na hipótese de *factum principis* (art. 486 da CLT)
				Notificação do denunciado: requerida no momento da defesa e, uma vez ordenada, o processo é suspenso
				Feita a denunciação (art. 128 do CPC): a) se o denunciado contestar o pedido, o processo prosseguirá tendo, na ação principal, em litisconsórcio, denunciante e denunciado

1. Procedimento ordinário	Resposta do reclamado	3) Intervenção de terceiros	II – Denunciação da lide	b) se o denunciado for revel, o denunciante pode deixar de prosseguir com sua defesa, eventualmente oferecida, e abster-se de recorrer, restringindo sua atuação à ação regressiva c) se o denunciado confessar os fatos alegados pelo reclamante na ação principal, o denunciante poderá prosseguir com sua defesa ou, aderindo a tal reconhecimento, pedir apenas a procedência da ação de regresso
			III – Chamamento ao processo	Admissível o chamamento de todos os devedores solidários, quando o reclamante exigir de um ou de alguns deles, parcial ou totalmente, a dívida comum (art. 130, III, do CPC)
		4) Exceção	Suspensão do feito: somente as de incompetência territorial, suspeição ou impedimento	
			A exceção de incompetência territorial será apresentada no prazo de cinco dias a contar do recebimento da notificação (sob pena de preclusão, deduz-se), antes da audiência e em peça que sinalize a existência desta exceção (inteligência do novo art. 800, *caput*, da CLT). Decidida a exceção de incompetência territorial, o processo retomará seu curso, com a designação da audiência principal, a apresentação de defesa e a instrução processual perante o juízo competente (CLT, art. 800, § 4º).	
			No caso de exceção de suspeição ou impedimento (que deverão ser oferecidas pelo excipiente em peça autônoma, no prazo de resposta), o juiz ou tribunal designará audiência, dentro de 48 horas, para instrução e julgamento (CLT, art. 802, *caput*)	

1. Procedimento ordinário	Resposta do reclamado	4) Exceção	Decisões: não caberá recurso, podendo, no entanto, as partes alegá-las novamente no recurso que couber da decisão final (art. 799, § 2º, da CLT)	
			I – De incompetência relativa ou absoluta	a) relativa: incompetência territorial; oposta necessariamente por meio de exceção b) absoluta: incompetência material ou funcional (originária ou hierárquica); serão declaradas *ex officio*, podendo ser alegadas em qualquer tempo (notadamente como preliminar de contestação) e grau de jurisdição
			II – De suspeição	Juiz é obrigado a dar-se por suspeito e pode ser recusado, em relação à pessoa dos litigantes por: a) inimizade pessoal b) amizade íntima c) parentesco por consanguinidade ou afinidade até o terceiro grau civil d) interesse particular na causa (art. 801 da CLT)
			III – De impedimento	Defeso ao juiz exercer as suas funções no processo (art. 144 do CPC): a) em que interveio como mandatário da parte, oficiou como perito, funcionou como membro do Ministério Público ou prestou depoimento como testemunha b) de que conheceu em outro grau de jurisdição, tendo proferido decisão c) quando nele estiver postulando, como defensor público, advogado ou membro do Ministério Público, seu cônjuge ou companheiro, ou

<table>
<tr><td rowspan="7">1. Procedimento ordinário</td><td rowspan="3">Resposta do reclamado</td><td rowspan="2">4) Exceção</td><td>III – De impedimento</td><td>qualquer parente, consanguíneo ou afim, em linha reta ou colateral, até o terceiro grau, inclusive
d) quando for parte no processo ele próprio, seu cônjuge ou companheiro, ou parente, consanguíneo ou afim, em linha reta ou colateral, até o terceiro grau, inclusive
e) quando for sócio ou membro de direção ou de administração de pessoa jurídica parte no processo</td></tr>
<tr><td colspan="2">Motivos de suspeição e impedimento: também aplicados ao membro do Ministério Público e aos auxiliares da justiça (art. 148 do CPC)</td></tr>
<tr><td>5) Impugnação do valor da causa</td><td colspan="2">Com o advento da Lei n. 9.957/2000 (rito sumaríssimo), no prazo de resposta do reclamado, sob pena de preclusão. Não havendo impugnação, presume-se aceito o valor atribuído à causa na petição inicial</td></tr>
<tr><td>Julgamento antecipado do mérito</td><td colspan="3">O juiz decidirá parcialmente o mérito quando um ou mais dos pedidos formulados ou parcela deles (CPC, art. 356):
I – mostrar-se incontroverso
II – estiver em condições de imediato julgamento</td></tr>
<tr><td>A prova no processo do trabalho</td><td colspan="3">O juiz do trabalho dirigirá qualquer processo com liberdade para determinar as provas a serem produzidas, considerando o ônus probatório de cada litigante, podendo limitar ou excluir as que considerar excessivas, impertinentes ou protelatórias, bem como para apreciá-las e dar especial valor às regras de experiência comum ou técnica.
Aplicará as regras de experiência comum subministradas pela observação do que ordinariamente acontece e, ainda, as regras da experiência técnica, ressalvado, quanto a estas, o exame pericial (CPC, art. 375).</td></tr>
<tr><td rowspan="2">Meios de prova</td><td colspan="3">Todos os meios legais e os moralmente legítimos (art. 369 do CPC)</td></tr>
<tr><td>Legais</td><td colspan="2">a) prova documental
b) prova testemunhal
c) prova pericial
d) inspeção judicial</td></tr>
</table>

1. Procedimento ordinário	Meios de prova	Fatos que independem de prova	Art. 374 do CPC: a) notórios (conhecimento público) b) afirmados por uma parte e confessados pela parte contrária c) admitidos no processo como incontroversos (não comportam dúvida) d) presunção legal de existência ou veracidade
			• Confissão real: fatos admitidos pela própria parte ou declarados em juízo • Confissão ficta: quando a parte se ausenta da audiência ou se recusa a depor • Presunção absoluta: não admite prova em contrário – *jure et de jure* • Presunção relativa: pode ser elidida prova em contrário, sendo intitulada *juris tantum*
		Prova documental	Além da representação material escrita tradicional, o conceito de documento também abrange as reproduções mecânicas: fotográficas, cinematográficas, fonográficas e de outras espécies (inteligência do art. 422 do CPC)
			Defesa: fatos impeditivos, extintivos ou modificativos do direito do reclamante (art. 845 da CLT)
			Documento em cópia poderá ser declarado autêntico pelo próprio advogado (art. 830, *caput*, da CLT)
			Falsidade documental: • cessa a fé no documento particular ou público • o incidente de falsidade tem lugar em qualquer tempo e grau de jurisdição • o ônus de provar cabe à parte que a arguir – falsidade de documento ou preenchimento abusivo – art. 429, I, do CPC; à parte que produziu – impugnação de autenticidade – art. 429, II, do CPC
			Requisição de documentos (art. 438, I, do CPC): • certidões necessárias à prova das alegações das partes
			Exibição de documentos: • ordem judicial (art. 396 do CPC) • o requerente individualiza o documento no pedido, a finalidade da prova e as circunstâncias para afirmar que o documento existe e se acha em poder da parte contrária (art. 397 do CPC) • juiz não admite recusa do requerido (art. 399 do CPC)

1. Procedimento ordinário	Meios de prova	Prova documental	Indispensabilidade da prova documental: • pagamento de salários (art. 464 da CLT) • pedido de demissão ou termo de quitação das verbas rescisórias de empregados com mais de 1 ano de serviço até 10-11-2017 (vigência da Lei n. 13.467/2017, que revogou o art. 477, § 1º, da CLT) • controle de horário de trabalho nas empresas com mais de 10 funcionários (art. 74, § 2º, da CLT) • exercício de atividade externa incompatível com a fixação de horário de trabalho (art. 62, I, da CLT)
		Prova testemunhal	Admissível com maior amplitude no processo do trabalho
			Parte inocente poderá provar: • divergência entre a vontade real e a vontade declarada nos contratos simulados • os vícios de consentimento contidos em qualquer documento relativo ao contrato de trabalho
			Indeferida diante de fatos (art. 443 do CPC): • provados por documento ou confissão da parte • que só por documento ou por exame pericial puderem ser provados
			Depoimento de testemunha parente até o 3º grau civil, amigo íntimo ou inimigo de qualquer das partes valerá como simples informação (art. 829 da CLT) Proibidos: os incapazes
			Impedido: aquele que for parte na causa
			Suspeito: aquele que tiver interesse no litígio Vide Súmula 357 do TST
			Incapazes: vide art. 447, § 1º, do CPC
		Prova pericial	Exame, vistoria ou avaliação
			Prova técnica: será deferida quando a prova do fato o exigir, ou for legalmente imposta
			Indeferida (art. 464, § 1º, do CPC): • não depender do conhecimento especial do técnico • desnecessária em vista de outras já produzidas • a verificação for impraticável
			Cada parte poderá indicar um assistente técnico, cujo laudo terá de ser apresentado no prazo que for fixado para o perito e podendo ser ouvido pessoalmente em audiência

1. Procedimento ordinário	Meios de prova	Prova pericial	Cada parte poderá apresentar quesitos (regulares e suplementares) ao perito
			Substituição de perito (art. 468 do CPC): • se carecer de conhecimento técnico ou científico • se descumprir o encargo no prazo sem motivo legítimo
			Juiz: não está adstrito ao laudo pericial (art. 479 do CPC)
		Inspeção judicial	De ofício ou a requerimento da parte e em qualquer fase do processo (art. 481 do CPC)
			No local onde encontre a pessoa ou coisa (art. 483 do CPC): • para a melhor verificação ou interpretação dos fatos • a coisa não puder ser apresentada em juízo • para a reconstituição dos fatos
			Auto circunstanciado (art. 484 do CPC)
	Ônus da prova	Incumbe	a) ao reclamante (fato constitutivo do seu direito) b) ao reclamado (fato impeditivo, modificativo ou extintivo do direito do reclamante)
		Fatos constitutivos	Identificam o preenchimento dos requisitos previstos legalmente para a aquisição de um direito. Ex.: existência da relação trabalhista
		Fatos extintivos	Reconhecem o direito do autor, mas opõem motivo que encerra sua exigência. Ex.: o pagamento
		Fatos impeditivos	Impossibilitam a constituição do direito do autor em razão de ausência de fundamento legal. Ex.: férias proporcionais na justa causa
		Fatos modificativos	Contrariam a narrativa fática exposta pelo reclamante, acarretando a constituição de direito diverso daquele pretendido pelo trabalhador. Ex.: prestação de serviços autônomos
		Inversão do ônus	Nos casos previstos em lei ou diante de peculiaridades da causa relacionadas à impossibilidade ou à excessiva dificuldade de cumprir o encargo ou à maior facilidade de obtenção da prova do fato contrário, poderá o juízo atribuir o ônus da prova de modo diverso, desde que o faça por decisão fundamentada, caso em que deverá dar à parte a oportunidade de se desincumbir do ônus que lhe foi atribuído (CLT, art. 818, § 1º).

<table>
<tr><td rowspan="9">1. Procedimento ordinário</td><td rowspan="2">Ônus da prova</td><td rowspan="2">Inversão do ônus</td><td>A decisão deverá ser proferida antes da abertura da instrução e, a requerimento da parte, implicará o adiamento da audiência e possibilitará provar os fatos por qualquer meio em direito admitido (CLT, art. 818, § 2º). Essa decisão, no entanto, não pode gerar situação em que a desincumbência do encargo pela parte seja impossível ou excessivamente difícil (CLT, art. 818, § 3º).</td></tr>
<tr><td>Os cartões de ponto são inválidos como meios de prova (vide Súmula 338, III, do TST)</td></tr>
<tr><td>Valoração e extensão da prova</td><td colspan="2">• Art. 371 do CPC
• OJ 233, da SDBI-1, do TST</td></tr>
<tr><td>Prova emprestada</td><td colspan="2">• Nas hipóteses de contemporaneidade com a época de prestação dos serviços da reclamada
• Participação da parte contrária na relação processual em que foi produzida a prova, garantida sempre a ampla defesa e o acesso à tutela jurisdicional
O juiz poderá admitir a utilização de prova produzida em outro processo, atribuindo-lhe o valor que considerar adequado, observado o contraditório (art. 372 do CPC)</td></tr>
<tr><td rowspan="5">Instrução processual</td><td>1) Interrogatório das partes</td><td>Destina-se a dispensar a prova, diante da confissão quanto aos fatos controvertidos
Prerrogativa exclusiva do magistrado
Parte notificada não comparece, ou, comparecendo, recusa-se a depor, o juiz aplica a pena de confissão</td></tr>
<tr><td rowspan="4">2) Depoimentos testemunhais e periciais</td><td>Testemunhas: comparecerão à audiência trabalhista independentemente de notificação ou intimação (art. 825 da CLT), sendo dispensado o prévio arrolamento</td></tr>
<tr><td>Cada parte poderá indicar até 3 testemunhas</td></tr>
<tr><td>Exceção: inquérito para apuração de falta grave número que pode ser elevado a 6</td></tr>
<tr><td>Lícito à parte contraditar testemunha (arguindo incapacidade, impedimento ou suspeição)
Aplica-se multa por litigância de má-fé à testemunha que intencionalmente alterar a verdade dos fatos ou omitir fatos essenciais ao julgamento da causa (CLT, art. 793-D)
Se nega: parte poderá provar a contradita com documentos ou com testemunhas (até 3) apresentadas no ato (art. 457, § 1º, do CPC)</td></tr>
</table>

<table>
<tr>
<td rowspan="6">1. Procedimento ordinário</td>
<td rowspan="2">Instrução processual</td>
<td>2) Depoimentos testemunhais e periciais</td>
<td>Juiz: considerando necessária oitiva de testemunha impedida ou suspeita, esta não prestará compromisso, e seu depoimento valerá como simples informação (art. 829 da CLT)
Primeiro ouvem-se as testemunhas do reclamante e depois as do reclamado
A testemunha não é obrigada a prestar depoimento sobre fatos (art. 456 do CPC):
a) que lhe acarretem grave dano, bem como ao seu cônjuge e aos seus parentes consanguíneos ou afins, em linha reta ou na colateral em segundo grau
b) a cujo respeito, por estado ou profissão, deva guardar sigilo</td>
</tr>
<tr>
<td>3) Disposições gerais</td>
<td>Depoimento das partes e testemunhas que não souberem falar a língua nacional, surdo-mudo ou mudo que não saiba escrever: feito por intérprete nomeado pelo juiz (art. 819 da CLT)</td>
</tr>
<tr>
<td>Razões finais</td>
<td colspan="2">Terminada a instrução, partes a aduzem em prazo não excedente de 10 minutos para cada uma (art. 850, primeira parte, da CLT)
Comum a apresentação de razões finais remissivas pelas partes</td>
</tr>
<tr>
<td>Renovação da proposta conciliatória</td>
<td colspan="2">Após prazo para razões finais, juiz renovará a proposta de conciliação. Não se efetivando, o juiz proferirá a decisão</td>
</tr>
<tr>
<td rowspan="2">Julgamento</td>
<td colspan="2">Trâmites de instrução e julgamento: serão resumidos em ata, de que constará, na íntegra, a sentença trabalhista

Ata: será juntada ao processo, assinada pelo juiz no prazo de 48 horas, contadas da audiência de julgamento (art. 851, § 2º, da CLT)

Publicação das decisões e notificação aos litigantes: consideram-se realizadas nas próprias audiências em que forem proferidas (art. 834 c/c art. 852 da CLT)

Revelia: notificação será feita por registro postal. Se o revel não for encontrado, por edital</td>
</tr>
<tr>
<td colspan="2">Alteração de sentença após publicada (art. 833 da CLT c/c art. 494 do CPC):
a) para corrigir, de ofício ou a requerimento da parte, inexatidões materiais, ou lhe retificar erros de cálculo
b) por embargos de declaração</td>
</tr>
</table>

1. Procedimento ordinário	Sentença trabalhista	São elementos essenciais à sentença trabalhista: o relatório (que conterá os nomes das partes, a identificação do caso, com a suma do pedido e da contestação, e o registro das principais ocorrências havidas no andamento do processo); os fundamentos (em que o juiz apreciará as provas e analisará as questões de fato e de direito – CF, art. 93, IX); e o dispositivo (em que resolverá as questões principais que as partes lhe submeterem, com as respectivas conclusões) Falta de disposições legais ou contratuais para decisão: JT e autoridades administrativas decidirão, conforme o caso, pela jurisprudência, por analogia, por equidade e por outros princípios e normas gerais de direito, principalmente do direito do trabalho e, ainda, de acordo com os usos e costumes do direito comparado (art. 8º, *caput*)	
		1) Sucumbência	Decisão mencionará sempre as custas e eventuais honorários (advocatícios ou periciais) que devam ser pagos pela parte sucumbente
		2) Hipoteca judiciária	Sentença que condenar o reclamado ao pagamento de prestação consistente em dinheiro e a que determinar a conversão em prestação de fazer, de não fazer ou de dar coisa em prestação pecuniária valerão como título constitutivo de hipoteca judiciária (art. 495 do CPC)
		3) Condenação em obrigação de pagar	Deverá o juiz determinar precisamente os haveres trabalhistas deferidos, identificando o período de apuração, a fração correspondente aos proporcionais e os reflexos econômicos porventura incidentes em verbas contratuais e rescisórias, discriminando-as
		4) Condenação em obrigação de fazer	Juiz, se procedente o pedido, concederá a tutela específica ou determinará providências que assegurem a obtenção de tutela pelo resultado prático equivalente (art. 497 do CPC)
		5) Condenação em obrigação de entrega de coisa	Juiz, ao conceder a tutela específica, fixará o prazo para o cumprimento da obrigação (art. 498 do CPC)
		6) Tutela provisória concedida na sentença	A interposição de recurso não suspenderá os efeitos da tutela
		7) Julgamento *extra petita* ou *ultra petita*	O juiz decidirá o mérito nos limites propostos pelas partes, sendo-lhe vedado conhecer de questões não suscitadas a cujo respeito a lei exige iniciativa da parte (art. 141 do CPC), ficando vedado ao juiz proferir decisão de natureza diversa da pedida, bem como condenar a parte em quantidade superior ou em objeto diverso do que lhe foi demandado (art. 492, *caput*, do CPC)

1. Procedimento ordinário	Sentença trabalhista	8) Decisões vinculantes do STF	Sentenças trabalhistas deverão observar e se compatibilizar com súmulas e decisões declaratórias de constitucionalidade, inconstitucionalidade ou descumprimento de preceito fundamental de efeito vinculante proveniente do STF
		9) Combate à simulação	Convencendo-se, pelas circunstâncias da causa, de que o reclamante e o reclamado se serviram do processo para praticar ato simulado ou conseguir fim vedado por lei, o juiz proferirá sentença que impeça os objetivos das partes, aplicando, de ofício, as penalidades de litigância de má-fé (art. 142 do CPC)
1. Procedimento ordinário	Formação da coisa julgada	Coisa julgada formal: processo não comporta qualquer forma de recurso (preclusão máxima)	
		Coisa julgada material: a autoridade, que torna imutável e indiscutível a decisão do mérito, não mais sujeita a recurso (art. 502 do CPC)	
		Não fazem coisa julgada (art. 504 do CPC)	a) os motivos, ainda que importantes para determinar o alcance da parte dispositiva da sentença b) a verdade dos fatos, estabelecida como fundamento de sentença
2. Procedimento sumaríssimo	Previsão legal: Lei n. 9.957/2000 – incluiu arts. 852-A a 852-I na CLT Cabimento: dissídios individuais cujo valor não exceda a 40 vezes o salário mínimo vigente na data do ajuizamento da reclamação (art. 852-A da CLT) Excluídos do procedimento: demandas em que seja parte a Administração Pública direta, autárquica e fundacional		
	Petição inicial (art. 852-B da CLT)	a) pedido deverá ser certo ou determinado e indicará o valor correspondente b) não se fará a citação por edital, incumbindo ao autor a correta indicação do nome e endereço do reclamado c) apreciação da reclamação deverá ocorrer no prazo máximo de 15 dias do seu ajuizamento, podendo constar de pauta especial, se necessário	
		O não atendimento, pelo reclamante, de "a" e "b" importará no arquivamento da reclamação e condenação ao pagamento de custas sobre o valor da causa	
	Audiência	Única Aberta a audiência, o juiz tentará a conciliação e usará os meios adequados de persuasão para a solução conciliatória do litígio, em qualquer fase da audiência (art. 852-E da CLT)	
		Todas as provas são produzidas em audiência, ainda que não requeridas previamente (art. 852-H)	

<table>
<tr><td rowspan="6">2. Procedimento sumaríssimo</td><td rowspan="6">Audiência</td><td>Ata da audiência</td><td>Registrados resumidamente os atos essenciais, as afirmações fundamentais das partes e as informações úteis à solução da causa (art. 852-F da CLT)</td></tr>
<tr><td>Testemunhas</td><td>Máximo 2 para cada parte</td></tr>
<tr><td>Prova técnica</td><td>Apenas quando a prova do fato exigir (prazo comum de 5 dias para as partes se manifestarem sobre o laudo)</td></tr>
<tr><td>Interrupção da audiência</td><td>Prosseguimento e solução do processo dar-se-ão no prazo máximo de 30 dias, salvo motivo relevante justificado nos autos pelo juiz da causa</td></tr>
<tr><td colspan="2">A sentença mencionará os elementos de convicção do juízo, com resumo dos fatos relevantes ocorridos em audiência, dispensado o relatório (art. 852-I da CLT)</td></tr>
<tr><td colspan="2">Partes intimadas da sentença na própria audiência em que prolatada</td></tr>
</table>